基金项目：

本书由四川省高等学校人文社会科学重点研究基地四川省社区矫正研究中心项目：我国社区矫正制度研究（项目编号：SQJZ202312）资助出版。

社区矫正制度的改革与完善

SHEQUJIAOZHENGZHIDUDE GAIGEYUWANSHAN

张邦铺　林　涛◇主编

中国政法大学出版社

2025·北京

图书在版编目（CIP）数据

社区矫正制度的改革与完善 / 张邦铺，林涛主编.--北京 : 中国政法大学出版社，2025. 1. -- ISBN 978-7-5764-1868-2

Ⅰ. D926.74

中国国家版本馆 CIP 数据核字第 2024PX3564 号

出 版 者　　中国政法大学出版社

地　　址　　北京市海淀区西土城路 25 号

邮寄地址　　北京 100088 信箱 8034 分箱　邮编 100088

网　　址　　http://www.cuplpress.com (网络实名：中国政法大学出版社)

电　　话　　010-58908586(编辑部) 58908334(邮购部)

编辑邮箱　　zhengfadch@126.com

承　　印　　固安华明印业有限公司

开　　本　　720mm×960mm　　1/16

印　　张　　15.5

字　　数　　260 千字

版　　次　　2025 年 1 月第 1 版

印　　次　　2025 年 1 月第 1 次印刷

定　　价　　66.00 元

目　录

第一章

社区矫正的功能分化及实践效果研究

　　社区矫正制度自引进我国以来一直围绕预防犯罪与维护社会和谐稳定的功能旨意展开，是充分运用社会各级力量全面展开对服刑人员的矫正教育的活动。《社区矫正法》[1]及其实施办法的出台意味着我国刑事执行制度进入了一个新的发展阶段。社区矫正的原初功能被进一步分化为社会融合、帮扶教育与权利保障。通过对社区矫正功能系统的细化，社会矫正的预期效果本应得到较好的实现，但由于预防犯罪效果不明显且惩戒力度过弱、矫正决定机关权责划分不清以及矫正对象是否改过自新难以确定等困境，社区矫正的实践效果并未达到预期。鉴于此，首先要重视针对社区矫正对犯罪的预防作用进行研究，扩大社区矫正支持规模，提高矫正队伍的专业化水平；其次应以教育帮扶为重点，拓宽社区矫正的适用范畴，结合规范的矫正机制设计，强化社区矫正措施和监督机制并予以完善。

　　习近平总书记在党的二十大报告中明确指出："全过程人民民主是社会主义民主政治的本质属性，是最广泛、最真实、最管用的民主。"基层民主是全过程人民民主的重要体现，司法公开是实现基层民主的保障、公平正义的前提，是提高工作透明度和刑事执行公信力的重要举措。社区矫正的目标定位是以《社区矫正法》的立法目标为依据，以"促进社区矫正对象顺利融入社会为目的"，实现社区矫正对象的再社会化。[2]促进社区矫正功能是时代发展

---

　　[1]《社区矫正法》，即《中华人民共和国社区矫正法》。为表述方便，本书中涉及我国法律文件均使用简称，省去"中华人民共和国"字样，全书统一，后不赘述。

　　[2] 连春亮：《论社区矫正社会化的实然要素》，载《犯罪与改造研究》2022年第7期。

的根本要求，这不仅是深入学习和贯彻"二十大"精神，也是对习近平法治思想的重要实践。同时，这也是坚持以人为本，促进创新发展的需要。社区矫正是对传统刑罚执行方式的创新，是维护社会和谐稳定的利器。这对于推进我国社会经济发展有着重要的现实意义。

作为舶来品的社区矫正源于西方国家法治发展初期运用的一种刑事执行方式——借由对老年人轻微犯罪的恻隐之心而生，意图避免社会充斥着满怀怨恨的职业罪犯。被称为"缓刑之父"的约翰·奥古斯塔斯（John Augustus）在美国法律史上首创了集"惩罚和教育"于一体的新型惩治模式。1973年，美国明尼苏达州国会通过了世界上首部社区矫正法，随后美国28个州先后制定了社区矫正法。社区矫正这一刑罚在美国正式铺开。[1]通常，国家设置刑罚是为了惩戒犯罪，但越来越倾向于使犯罪人实现再社会化，以此回归常态化的生活。社区矫正亦是基于此，其重视在社会场域中对犯罪人的引导、改造，而非意识性报复。相较于传统狱内矫正，社区矫正的优势在社会化环境中体现得更为明显，且已逐渐成为在大多数西方国家占据重要地位的刑罚模式，并以此推进了全球范围内刑罚体系的进一步发展。

我国引入社区矫正制度的时间比较短，社区矫正工作的顺利实施还存在着不少困境。我国作为发展中国家，社区矫正制度具体实施细则还在逐步完善当中。社区矫正制度在我国仍属于一个新鲜事物，通过对其进行试点、扩大试点、全面试行和全面推开，不断总结完善，汲取实践中的经验教训，历时20年，取得了一定的成就。司法部统计数据表明，截至2019年底，全国已累计有478万名犯罪对象接受了社区矫正，经社区矫正后解除矫正措施的犯罪对象达411万名，从2003年开始试点至今，每年平均新接收的矫正对象在50万名左右，累计矫正完成的人数在59万名左右，一年中的列管对象总数达到了126万名，在矫正期间，社区服刑人员的再犯率仅为0.2%。[2]可见，社区矫正在我国无论是社会方面或者是法律及政治方面都取得了良好的效果。全国人大常委会全票通过《社区矫正法》，更是宣告了社区矫正将以专门法律的形式在我国予以确立。对部分危险程度不高、犯罪情节轻微的罪犯，

---

〔1〕 翁里：《中美"社区矫正"理论与实务比较研究》，载《浙江大学学报（人文社会科学版）》2007年第6期。

〔2〕《社区矫正对象九成为缓刑犯，社区矫正法引导社会力量参与工作》，载 https://www.thepaper.cn/newsDetail_forward_5369451，最后访问日期：2024年7月12日。

采取开放化、社会化的方式，使其早日回归社会，[1]特别是最高人民法院、最高人民检察院、公安部、司法部于 2020 年 6 月 18 日印发《社区矫正法实施办法》，标志着中国社区矫正工作步入了一个新的发展阶段。

伴随我国对社区矫正制度的不断推进和深入研究，社区矫正在实践当中也出现了许多问题。鉴于我国多民族国家、地域辽阔的民族特征与地理特征，由地理位置、历史等因素导致区域经济发展的不统一再加上民族文化的差异性，致使大部分地区对于社区矫正的具体实施不尽相同。同时，由于我国社区矫正的发展时间较短，各地方社区矫正工作大体上呈现出差异性。一般认为，我国社区矫正制度相较于部分西方国家依旧处于初级阶段，分地域来看，东部地区的社区矫正制度相比西部地区更为完善，西部地区的社区矫正制度亟待完善。鉴于此，本章以社区矫正的功能分化以及实践中的困境成因为切入点，对如何全面贯彻社区矫正制度展开探讨。

一、社区矫正的功能原旨

犯罪往往具有两个因素，即个人因素与社会因素。因此，社区矫正制度的功能与作用也应从这两个角度展开分析。

社区矫正制度对违法犯罪人员具有监管功能、矫正功能、服务功能。对犯罪分子犯罪时的个人因素进行分析、矫正、疏导、惩戒，制定可操作的矫正方案。具体包括：负有监管义务的主体通过限制犯罪分子一定人身自由的方法对其危害社会的行为作出惩罚，通过对社区服刑人员的监管来预防其再次犯罪，起到特殊预防的作用。矫正功能主要体现在对社区服刑人员人格或心灵上想要犯罪的动机进行矫正和重新塑造。剖析犯罪原因，犯罪的个人因素种类较多，例如生理因素、心理因素、家庭因素、教育因素等都可能会成为犯罪的动机。社区矫正工作人员利用专业的知识与技术定期对社区矫正对象开展主题教育，对其反社会的心理进行"治疗"，帮助其快速融入社会。从社会因素来看，社区矫正具有服务功能。社区矫正制度存在的本质是对犯罪分子的一种社会福利，体现出立法者的人道主义精神，社区矫正制度的服务功能贯穿整个刑事司法过程，包括但不限于对社区服刑人员的心理疏导、劳

---

〔1〕 王希、刘双阳：《社区矫正精准矫治模式的理论基础与实践展开》，载《南大法学》2022 年第 5 期。

动技能学习、家庭生活调节等多项服务，运用专门技术和专业知识帮助社区服刑人员发现社会的"真、善、美"，有利于社区矫正服刑人员重新感受到社会的温暖，让社区服刑人员不再抵触社会，重新回到"大家庭"中去。社区矫正制度的引进让中国刑罚的执行更加科学化、人性化。通说认为，犯罪动机主要包括财物动机、安全动机、政治动机等，实践中犯罪嫌疑人往往是因为亲情、爱情、友情等人与人之间的情感归属得不到较好的处理而产生矛盾。[1]社区矫正通过在犯罪人的居住地进行教育引导，使犯罪分子有"归属感"[2]。公职人员再从犯罪动机着手，帮助其调整邻里失和、家庭关系等，更有力地对犯罪分子进行改造，使刑罚的预防作用与"再社会化"的目的得到更好的实现。服务功能指在服务社区服刑人员的同时往往对社会还具有一定的福利性，社区矫正作为一种非监禁性质的刑罚执行方法，针对被判处管制、宣告缓刑、假释以及暂予监外执行四类犯罪对象适用，是国家给予具有人身危险性以及再犯可能性较低的犯罪分子的一种"社会福利"。社区矫正相较于传统意义上的刑罚，本质上具有一定的灵活性以及科学性，其结合社会各方力量、资源等，对犯罪分子进行教育改造。从社会层面来说，实行社区矫正不仅能提供就业岗位，更利于激发社会各界的责任意识。《社区矫正法》第五章规定了犯罪分子教育帮扶制度，既表明立法者给予犯罪分子公平与公正的对待，又意味着国家通过社区矫正的方式，将一部分引导帮扶社区服刑人员回归社会的任务给了社会各界人士，增强了社会广大人民群众的社会责任感。其中，帮助就业条款[3]与未成年人特别规定标志着我国无论是法治建设方面还是社会保障层面都更加人性化、科学化，通过更加"开放"的方式对犯罪分子进行劳动改造、道德教育和技术教学，给予犯罪分子人权保障以及更多的人文关怀，为犯罪分子今后能够更快地融入社会提供了温暖的渠道，明显地突出了社区矫正的社会服务职能。

通过对社区矫正功能意旨的再细化，可以看出社区矫正制度从在国外创立到当下我国以专门法的形式予以落实，其背后都离不开预防犯罪与维护社会和谐稳定两大核心功能。

---

〔1〕 陈承：《犯罪动机研究》，福州大学 2017 年硕士学位论文。

〔2〕《社区矫正法》第 17 条第 2 款前一句规定：社区矫正执行地为社区矫正对象的居住地。

〔3〕《社区矫正法》第 41 条规定：国家鼓励企业事业单位、社会组织为社区矫正对象提供就业岗位和职业技能培训。招用符合条件的社区矫正对象的企业，按照规定享受国家优惠政策。

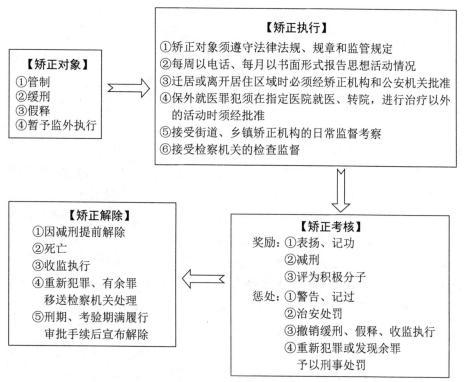

图1-1 社区矫正流程

（一）预防犯罪

刑罚的存在并不是为了纯粹报应，而是遏制未然之犯罪。社区矫正制度以预防犯罪为主要目的，其中包括对犯罪人的重新犯罪进行预防即特殊预防和对不特定的一般人实施犯罪行为的预防即一般预防。犯罪具有双重属性，已经构成犯罪的人主要表现为，犯罪行为在客观上所造成的危害结果以及行为人主观上对自己或所造成的危害结果的态度，对于没有犯罪的人则要结合个人的因素来判断其有无犯罪的可能或一旦犯罪可能会犯什么罪。目的刑主义提倡者李斯特（Liszt）认为"任何一个具体犯罪的产生，都是由行为人本身的特性加上周围环境的影响所导致的"，对此他强调应以预防再次犯罪和维护社会的稳定为目的。[1]因此，在刑罚的执行过程中，环境因素发挥着重要

---

[1] 参见盛广智、许华应、刘孝严主编：《中国古今工具书大辞典》，吉林人民出版社1990年版，第328页。

的作用。

《社区矫正法》规定，对于社区矫正对象原则上是在居住地进行社区矫正，这种执行方式是对刑罚模式的有效创新。[1]对于那些不需要、不适宜监禁的犯罪分子采取有针对性的矫正，不仅节省了刑罚的成本，也给了社区服刑人员一个和谐的环境，使其重新感受社会的温暖，不再排斥社会，仇视社会。社区矫正并不单单只在乎惩罚除弊，预防犯罪乃是其主要的预期效果。社区矫正的预防功能体现了"向前看"的思维模式，传统刑罚寄希望于以严厉的惩罚的威慑力尽可能地打消一般人可能的违法犯罪动机，但这样做无法根治大部分的犯罪行为，许多犯罪分子可能是害怕遭受刑罚的惩罚而不去违法犯罪，无法从内心铲除犯罪的种子，只属于低级守法的状态，长期如此不利于维护社会的稳定。而社区矫正则是通过结合政府、社会、亲属等群体，形成一种有机连带，监督、教育、帮扶、感化社区矫正对象，使其认识错误、改正错误；另外，在大量社会群体的参与和协助过程中，遵纪守法理念得以扩散，相较于传统刑罚执行方式全部由国家行政机关和司法机关管控和教化的模式，社区矫正加入了社会组织、爱心人士、犯罪人亲属等多元群体，融入了公民自治自助的思想意识，大大促进了国家专业机关与社会、公民的结合，打破了最初只由国家承担的片面化的预防犯罪功能，构建了国家权力与社区公共管理等积极因素相结合的犯罪预防机制。从根源消除犯罪分子的犯罪动机，使其从内心树立遵纪守法的信念，不仅有利于其未来顺利融入社会，也使其能够做到中级的守法甚至是高水平的守法。结合国家与社会多方力量从犯罪的根源解决问题，能更好地发挥刑罚的预防作用。

（二）维护社会和谐稳定

刑罚理论主张罪刑相当，处罚时应考虑法律规定可以减轻刑罚的情形和法律没有规定但仍有可能减轻刑罚的情形，最大限度地体现人道主义精神。当下，我国在不断的发展和历史实践中摸索出了属于自己的社会主义人道观念，即坚持以人为本。刑罚执行体系随之转变，从"杀人偿命、以牙还牙、以眼还眼"具有传统报复观念的刑罚方式逐渐转向对犯罪分子人权的关注，以关注罪犯、教育罪犯、帮助罪犯改造为出发点构建现代刑罚执行体系。社

---

　　[1]《社区矫正法》第 17 条第 2 款规定：社区矫正执行地为社区矫正对象的居住地。社区矫正对象在多个地方居住的，可以确定经常居住地为执行地。

区矫正恰好能够满足当今社会对于刑罚执行方式的基本要求，改善短期自由刑的弊端，注重矫正犯罪人的不良习惯，重塑犯罪人的健全人格，帮助犯罪人重回社会[1]。通过社区矫正，犯罪情节不重和主观恶性较小的罪犯可以免受监狱内其他罪犯的影响，避免狱内交叉感染或深度感染，有利于犯罪分子的"再社会化"。在社区矫正过程中，政府及社区公共力量会提供一些技术和劳动帮扶，汲取社会各界力量来帮助其在社会上生活、工作，避免出狱后难以适应社会的状况。社区矫正工作人员对社区服刑人员提供心理疏导、心理咨询、心理评估，并重点关注重点人群，针对社区服刑人员的不同犯罪类型、不同风险等级进行科学划分，维护矫正对象的合法权益，使社区服刑人员能够感受到社会的关心，快速建立起与社会相融的人格。

社区矫正的出现标志着国家"去监狱化"的目的基本实现，社区服刑人员重新回归社会的功能显著。同时，社区矫正制度在对社区服刑人员实行监管的同时也可以对其他居民起到一般预防的积极作用。例如，社区安装的摄像头，或者地区开展的普法宣传活动，在增强社区服刑人员法治观念的同时也能增强社区居民的法治观念，使得广大人民群众的法治意识得到提升，从而促进社会的和谐与团结，为社会的和谐稳定、蓬勃发展添砖加瓦。

二、社区矫正的功能分化

卢曼（Luhmann）在功能分化理论中指出，并不存在一个全能型的功能系统能够将个体的全部生活资源和生活内容囊括其中。[2]具化至社区矫正中，社区矫正的功能原旨自其存在以来便一直被遵循，随着时代发展变化，如果只说为实现预防犯罪与维护社会和谐稳定这两大功能进行社区矫正显得过于笼统，不能起到适当指导实践活动的作用。因此，从制度旨意出发予以功能分化或许是适应现今社会发展趋势的正确方式。根据已颁布的《社区矫正法》，社区矫正的功能已有了分化趋势。从整体来看，在社区矫正机构中，具体组织实施的单位是司法行政机关，执法单位是公安机关，街道、乡镇司法所主要负责社区矫正的日常管理工作。司法所由3名以上具备相关法律专业知识的人员组成。各个功能系统独立运作，各自为社区矫正的运行履行各自

---

〔1〕　戴勇才：《社区矫正司法适用问题思考》，载《西南政法大学学报》2012年第1期。

〔2〕　泮伟江：《功能分化理论视野下法律的自主性》，载《荆楚法学》2022年第3期。

的职责且各个单位都有其独特的功能。每个单位的功能都是不能被代替的，各部门之间互相帮助，紧密联系。如果把整个社区矫正比作一个人的话，那么各个部门就代表着人的五脏六腑，任何一个系统出了问题都会使整个人陷入危险。每个系统独立运作但是却相互依赖，各个系统相互之间是协调与支援的关系。例如，进行社区矫正时若没有具体社区出示的《调查评估意见书》，就无法将罪犯放置在社区中；不设置司法所，就无法获知社区服刑人员的最近活动情况以及心理状况等。社区矫正的各个功能缺一不可。

首先，社区矫正是一种在罪犯居住地实施的"开放式"的刑罚执行方法，它有一定的约束作用，也在一定程度上限制了犯罪分子的人身自由以及政治权利。例如，定期报告活动情况、请假审批等制度等都表示犯罪分子的人身自由受到约束。从本质上来说，社区矫正仍然是对犯罪分子反社会行为的控制和惩戒。其次，社区矫正具有教化功能。如定期开展爱国主题教育、法治主题教育等，促进社区服刑人员的法治思维提升，培养其道德精神、法治精神。前提是将社区服刑人员放入社区中考虑一般人的安全，只有认为其危险性较低才存在适用的可能性。[1]最后，社区矫正作为行刑的方式之一，其存在的本质就是一种保护犯罪人人权的制度，同时也是保护广大人民群众财产安全和人身安全的制度，概括而言，其既是刑罚执行的惩戒性方法也是一个预防性的制度。社区服刑人员在日常生活中受到有关机关以及广大人民群众的监督，在矫正期间，社区矫正机构应当严格适用矫正程序，充分实现对犯罪分子的教育、劳动改造、技术技能教学等"再社会化"的功能。不得不强调的是，一个人犯了罪，不但本人有再犯的可能，而且其作为一种犯罪源，还会对他人产生这种犯罪的传染。[2]所以，社区矫正的意义还在于预防一般人被社区服刑人员所"感染"，这样既有利于社区服刑人员快速融入社会，改掉不良嗜好，同时从另一个角度来说也维护了社会的和谐稳定。

（一）社会融合

社会融合实质上就是把社会比作一个实质的整体，整体中的每一个个体都要具有调节和控制这个整体的能力，个体与个体之间相互协调，避免冲突。作为行刑的方法之一，社区矫正能给社会带来和平秩序是不可否认的，如果

---

〔1〕 戴勇才：《社区矫正司法适用问题思考》，载《西南政法大学学报》2012年第1期。

〔2〕 参见陈兴良：《刑法哲学》，中国政法大学出版社1992年版，第142~146页。

社会中的个体每天都充满不安和惶恐，即广大人民群众人人自危，那么整个社会无法运作。但只有秩序也是不够的，社区矫正将广大民众联合起来，汲取社会各界力量来协助社区服刑人员，人们在参加社区矫正的过程中，会不自觉地产生一种责任感。人民群众都以帮助社区服刑人员早日回归社会为目的而共同努力的这种精神，以及人与人之间的这种社会责任感，也是社会融合的重要因素。

具体而言，社区服刑人员作为广大社会的一部分，其是否能够"再社会化"对社会来说至关重要。监狱的封闭环境使得罪犯与社会隔绝，无法接触到社会中的新鲜事物，长期关押容易与社会脱节，刑满释放后难以融入社会。监狱执行甚至存在一定的感染性，虽然我国通过不断发展法治建设对其有了很大改善，但仍有相当一部分监狱存在着"黑染缸""传习所"问题[1]。传统监禁的标志性特点就是剥夺犯罪分子的人身自由，但一味地追究对犯罪分子自由的剥夺必然会引起犯罪分子社会责任的缺失，而且很可能导致犯罪分子的家庭受到严重的伤害。甚至有部分刑满释放人员因缺乏社会关系，对社会信任感较弱等选择重新犯罪，回到自己"熟悉"的环境中去。相较而言，社区矫正打破了监狱的阻隔墙，将罪犯放置于社区中，使其与社会充分接触，与社会中的个体、群体积极交流，在社会生活中发现真善美，进而实现减少犯罪与预防犯罪的功能。基于此，《社区矫正法》列出了培养社区矫正对象的规则，并大力要求社区矫正对象的监护人、家庭成员、所在单位或者就读学校等都积极参与，国家、社会团体、居委会也应参与到对社区矫正对象的教育帮扶中。同时，融入信息化时代特征，运用先进技术辅助对社区矫正对象的管理和教育工作，根据社区矫正对象的自身条件确定对其有利的居住地，要求各个单位部门相互合作、相互进行监督管理和教育帮扶，根据不同类别的社区服刑人员采取区别性的矫正方式，促进其顺利融入社会，培养社区矫正对象的社会责任感和使命感。社区矫正最大限度地动员和凝聚社会各方力量参与的制度本身有利于加强和促进社会融合。

（二）帮扶教育

埃米尔·涂尔干（Emile Durkheim）在《社会分工论》中指出，有机连带是建立在个体之间相互区别、社会成员之间相互合作的基础上的，所以需

---

[1] 姚红梅：《狱内罪犯交叉感染与重新犯罪》，载《湖北警官学院学报》2012年第2期。

要社会成员团结一致，只有相互帮助才能实现社会公正。[1]社区矫正充分体现了社会连带理念，其将监外执行的几种刑罚方式整合于社区矫正机构中，对社区矫正对象进行集中教育帮扶，提出社会各级组织和个人帮助社区矫正机构的构想。社区矫正制度立足于社会发展、社会职业技能需求、社会人际交往与适应等，相较于传统的狱内教育改造体现出较强的福利性，因为社区作为社区矫正的主体拉近了其与犯罪分子的"内心"且社区矫正针对未成年人犯罪具有较强的保密性，保护了未成年人的成长，打破了传统犯罪分子的"标签效应"，有利于社区服刑人员弃恶从善，遵纪守法。我国部分地区更是针对社区服刑人员不同的犯罪情节、年龄、性别、爱好、健康状况、犯罪的主观恶性、悔罪表现等因素实施差异性管理，并根据个人特点制定了具体方案。例如，2022年湖北省英山县人民检察院建议县社区矫正管理局为轮椅上的社区矫正对象定制矫正方案，社区矫正机构因地制宜、靠前监督的做法使社区服刑人员郑某真正体会到了党和国家对其的帮扶与教育。《社区矫正法》及其实施办法从提高社区矫正教育质量、国家福利、多元社会主体参与、社会责任感、法治教育、职业技能培训、就业指导、信息共享、分工合作等层面验证了有机连带内含的社会成员间的依赖感、团结感与社会联系感。

（三）权利保障

依法治国的重要内容是尊重和保障人权，这也是我国宪法所遵循的基本原则。《社区矫正法》及其实施办法从立法、执法、监督三个方面对社区矫正对象进行了多方面的保护，并对具体做法进行了规范。在立法层面，相关法律明确规定保障社区矫正对象的基本权利不被侵犯，包括但不限于就业、就学、社会保障等宪法权利以及人身权、财产权。同时，通过对社区矫正工作人员违反法律规定限制社区矫正对象人身自由的行为进行严格管理，工作人员负有履行信息保密义务的责任，以间接保障社区矫正对象的合法权益。在执法层面，为了确保执法的正确性与科学性，法律规定对社区矫正工作人员开展管理、监督、培训，合理规划矫正执行程序，明确矫正机构与执法部门间的职责分工与功能衔接。在实践方面，公安机关进行刑事侦查遇到紧急情况，即抓人和救人之间的抉择时，应优先考虑保障人权，遵循合法适当原则。

---

[1] 参见［法］埃米尔·涂尔干：《社会分工论》，渠敬东译，生活·读书·新知三联书店2017年版，第45~52页。

毛泽东尝言："惩前毖后，治病救人"，结合实践来看，惩罚犯罪分子不是目的，要从根源杜绝传统报复观念，刑罚的运用是为了"救人"，在保障人权的前提下追求效率。在监督层面，赋予社区矫正对象申诉、控告和检举的权利，使之能运用法律的武器进行自我维权，同时，要求社区矫正机构在必要时予以维权协助。除此以外，相关法律明确了检察机关对社区矫正各个环节的监督和对社区矫正相关部门和单位的监督，使得权利保障贯穿于整个社区矫正的实施过程。

三、社区矫正的预期效果与实践效果

《社区矫正法》及其实施办法以分化的形式将原初社区矫正的功能旨意予以细化，循此，应更利于社区矫正制度实践的落实。然而，预期效果与实践效果却存有不小差距。

（一）社区矫正的预期效果

第一，缓解监狱罪犯过多产生的压力。从资源占用角度来讲，监禁刑罚的执行需要国家投入大量的成本，包括但不限于修建监狱费用、监狱工作人员的工资和生活费用、罪犯的生活费用、罪犯劳动改造费用、老旧设施的维修成本等，这些费用均由国家财政部门承担，所以社区矫正制度的引进和发展是十分必要的。

根据四川省监狱管理局 2021 年部门预算编制说明可知，四川省监狱管理局下属二级预算单位 48 个，其中行政单位 47 个。2021 年收支总预算 509 081.31 万元，比 2020 年收支预算总数增加 35 465.66 万元。包含基本支出 354 697.15 万元，占 69.67%，项目支出 154 384.16 万元，占 30.33%。从 2017 年至 2020 年每年都呈上涨趋势。随着我国经济不断发展，物价的不断提高，监狱管理的成本也在不断上升，收支预算的增加不可避免。四川省司法部 2017 年统计数据表明，截至 2017 年 12 月底，四川省在押罪犯近 3.7 万人，关押一个罪犯的成本约为 17 000 元，加上通货膨胀率保守计算，每年监狱系统实际需要大量的资金才能运转。司法部的统计数据直接表明，传统监狱的人均执行成本是社区矫正的 10 倍。[1] 长远看来，随着国家人口数量的增加，犯罪人数亦相

---

〔1〕　参见《司法部关于政协十三届全国委员会第二次会议第 1269 号（政治法律类 106 号）提案答复的函》（2019 年 7 月 31 日公布并施行）。

应增加，监狱的有限容量将被打破，若一味采取关押矫正刑罚，则不得不再新建监狱，国家投入的刑罚成本将越来越高。如果将所有的罪犯都关押在监狱，大多数主观恶意和损害结果较小的罪犯可能会被同监狱重犯影响，进而增加其再犯率。与之相较，社区矫正的成本一般都达不到传统监狱成本的1/5，能够让国家财政支出减少，也减轻了传统监狱经济上的压力。仅从矫正效果来看，社区矫正将矫正对象置于社区这一场域中，意图借助矫正机构与其他社会组织的教育帮扶，使矫正对象在认识错误、接受惩罚的同时也不与社会脱节，实现罪犯的社会内部消化和改造，国家也可集中财力、物力矫正主观恶性较大的罪犯。

第二，有利于社区矫正对象的再社会化。与监狱内部环境比较，模仿理论认为，人都会有意识或者无意识地关注和回忆别人的动作，并且把记忆变成实际行动。个人接触的对象限制其所学种类。在服刑期间，多个犯罪分子被动长期处于一个相对封闭的空间里，难免会造成服刑时间较短的人对罪行重、犯罪手法高明的罪犯产生崇拜心理，有意无意地模仿其言行举止。不少研究表明，恶习一般能够在短期内使人产生满足感，加上刑释人员与社会脱轨较为常见且结合我国目前形势来看，社会岗位难以满足如此庞大的人口基数，犯罪人又会因有案底被贴上"劳改犯"的标签。结合马斯洛（Maslow）的需要层次理论：当一个人的需求得不到满足时，其很可能实施新的或者社会危害性更大的犯罪。虽然监禁刑有较大的惩戒力度，但是罪犯在刑满释放后却很难融入社会，其遭遇社会排挤后甚至会故意再次犯罪，重回"熟悉的"监狱。社区矫正将轻微型和主观恶性不大的罪犯置于社区环境中，使之免受被监狱限制人身自由的刑罚，同时借助政府及社区公共力量提供技术和劳动帮扶，使其一直与社会相融合，不至于出现社区矫正结束后难以适应社会的情形。

第三，社区矫正制度具有社会参与性。在矫正执行过程中，社区矫正机构将会视矫正对象的特殊性，通过谈话教育、建档考核、因人施教的制定方案、公益劳动、学习教育、心理矫正等方式来教化其心灵，尽可能地减轻矫正对象对社会的主观恶意，最终帮助矫正对象实现再社会化。

（二）社区矫正的实践效果

从四川省司法厅社区矫正局获知的调研数据可知，经由社区矫正后，矫正对象的再犯率很低（具体数量如下表所示）。这表明社区矫正应当取得了较好的制度效果,然而通过实地调研,却发现社区矫正的实践效果并不似数据所反映的那般乐观。

表1-1 四川省社区矫正统计数据

年份(年)	再犯罪人数(人)	列管人数(人)	在册人数(人)
2020	663	56 907	33 811
2019	623	64 337	35 218
2018	539		36 132

表1-2 成都市社区矫正统计数据

年份(年)	地区	社区累计矫正人数(人)	年均在册管理人数(人)	解除矫正人数(人)
2014	金堂县	159	332	205
2015	成华区	137		178
	温江区	70	140	
	郫县	145	193	200
2016	都江堰市	151	213	137
2017	郫都区	250	290	172
	金堂县		474	
2018	彭州市	1600	352	1248
	郫都区	346	415	208
	大邑县	291	261	264
	崇州市		375	382
2019	蒲江县	735	126	
	崇州市		550	
	大邑县	216	237	240
	金堂县		300	
2020	郫都区	343	371	349
	新都区	237	511	218

年份（年）	地区	社区累计 矫正人数（人）	年均在册 管理人数（人）	解除矫正 人数（人）
2021	蒲江县		86	
	双流区		703	

（数据来源：成都市司法局信息公开目录）

第一，通过收集整理成都市司法局公布的社区矫正对象的基础数据（包括每年接收人数、在册人数以及历年累计人数），不难看出犯罪并没有得到很好的控制。由此可以看到，社区矫正预防犯罪效果不明显，惩戒度过低。《社区矫正法》详细规定了社区矫正对象的权利保障和教育保护内容，却对具体惩罚措施规定不多，与传统的监禁刑罚区别较大。关押在监狱的罪犯不仅人身自由被剥夺，通信、会客自由受到严格限制，还需进行无偿劳动。而社区矫正对象因居住在家，除了平时定期思想汇报和教育汇报外，其人格自由和基本权利与常人并无明显区别，刑罚的惩罚性功能明显缺失。2018年崇州市司法局的报告显示，实践中更是存在社区矫正对象请假不报告、脱离监管等情形。在矫正对象范围上，社区矫正虽然针对管制、假释、缓刑和暂予监外执行，但其专门法律《社区矫正法》并未规定特定犯罪的特定惩戒、教育方式，且不同地域的社区矫正机构所实施的惩戒、教育方式并不完全一致，刑罚的严厉性难以体现。因此，社区矫正缺乏威慑力与警示力，给了罪犯查处成本低、惩罚力度弱的错觉，进而可能滋生犯罪行为。

第二，社区矫正决定机关权责划分不清，规章制度实施细则亟待完善。暂予监外执行的社区矫正对象有《刑事诉讼法》规定的需要被收监的情形的，社区矫正机构须向社区矫正决定机关提出收监执行建议。《社区矫正法》规定的社区矫正决定机关包括人民法院、监狱管理机关、公安机关，在多个部门均有决定权的情况下，容易出现部门与部门之间相互推诿、懒职怠职的情形，也可能出现争相履职致重复执法的现象。法律并不要求公安机关切实掌握每一位矫正对象的行踪，一旦有矫正对象发生符合收监的情形，难以要求公安机关立即对其采取羁押措施。相对而言，社区矫正工作人员因与矫正对象密切接触，能够切实掌握矫正对象的踪迹，但法律并未赋予其羁押权，这势必造成社区矫正工作人员执法无能，执法成本过高。同时，实践中工作人员秉持的柔和不强硬态度将会使得延长矫治期限、收监执行等惩罚性措施缺乏实践保障。此时，社区矫正对象完全可以利用这一制度漏洞，大行其道。在教育帮扶的实施上，政府、公安机关、人民检察院、人民法院、社区矫正机构、社会组织或志愿者等均有义务对矫正对象进行教育帮扶，但具体由哪一主体实施，如何实施，却没有明确规定。最高人民法院、最高人民检察院、公安部、司法部印发的《社区矫正法实施办法》对司法机关的职责、有关机关的职责以及社区矫正机构的设置和其对社区服刑人员的职责作出了明确的规定。但是，对于社区矫正制度的适用期限、适用范围，尤其是电子定位需要暂缓的条件，究竟由谁来评判，评判标准又是什么等问题均没有作出明确的规定。

第三，实践中社区服刑人员被社会接受程度不高。在社区矫正的具体过程中，社会认同与群众支持严重不足，受传统观念的影响，大多数的居民都认为犯罪分子是"坏人"，持"犯了罪就应当进监狱"等观点，认为社区矫正制度的存在是对坏人的迁就和纵容，尤其是被害人及其家属更有可能认为社区矫正是对社会的不负责，是对犯罪分子"开后门"，甚至对社区服刑人员产生"恐惧"和"抵触"的心理，立法者的人道主义精神被误解，难以得到群众的共鸣。部分地区经济教育文化差异较大，以牙还牙、以血还血、杀人偿命等观点依旧存在，这样更使得犯罪分子难以融入社会，容易产生逆反情绪再次走上犯罪的道路。因此，矫正的"社会化"作用被极大地削弱，造成对社会和他人的事实伤害，难以使犯罪分子获得大众谅解。

第四，社区矫正对象是否改过自新难以确定。《社区矫正法》规定的矫正方式是由矫正对象定期进行思想汇报或者参加矫正机构组织的教育活动，由社会多元主体协助矫正机构共同对矫正对象进行教育帮扶，改造其犯罪心理和犯罪倾向。当社区矫正期满后，如何衡量矫正对象是否认清错误，如何评估其再犯罪的可能性，目前尚未出台明确的标准。形式上确实可以通过矫正对象提交的思想汇报或认罪悔过书推断其改造完成，但却很难知悉矫正对象内心的真实感悟。

四、社区矫正实践效果未达预期的缘由及制度因应

面对社区矫正的实施困境，不得不令人思考为什么达不到预期效果以及如何从制度本身、执行力度、保障程度等层面寻求因应之道。

（一）社区矫正实践效果未达到预期效果的可能缘由

第一，社区矫正针对的犯罪对象范围过窄。《社区矫正法》规定，目前仅

有四类罪犯被纳入社区矫正范畴，分别是被判处管制、宣告缓刑、假释以及暂予监外执行的罪犯，除此之外的其他犯罪对象则会通过其他的刑罚方式予以处罚。如此来看，社区矫正针对的犯罪对象范围过于狭窄，有些虽不属于四类情形却应当适用社区矫正予以矫治的情形因未囊括在法定范畴内而不能得以实现。典型的如未成年人犯罪，或主观恶性较小、犯罪情节较轻微的犯罪分子，如果在四类情形以外，其便只能被关进监狱，由此，不利于社区矫正预期效果的实现。

第二，矫正机构基础薄弱，矫正措施不规范。自社区矫正由公安部门划入司法部门以后，社区矫正工作一直由最底层的司法所开展。受制于人员、经费、管理问题，基层司法所在社区矫正上先天基础薄弱，而其需要面对的却是数量庞大的矫正对象，在资源与需求严重不匹配的情况下，势必会导致其所进行的矫正活动效果不佳。《社区矫正法》对社区矫正组织应用现代信息技术进行监管、教育等方面提出了新的要求，可见此项工作的实施需要多种资源包括技术、资金等。即使将社区矫正所需经费纳入政府预算，也不能完全解决经费短缺难题，而经费不足势必造成矫正措施的不规范。

有数据表明，从 2003 年起，全国陆续开展社区矫正试点工作，但时至今日，我国社区矫正工作人员仅有 12 000 名，占社区矫正对象的 1.7%，与社区矫正对象的比重极不相称。

表1-3 2014年成都市司法局社区矫正工作队伍人数

行政编制	工勤	事业编制	离退休人员	实有在职人员
122人	5人	9人	73人	136人

据不完全统计，截至 2017 年 12 月底，四川省累计接收社区服刑人员 18 万人，现在册 3.6 万人。可见，社区矫正制度面临人数配比严重不足，专业队伍与经费保障缺乏等问题。据调查统计，多数司法所仅配有一名干警，该干警往往身兼数职，既要进行普法宣传，又要参与人民调解、法律援助，人手不足的问题严重制约了社区矫正工作的正常化运行。2011 年起成都市将每年 8 万元的社区矫正工作经费列入财政预算，按照现有的在矫人员规模，每名罪犯的管理经费仅 200 元左右，与政府规定的年人均管理经费 2000 元的标准相差甚远，难以满足社区矫正日常管理工作的需要。

第三，制度衔接不够。被监管人员的法律文书无法及时送达，还存在各地法院判决书送达时间不一致等问题。人手的严重不足造成管理环节脱节、权责划分不统一、程序不完善。实践证明，社区矫正在具体执行过程中往往会放松，有时甚至处于无人问津的状态。

第四，矫正对象法治意识淡薄，思想状态和人身危险性参差不齐，统一监管难度系数较大。部分社区服刑人员甚至会认为社区矫正缺乏强制力，心存侥幸，不服从改造；另一些社区服刑人员以养家糊口、就业压力等为由数月不交思想汇报，甚至存在不请假外出、脱离监管的情况。强制执法与重新收监问题较为困难。按照《社区矫正法实施办法》的规定，社区矫正工作由司法行政机关组织，相关部门配合，司法所具体执行。由于权责划分不清，司法行政机关在执行刑罚的过程中往往出现"责任很重、依据不足、手段不硬"的情况。对于社区服刑人员脱管、漏管等情形往往只能依靠公安部门执行，对于不服从管理的行为进行举证更是存在着诸多困难，缺少专门的社区矫正法规或是强制力不足，从根本上导致社区矫正无法实现。目前，多数地区的社区矫正管理工作多采用手机、定位手环等方法，数据量较大，一旦数据库更新不及时以及信号偏差等，就会导致定位不准等。各个协作部门之间也存在信息不对等、无法及时对接共享等问题。

第五，司法实务中的管理主要有两种表现，僵硬化管理和松散式管理。僵硬化管理是指有关部门对社区矫正对象实施的惩罚和管控的手段单一，多数情况下，以输出型和灌输型为主，服刑人员的知情权和交流权受到限制。松散式管理主要表现为部分社区矫正管理部门存在教育"形式化"，只注重教育的形式，忽略了教育的本质，一味讲究普适性，不注重社区矫正对象的个性与差异，影响了教育效果的发挥。

（二）化解社区矫正实践难题的制度因应

第一，以教育帮扶为重点，拓宽社区矫正的适用范畴。惩戒并非社区矫正的制度原点，站在更为深远的维度，社区矫正始终坚持将监督管理与教育帮扶二者的功能相融合，将专门机关与社会组织的力量相结合，采取分类管理、个别化矫正的方式，有针对性地消除再犯罪的可能因素，对社区服刑人员的改造环境进行优化。集社会各方主体之力对矫正对象进行教育帮扶。教育与社会需要相互融合，在社会连带思想的指引下，教育的指向对象应具有广泛性，具体至社区矫正，教育帮扶不能仅局限于被判处管制、宣告缓刑、假释和暂予监外执行的罪犯，对于犯其他罪，即使主观恶性较大，如果经评估适合适用社区矫正予以规制的罪犯，也应当纳入社区矫正范畴，以体现社区矫正教育帮扶的精神。当然，也需注意刑罚转化，如若经社区矫正依然不能达到去犯罪化的目标，可将之转化为适合的监狱刑罚。

第二，规范矫正机制设计，强化矫正措施的监督。社区矫正工作是通过公共管理人员，社会组织以及志愿者的力量共同对犯罪分子进行矫正的过程，再好的制度也依赖执行者的法治素养，执法者在执行社区矫正管理活动时必须做到适当、合理、公正，要符合社区矫正的基本精神和目的，具有客观、充分的事实根据和法律依据，严格遵循程序正当原则。一套完整的监督管理措施包括但不限于定期报告、走访、外出审批、信息化核查等内容，执法人员必须按照法定的程序、方式、次序以及期限行事，公平、公正地进行管理，越权的行为无效。这也是我国作为法治国家依法行政的一条最基本的原则。我国社区矫正走的是自下而上的逆行之路，而正确的社区矫正机制设计应是一项从上到下的工程，先有顶层设计，再依据地域特征进行细化。鉴于此，我国的社区矫正机制应当加以完善，《社区矫正法》及其实施办法的颁布正是对社区矫正机制的顶层制度改良，后续需要的是各地依实情予以落实。至于矫正措施实施不规范的问题，可能是因为经费不足或者是监管不力导致的。对此，应将基层司法所的社区矫正成本纳入上级司法部门的经费预算中，通过司法系统进行经费保障。同时，针对社区矫正工作人员的不作为或者侵犯矫正对象权利等问题，上级行政机关和公安机关以及检察机关都有权定期或不定期地予以监督，严格落实执法有保障、有权必有责、用权受监督与立法者想要表达的精神相一致。上级行政机关、公安机关、检察机关在行使权力时应当接受党的领导和监督，全面落实责任制度，防止权力的滥用等腐败现象和行为。依法加强社区矫正机构建设，明确执法权限，对权力和责任作出明确的界定。推进社区矫正全过程的透明化、公开化，参考社区矫正的全过程，对符合社区矫正的犯罪分子从委托调查评估到交付执行的全过程都严格落实"三公开、四公示"等要求，明确矫正对象"谁管理，谁负责"。依照地方实际情形制作一套完善可行的方案，明确有关机关的权力和责任。[1]

---

〔1〕 参见中国民主同盟镇江市委员会《关于进一步加强和完善社区矫正工作的建议》，2008 年 12 月 28 日。

　　第三，完善社区矫正工作程序，明确科学配备社区矫正工作人员的必要性，设立专职社区矫正职位。司法部原副部长刘振宇指出："各地根据社区矫正的行刑社会化特征，在加强正规化、职业化、专业化队伍建设的同时，积极协调民政、人社、工青妇等部门给予政策支持，培育孵化社区矫正社会组织，采取政府购买公益岗位、聘用社区矫正社会工作者、招募志愿者等方式，大力发展社区矫正社会工作力量，鼓励和引导社会力量广泛参与社区矫正工作。但从社区矫正工作的刑罚执行属性和执法要求及长远发展看，必须配备与社区矫正工作性质任务相适应的执法人员。"[1]据此，应制定社区矫正工作量表，先对省内的地区进行调研，总结出具体的执行方案，再针对各地区的差异性制定出较为适合的人员配比方案，完成数据评估。针对人员配比不足的问题，政府可以适当扩大就业岗位，提高选拔人才标准，对部分岗位实行"专业对口"，提高法治队伍的整体素养。同时为社区矫正专职人员的职权分工设立明确的界限，社区矫正专职人员必须覆盖社区矫正流程的方方面面，使社区矫正"正规化、专业化"，避免社区服刑人员出现无人负责、脱离掌控等情形。譬如，关于管理职能、惩罚职能、保护职能以及责任如何承担等问题，应把责任具体划分到每一个主体上，充分发挥社区矫正工作人员的主观能动性，综合运用现如今的手机定位技术、"雪亮""天网"、微信位置共享等手段，初步实现社区矫正管理工作智能化，实现一人多机，各个工作部门相互配合协作共同助力"人与科技"的完美结合，节省经费，节约司法资源。

　　第四，社区矫正制度的存在有利于调动社会各方力量。社区矫正是集法律专业和社会工作专业等于一体的实务活动，在对社区服刑人员进行"再社会化"的同时往往需要法律专业工作人员与社会工作专业人员通力协作。因此，要提高社区矫正工作的效率和质量，必须加强专业化建设。进行社区矫正时，需要发挥专业组织的作用，专职人员要结合心理学、社会学、教育学、法学等专业知识，实现科学矫正。关于社区矫正的工作体系与工作机制，需要依托基层自治组织，充分发挥各有关部门的职能，调取社会各界力量，在

---

〔1〕《司法部副部长刘振宇：社区矫正立法还有"最后一公里"》，载 https://www.chinacourt.org/article/detail/2018/03/id/3226584.shtml，最后访问日期：2024 年 7 月 3 日；《关于社区矫正立法、社矫工作人员缺口问题……司法部副部长刘振宇这样说》，载 http://www.hananzhao.jcy.gov.cn/site-sources/nzxjcy/page_pc/tpkx/articleac0e1fae211340dfb6df9c8ef88e58aa.html，最后访问日期：2024 年 7 月 12 日。

现实的基础上为社区服刑人员成功重返社会创造条件。对此可以通过开展法治主题教育、增加工作岗位、优化现有工资待遇来面向全社会招募相关人才。就未成年人社区矫正制度而言，未成年人犯罪的原因包括受年龄限制导致认识可能存在偏差、在家庭中无法感受温暖等，对此可以由专业的心理医生、律师、警察、教师等志愿者通过心理辅导、法治教育、普法宣传、学习辅导等形式充分发挥社会各方力量帮助培养其社会责任感和社会认同感。通过政府的不断努力，2021 年我国从事社区矫正工作的社区工作者达到了 7.9 万人，社会志愿者达到了 64.2 万人。但是社区矫正工作的发展仍存在着人员比例不协调、规模发展不完善、相关制度不健全等问题。所以，有必要进一步完善相关法律法规，加强对社区矫正工作的宣传，进一步鼓励并引导更多的人参与到社区矫正工作中来，将社会主义制度的优势充分发挥出来，积极地利用社区矫正的功能来达到预防犯罪与维护社会稳定的目的。

第五，健全未成年人社区矫正制度。2012 年出台的《社区矫正实施办法》（已失效）并没有对未成年人这一特殊人群进行专门的保护和规定，仅仅把其列入社区矫正的范围，以未成年人为对象的处理办法，同成年人并无实质上的区别。尽管 2019 年颁布的《社区矫正法》第一次对未成年人的社区矫正进行了专门规范，但在实际操作中仍有许多缺陷。例如，未成年人社区矫正的公众接受度不高、矫正效果不佳、监督配合机制未完全建立等，主要原因仍在于有关管理部门权责划分不清、推诿扯皮等。为促进未成年人社区矫正制度落实，应加快完善社区矫正法实施细则。

第六，可以借鉴和参考域内外先进有效的矫正制度。当然，借鉴并不意味着全部照搬，要在对域外的现行矫正制度进行甄别，取其精华去其糟粕的基础上，引进、吸收、同化国外的现行矫正制度，让这些优良的制度成为我国社区矫正制度中的一部分，逐步健全完善我国的社区矫正制度。

我国最先开始实施社区矫正的试点城市是上海市和北京市。上海市的社区矫正管理经验是建立党委政府统一领导、司法行政部门主管、各部门协同合作的工作体系，形成市、区、街镇司法所三级工作网络。[1]上海市对于社区矫正工作人员的队伍建设提出了要求，社区矫正工作人员的主要来源为政法转编人员或者教育选派民警以及社会工作者（以下简称"社工"），此种

---

[1] 郑丹：《成都市 L 区社区矫正工作存在的问题及对策探讨》，四川大学 2022 年硕士学位论文。

选任制度为之后的心理矫正工作、法律矫正工作、道德矫正工作都奠定了坚实的基础。此外，以新航社区服务总站和上海社区帮教志愿者协会为主导开展了社会组织的教育培训。新航社区服务总站是通过政府出资进行管理教育的第三方专业化社会组织，司法局只负责指导，这有利于社区矫正工作"对症下药，药到病除"。[1]可见，上海市对于社区矫正对象的管理更多的是从社区的人员以及政府和社会组织的相互协调配合的方面入手，合理整合了现有资源，最大限度地使社区矫正工作高效运转。

英美国家的现行社区矫正制度亦有值得借鉴之处。现今，美国社区矫正实行的一种执行方式是将社区服刑人员软禁在自己的住宅中，这种模式也被称为中间制裁模式。我国可以借鉴美国社区矫正监管中的电子监控技术与GPS（全球定位系统）技术，要求矫正对象在外出时必须在手臂、脚踝、手指等地方佩戴个人不可拆卸的GPS装置。社区矫正工作人员通过GPS发射的电子信号可以随时随地获取服刑人员所在的位置。对于一些人身危险性相对于其他社区服刑人员较高的犯罪分子，可以采用"软禁"的方式，运用类似于新冠疫情时期的"门锁"等装置，当罪犯外出时，必须向有关部门汇报，一旦未经汇报私自打开房门即会发出警报。此种方式不仅可以节约司法资源，也可以减少监狱带给犯罪分子的羞耻感，更加符合立法者的人道主义精神。对于有吸毒、酗酒等不良嗜好的犯罪分子，应当着重监管，可以借鉴美国的NLECTC监管技术，将特制的传感器佩戴在服刑人员的腰间，通过分析服刑人员的睡眠时间、腰肌运动等特征来得出服刑人员是否存在吸毒、酗酒、嗑药等不良行为。[2]此外，还可以通过其他技术来监管社区服刑人员。例如，对于使用电子设备的社区服刑人员，可以对其浏览的网站、微信消息中的关键字等设置敏感词汇，进一步了解社区服刑人员的思想状态。这些技术能够很好地掌握犯罪分子的日常生活行为，既可以加强对犯罪分子的监管，也可以降低其再犯罪的危险。我国可以参考前述制度措施，以专业化的社会组织培养为主，辅以先进的科学仪器，着力解决实践中存在的困境。

---

〔1〕　但未丽：《社区矫正的"北京模式"与"上海模式"比较分析》，载《中国人民公安大学学报（社会科学版）》2011年第4期。

〔2〕　何梨：《社区矫正智能化监管体系构建研究》，西南政法大学2021年硕士学位论文。

结语

社区矫正制度的引入是当今社会持续发展的需要，也是推动国家治理体系与治理能力现代化的一项重要措施，既解决了传统监狱矫正会切断犯罪人与社会联系、老年人犯罪惩罚力度不强等问题，又彰显了立法的"先进性"，使得刑罚的执行既有监督控制又不致社区矫正人员与社会脱节。虽然我国引进社区矫正的时间不长，但经过 20 年的发展，大部分地区社区矫正制度的实施也逐渐规范化和程序化，村级学法用法也逐渐常态化，社区矫正工作人员的法律服务水平也不断提高，取得了较为显著的成绩。社区矫正工作的发展离不开党和国家相关部门的努力和探索。本章通过对实践中存在的相关问题作出了探讨，但远远不够。希望通过学界的不断研究和有关部门的实践探索使社区矫正制度更为完善，充分发挥社区矫正的功能，真正意义上解决实践难题。

第二章

司法社工参与涉罪未成年人社会调查制度

  2012 年修正的《刑事诉讼法》第 268 条明确规定了涉罪未成年人社会调查制度。涉罪未成年人社会调查制度是指在犯罪嫌疑人为未成年人的刑事案件中，由一定社会调查主体对涉罪未成年人进行犯罪原因、成长经历、一贯表现等方面的调查，并对该未成年人的社会危险性和再犯风险进行综合评估，根据调查与评估结果形成书面社会调查报告，为司法机关的案件办理提供参考。该制度不仅保障了涉罪未成年人的权益，也体现了我国司法的人性关怀。从这一制度正式在我国法律中确定下来到现在，各地一直在进行适合自己的社会调查方式的探索，但是目前仍没有形成一个被普遍认可且适用于全国的模式。因此，在目前的社会调查工作的实践中，出现了多种主体，例如公检法机关、合适成年人、社会志愿者、社区矫正机构等。《未成年人刑事检察工作指引（试行）》指出，通过引入专业社会工作力量，提高未成年人权益保护和犯罪预防的专业化水平[1]。2018 年，最高人民检察院与共青团中央签署的《关于构建未成年人检察工作社会支持体系合作框架协议》指出，社会工作已是现今发展未成年人检察工作的重要方向[2]。根据以上规定，社工应该运用自身的专业优势积极参与到涉罪未成年人社会调查工作中。基于此，

---

  [1] 参见《未成年人刑事检察工作指引（试行）》第 12 条的规定：人民检察院可以通过政府购买服务、聘请专业人士等方式，将社会调查、合适成年人到场、心理疏导、心理测评、观护帮教、附条件不起诉监督考察等工作，交由社工、心理专家等专业社会力量承担或者协助进行，提高未成年人权益保护和犯罪预防的专业化水平，推动建立健全司法借助社会专业力量的长效机制。

  [2] 参见《关于构建未成年人检察工作社会支持体系合作框架协议》表示："通过搭建社会支持体系对未成年人司法保护，则需要加入多种社会资源，而社会工作的介入则是非常重要的。"

有的地方已经开始尝试引入社会工作服务，委托司法社工作为涉罪未成年人社会调查的调查主体，开展社会调查工作。司法社工参与涉罪未成年人社会调查在保护未成年人合法权益、提高柔性司法服务水平、为法官提供量刑参考等方面可以发挥重要的作用，是辅助办案的重要社会力量。涉罪未成年人社会调查工作不仅对未成年人犯罪的预防起到积极的效果，也有利于提升青少年司法工作的科学化，更重要的意义是能作用于涉罪未成年人的矫正工作。本章首先通过典型案例分析社会调查工作的运行情况，其次分析司法社工参与涉罪未成年人社会调查的合理性，再次探索司法社工在涉罪未成年人社会调查中的工作内容、方法及其角色，最后针对司法社工参与涉罪未成年人社会调查的完善提出一些建议。

一、国内涉罪未成年人社会调查典型案例及问题

（一）典型案例运行情况

自从涉罪未成年人社会调查制度在我国确立以来，各地都对涉罪未成年人的社会调查工作进行了积极的探索，《刑事诉讼法》虽然明确了涉罪未成年人社会调查制度的法律地位，但对其他细节并未作进一步的明确，这导致各地在推进该制度的积极落实过程中形成了不同的地方特色。以下选取以司法行政机关、律师、检察院等为社会调查主体的典型案例进行介绍。

1. 重庆市沙坪坝区

从 2007 年起，重庆市沙坪坝区人民法院在全国推行委托司法行政人员从事社会调查工作。在重庆市沙坪坝区的社会调查工作中，司法行政机关是社会调查工作的委托对象，并进一步将社会调查工作分解给社区矫正工作人员或司法助理。该社会调查的适用对象主要是户籍地或者经常居住地在沙坪坝区的涉罪未成年人[1]，同时包括未成年被告人的父母、社区和学校；方式是访谈；内容包括未成年被告人犯罪前后的情况、家庭情况、社交互动、成长经历等；程序是，法官在检查并确定未成年被告人属于该地区之后，派司法助理将起诉书副本、委托书和社会调查报告的空白表格送达司法所办公室，司法所办公室任命人员进行社会调查。完成报告后，司法所通知法院收取。

---

〔1〕 杨飞雪、王成：《未成年被告人社会调查模式的构建——基于重庆市沙坪坝区人民法院实践的实证分析》，载《青少年犯罪问题》2011 年第 5 期。

完成一份报告通常需要 7 天。

2. 成都市金牛区

在 2012 年《刑事诉讼法》修正前，就有了应给予未成年人法律援助的规定，在这期间，律师的帮助尤为重要。因此，多地就将未成年人司法社会调查的工作交给了律师进行。在成都市金牛区人民检察院，检察院接收到有关涉罪未成年人的案件后，如果需要进行社会调查，会下发委托函，委托律师事务所开展社会调查工作，并由律师事务所指定公益律师完成调查。主要调查内容包括：犯罪嫌疑人的基本信息、家庭情况、成长经历、性格爱好等四个方面；社会调查的主要方式是访谈未成年人及家长，并根据面谈情况制作社会调查报告，再将报告交给检察院未检科。

3. 甘肃省临夏州

在甘肃省临夏州，社会调查的主体是检察院[1]，在检察院对涉罪未成年人审查批捕阶段，社会调查由检察院的工作人员在期限内完成，审查起诉阶段也是由检察机关的工作人员自行开展，主要是对之前调查报告未涉及的内容或者调查不充分的内容等进行补充调查，起诉该案件后，检察院将准备好的社会调查报告与案件档案一并移交给法院。调查的对象包括涉罪未成年人的父母、亲属、邻居、朋友、老师、同学等人员和涉罪未成年人的学校、所在区派出所、居委会等基层单位。调查的内容有被调查人的个人基本信息、成长历程、个性特征、社会交往情况、教育经历、家庭基本情况、犯罪后的态度、赔偿情况、监护条件等。调查的方法主要是现场访谈。

4. 昆明市盘龙区

昆明市盘龙区人民政府是引用合适成年人作为社会调查工作的主体。"盘龙模式"的合适成年人，主要从盘龙区的青少年专干、司法所司法助理员、社区居委会成员、志愿者等中选择，以有利工作、就近参与为标准。合适成年人主要是对涉罪未成年人进行背景调查，包括对受害人进行了解、走访；向侦查机关提交《关于对触法未成年人背景情况的调查报告》并提出有关处理建议等。如果案件不能由公安机关结案并移送人民检察院或法院，"合适成年人"应当继续调查涉嫌违法的未成年人的社会背景，之后经过一系列的评

---

[1] 林世君：《未成年人刑事案件社会调查制度的实证分析——以甘肃省临夏州检察机关为视角》，兰州大学 2018 年硕士学位论文。

估，提出对该涉罪未成年人的处理建议。

（二）当前涉罪未成年人社会调查工作存在的问题

我国涉罪未成年人社会调查工作在全国探索的过程中取得了一定的成效，但目前还存在着一些问题。

1. 社会调查主体不统一

社会调查的主体包括人民检察院、人民法院和人民法院委托的有关社会团体。《刑事诉讼法》也没有明确规定社会调查的主体。在实践中，有的地方开展社会调查由检察院、法院担任主体，有的地方由公益律师承担，有的地方是司法行政人员等，并且参与调查的人员素质也参差不齐。

2. 社会调查报告内容形式不一

当前我国社会调查所涉及的内容，基本上包括涉罪未成年人的个人性格、教育经历、家庭学校情况、社会交往情况等，还有的也加入了危险性评估、犯罪原因分析等。但各地的侧重点不同，有些地方的社会调查内容也不完整和全面，再加上每一个调查员的关注点和每一个涉罪未成年人的信息不同，社会调查的报告就形成了较大的差别。从形式上看，有的采用日常公文报告样式，有的采用调查表格或者笔录的样式。

3. 社会调查的程序缺少规范

虽然目前绝大多数地区的司法机关在审理未成年人刑事案件时，加入了社会调查，但对于社会调查的程序，比如如何委托、如何展开调查、如何和调查对象建立关系、如何处理意外情况、结案后如何进行等，未进行规范。比如，委托社会调查机构时，部分对调查对象进行了提前告知，有些直接交给社会调查员开展调查工作，缺乏一个规范性的流程。另外，缺乏规范的程序导致各地在社会调查的时限和方式方面存在较大差异，最终导致了调查结果的差异。

因此，考虑到我国的现实情况，应探索一种新的由司法社工作为社会调查实施主体的形式，实现真正的涉罪未成年人社会调查制度的落实。

二、司法社工参与涉罪未成年人社会调查的合理性

（一）司法社工参与涉罪未成年人社会调查的合法性

从政策方面不难看出，一些政策对于司法社工参与涉罪未成年人社会调查开放了窗口。2019 年《人民检察院刑事诉讼规则》就曾明确指出，人民检

察院开展社会调查，可以委托有关组织和机构进行[1]。2015年最高人民检察院印发的《检察机关加强未成年人司法保护八项措施中》明确指出，推动建立一个使得未成年人司法能够从社会中借助专业力量的长效机制，由专业力量承担社会调查[2]。2012年11月，民政部和财政部联合发布的《关于政府购买社会工作服务的指导意见》规定了针对不良行为青少年、社区矫正人员等特殊群体的购买服务[3]。2014年，财政部、民政部、原国家工商行政管理总局联合印发《政府购买服务管理办法（暂行）》（已失效），明确社会工作服务、社区矫正、社会调查、法律援助等服务应当纳入政府购买服务指导性目录。由政府对购买服务政策中涉及的社会工作在司法方面的服务进行购买，可以推动社会工作进入司法领域发展。由此可见，司法社工参与涉罪未成年人社会调查具有合法性。

（二）司法社工参与涉罪未成年人社会调查的作用

1. 促进社会调查工作程序规范化

司法社会工作为落实涉罪未成年人社会调查制度的重要社会力量，其参与不仅能够推动司法程序的规范化，也能提高司法机关办案的质量。对于部分司法机关来说，委托专业司法社会工作为社会调查工作的执行主体是一项新尝试，但一些理论分析和部分实践经验表明，司法社工在社会调查的资料收集、问题评估以及对接后续的矫正工作等专业方面具有一定的优势与特点。这种优势来自司法社工严格的社会调查程序以及司法社工自身所拥有的专业素质，因此，司法社工在开展社会调查之前，需要接受多种社会调查工作所需相关学科的培训，同时通过跟随实习，实地观察社会调查工作的开展，直到具备一定的胜任能力，才会被选作社会调查员。与此同时，司法社工在调查过程

---

〔1〕　参见2019年《人民检察院刑事诉讼规则》第461条第2款的规定："人民检察院开展社会调查，可以委托有关组织和机构进行……"

〔2〕　参见《检察机关加强未成年人司法保护八项措施》第8点的规定："推动建立未成年人司法借助社会专业力量的长效机制。大力支持青少年事务社会工作专业人才队伍建设工作，主动与青少年事务社会工作专业机构链接，以政府购买服务等方式，将社会调查、合适成年人参与未成年人刑事诉讼、心理疏导、观护帮教、附条件不起诉监督考察等工作，交由专业社会力量承担，提高未成年人权益保护和犯罪预防的专业水平，逐步建立司法借助社会专业力量的长效机制。"

〔3〕　参见民政部、财政部《关于政府购买社会工作服务的指导意见》第3点第3项的规定："……实施特殊群体社会关爱计划，帮助药物滥用人员、有不良行为青少年、艾滋病患者、精神病患者、流浪乞讨人员、社区矫正人员、服刑人员、刑释解教人员等特殊人群纠正行为偏差、缓解生活困难、疏导心理情绪、改善家庭和社区关系、恢复和发展社会功能……"

中对访谈技巧的把握、对调查对象情绪的处理等既体现了社会工作的专业性，也促进了社会调查程序的完善和规范化。

2. 提高柔性司法服务水平

涉罪未成年人社会调查工作不仅涉及对触法未成年人本人的审判，对其整个家庭甚至整个社会也都会产生或多或少的影响。当前我国未成年人刑事案件的处理受到了社会各界的关注，但公检法机关本身也有繁重的办案压力，不能同时承担所有的未成年人司法服务工作，此时由作为社会力量的司法社工担任社会调查的执行主体，为涉罪未成年人提供关怀与帮助等柔性服务，可以将对未成年人的司法保护延伸到司法系统外，展现司法的人文关怀，提高司法服务的高度。

（三）司法社工参与涉罪未成年人社会调查的专业优势

1. 价值观的指引

社工的专业价值观在社会调查工作具有明显的优势，即平等、尊重、接纳、个别化等，在这样的价值观指引下，有助于社工更顺利地开展未成年人的社会调查工作，也能够更加顺畅地接近、帮助和引导被卷入犯罪的未成年人。

2. 专业知识的运用

司法社工参与涉罪未成年人社会调查不仅依靠社工的价值观和热情，更需要以科学的理论和知识为基础。这是因为社会工作处理的都是人与人之间的问题，且与众多学科都存在密切的联系，如社会学、法学、心理学等。在司法社工参与社会调查工作的过程中，每一门相关的学科知识背景都能为司法社工的参与与评估工作提供理论支持，但又不是单一的知识就可以完善社会调查工作的程序，司法社工的这种多元的、丰富的学科的融合可以提升社会调查工作的完善与科学化。比如，司法社工运用心理学中的面谈的沟通技巧与涉罪未成年人以及相关人员进行交流沟通，获取更多信息；运用相关社会学中的分析的理论与知识，在理论的指导下对导致未成年人犯罪的一些个人系统、环境系统、社会文化等因素进行评估，这样才能更有依据、更客观地界定涉罪未成年人的犯罪原因和社会危险性以及帮教的可行性。可见，司法社工的专业知识使其参与涉罪未成年人社会调查更加理性、科学、规范。

3. 伦理准则的契合

社会调查工作起到了分析涉罪未成年人犯罪原因、评估其人身危险性、再犯可能性等因素，并据此对涉罪未成年人的量刑给出参考意见的作用。因此，其对一个涉罪未成年人来说是十分重要的，同时应该对参与执行社会调查工作的人员进行严格的伦理规范。社工需要做到的是全面调查、保持中立性、个别化对待、保护被调查人的隐私安全、不用自我的价值观评判被调查人、保护被调查人的自尊心六个方面。这与社工平时工作中需要对案主遵守一定的伦理准则有着高度的契合度。

三、司法社会工作在涉罪未成年人社会调查中的应用

司法社会工作在涉罪未成年人社会调查中的应用主要体现在以下几个方面：首先是作为社会调查的主体——司法社工，然后是司法社工参与社会调查工作覆盖的阶段、具体的工作程序以及在整个参与过程中扮演的角色以及相应的配套机制等。其中，具体的工作程序包括建立关系、调查工作、评估工作、衔接后期帮教矫正工作以及最后社会调查报告的撰写。

（一）司法社工作为调查主体

社会调查的主体涉及两个方面，首先是涉罪未成年人社会调查的启动主体，即司法程序中的司法机关，比如公安局、检察院、法院等，它们需要开启社会调查，并在整个社会调查过程中起到协调各方的作用，然后将社会调查工作委托社工机构或组织具体实施，社工机构或组织在接受司法机关的委托，取得调查的主体资格之后，再依照司法机关的委托，指派两名以上的具备丰富实务经验的司法社工开展调查活动。可见，对于涉罪未成年人的社会调查，实际上是由司法社工进行的。

实际承担社会调查指导和执行工作的司法社工都应该符合专业的要求，即掌握成熟的、丰富的社会工作理论和技巧。因此，本书认为从事社会调查工作的司法社工也应该符合一定的要求，一是学历专业要求。其应该是本科以上的社会工作专业的毕业生，并且通过考核获得了社会工作师的从业资格证书。具备一定的科学知识是司法社工开展工作的前提条件，因此司法社工必须掌握社会学、心理学、法学、教育学等专业知识，以保证调查、评估甚至之后的帮教矫正工作具有针对性、科学性。二是实务操作要求。只有经历了必要的职业训练，司法社工才能进行社会调查工作。在正式开展社会调查

工作之前，司法社工需要接受从事社会调查工作所需要的专业的学科知识及技能的培训与学习，然后再通过一段时间的跟随实习来了解整个工作过程，确保自己能在社会调查工作中做到规范、专业，并且始终坚持接纳、尊重、个别化、非评判、平等等社会工作的专业价值观。

（二）连续、完整的社会调查阶段

纵观我国当前的涉罪未成年人社会调查工作模式，存在侦查阶段启动社会调查、起诉阶段启动社会调查、审判阶段启动社会调查、矫正阶段启动社会调查的四个时间段的启动模式。司法社工参与涉罪未成年人社会调查是覆盖了未成年人刑事案件整个司法程序的，包括侦查阶段、起诉阶段、审判阶段以及矫正阶段。原因在于：一是保护未成年人权益；二是充分的时间保证；三是保证社会调查的连续完整性。当然，每个阶段之间是有着一定的衔接程序的，包括：一是公安机关向社工机构进行社会调查委托，主要是对涉罪未成年人的犯罪原因作出初步的分析，说明涉罪未成年人的家庭关系和监护条件；二是公安机关提请人民检察院审查批捕涉罪未成年人，将初步的分析移交人民检察院，本阶段的社会调查，应在前期社会调查的基础上补充相关信息；三是人民检察院向人民法院起诉涉罪未成年人，将社会调查报告随案移送人民法院；四是庭审结束之后，涉罪未成年人被处以缓刑，须在社区服刑的，交由社区矫正机构开展矫正帮教工作，相关材料移交社区矫正机构。在衔接工作过程，各个机关和社区矫正机构可根据情况需要向社工机构委托补充社会调查，程序与社会调查委托启动程序一致。

（三）司法社会工作在建立关系中的应用

专业关系的建立往往是司法社工开展个案工作的最重要的步骤，但是社会调查工作与一般个案工作的建立关系过程存在一些不同之处：首先，服务对象参与社会调查工作并不是自愿的，甚至是被迫的；其次，社会调查报告的内容直接关联案件的处理结果，是会呈上法庭审理的；最后，司法社工与案主的初次接触一般是看守所，会让涉罪未成年人产生戒备心理。涉罪未成年人很难放下心理的防备，真实地表达自己的想法，对司法社工产生信任感。但是司法社工如果没有与涉罪未成年人建立起良好的专业关系，会对后期参与的社会调查工作的效果产生极大的影响。

司法社工可以运用个案工作的方法，注意解释社会调查工作的性质，告诉案主其职责是帮助他们，而不是逼迫他们认罪，同时充分坚持专业价值观，通过访谈营造轻松、安全的氛围，避免将他们定义为"问题青少年"，对此可以运用的技巧有：专注、倾听、同理心、自我表露等。专注可以通过语言信息以及一些非语言的方式来传递给涉罪未成年人，同时也可以通过认真倾听的方式，这种倾听也不仅仅是倾听，还需要根据案主的描述作出回馈，这种回应可以非常简单，只是点点头，或者一句"我明白"等就可以。同理心可以通过简单复述被调查者的话来表达，但是绝对不是照搬，需要尽力感受被调查者的想法与感受，并把这种感受与理解传递给对方。自我表露是可以将司法社工亲身的体会、态度、感受等向调查对象坦白，使被调查者能借鉴经验帮助自己进行思考。

一段积极主动并真诚表露自己的开场白就是建立信任关系的第一步。司法社工要积极主动地介绍自己的身份，消除涉罪未成年人的戒备心理，让调查对象知道其目的是给他们提供帮助，而不是进行司法程序中的询问，从而让涉罪未成年人敞开心扉。

初次见面时，被调查者可能对司法社工存在陌生、怀疑、恐惧等复杂的情绪和心理，所以初次见面时司法社工要尽量选择一些比较轻松的话题与被调查者进行互动，比如最近的天气、身体怎么样、对新环境的感受与适应情况等，使被调查者感到自己可以轻松地与司法社工交流起来，从而建立信任关系。随后司法社工可根据案主的不同反应进行进一步的谈话。例如，如果案主童年时有一段不愉快的经历，司法社工可以从这段经历入手展开谈话，让案主放下戒备，这也是司法社工建立关系的专业能力的一种体现。也有的案主可能会比较封闭，不愿说话，司法社工在建立关系时要尽量关注安抚案主情绪、表示理解关心，在他们出现脆弱表现时予以理解和支持，如果碰到一些话题刚好是被调查者非常排斥的，这时的他们也可能出现沉默、情绪不好、回避等表现，此时应更换一些轻松的话题，循序渐进，这样也有利于关系的建立。

（四）司法社会工作在调查体系中的应用

1. 调查的对象

生态系统理论强调将涉罪未成年人放在一个全面的系统中，这就需要对涉罪未成年人以及其所处的环境进行全面探寻和了解，因此，在社会调查工作中，调查对象不仅包括涉罪未成年人，还包括与涉罪未成年人有关的人员，在生态系统理论的框架中，除了微观系统中的涉罪未成年人本人，还包括涉罪未成年人的家庭成员、老师、同学、朋友、所在社区工作人员等。

2. 调查的内容

在生态系统理论的框架中，可以将社会调查中所需调查的内容分为三类：涉罪未成年人的个体因素、社会环境因素、行为因素。

（1）个体因素。

对于涉罪未成年人的个体因素，首先要关注生理因素，司法社工可以根据涉罪未成年人的性别、体型等来对涉罪未成年人作初步的观察；其次要关注认知风险因素，司法社工可以通过涉罪未成年人解决问题的态度、是否具有同理心、认知思维模式、自我控制能力等来进行考察。

（2）社会环境因素。

社会环境因素包括家庭环境因素、学校环境因素、朋辈群体因素、社区环境因素、医疗系统因素、社会文化环境因素六个方面。

第一个方面是家庭环境，家庭系统的资料收集涵盖以下内容：①家庭基本信息：家庭成员及其现状、成员是否有违法的记录以及他们受教育的程度等。②家庭经济情况：家庭收入水平和生活质量，能否为涉罪未成年人提供经济方面的支持。③家庭互动情况：涉罪未成年人与家人的沟通情况；家人能否承担对涉罪未成年人的监管和教育责任、教育方式及效果如何；家庭成员之间的感情状况，是否存在矛盾，家庭结构是否完整，能否为涉罪未成年人提供良好的情感支持等。

实践证明，家庭环境因素在涉罪未成年人违法事件中往往扮演重要的角色。例如，很多实施犯罪行为的未成年人来自监管过严或者处于失管状态的家庭。对涉罪未成年人的家庭情况进行了解，有助于司法社工发现涉罪未成年人家庭层面的问题。

第二个方面是学校环境，学校系统的资料收集包括以下内容：①人文环境：在涉罪未成年人所在的学校中，是否存在偏差、恶劣、易给未成年人造成不良影响的人文风气。例如，在打架现象严重的学校，未成年人更易实施暴力行为，引发犯罪事件。②监管条件：未成年人所在的学校能否对他们进行良好有效的监督和教育。学校如果采取松散、放任的管理方式，则有可能间接引发未成年人的违法行为。③融入程度：学校对涉罪未成年人的接纳态度，是否愿意继续接受他们回到学校中学习，为他们融入新生活提供一定的支持。

第三个方面是朋辈群体，朋辈群体系统的资料收集涵盖以下内容：①群体范围：涉罪未成年人的交往群体来源，是同学、同乡，还是玩伴等。②群体成员现状：群体成员的发展现状，是工作、上学，还是无业。③群体文化：在涉罪未成年人的交往群体中存在怎样的群体规范，认知、行为层面皆包含在内。④群体互动关系：涉罪未成年人在朋辈群体中扮演怎样的角色，朋辈群体对他的影响程度如何等。

第四个方面是社区环境，社区系统的资料收集包括以下内容：①社区物质条件：主要包括硬件设施和软性设施。硬件设施主要是活动设施，指那些可以让社区未成年人活动学习的场地。软件设施是指各种丰富的社区服务，比如法治教育的科普、实用技能培训活动，职业介绍、信息咨询服务等。②社区文明程度：文明、和谐的社区，能对未成年人的成长生活产生积极的影响。③社区融入程度：社会调查员需要对流动未成年人这一特殊群体给予特别关注。他们属于外来人员，渴望融入社区、融入社会，但是这种融入不是一件简单的事，他们有可能会受到排挤、忽视，感到自卑。此外，社区融入也包括对有过犯罪经历的未成年人的接纳程度，即社区能否对涉罪未成年人持接纳和尊重的态度，使他们在有过犯罪经历后仍然能够顺利融入新的生活。

第五个方面是医疗系统。涉罪未成年人的疾病史是直接关联未成年人身心健康的事实。未成年人的身心是否健康可以从早前疾病史直接得知。司法社工对于涉罪未成年人的医疗系统的调查主要涉及过往病史、心理诊断等。

第六个方面是社会文化环境。目前网络上存在着一些不健康的内容，这些对于还没发育完全的未成年人来说影响是很大的，可能会导致未成年人出现不良倾向，比如暴力、色情等。因此，在社会调查过程中，需要关注的是涉罪未成年人上网的状况，以判断其是否有沉溺网络的行为倾向，是否受到不良网络文化的影响等。

（3）行为因素。

除了对涉罪未成年人的周边环境进行社会调查，还需对其成长以及实行的行为等进行分析。行为因素包括犯罪行为和日常行为。犯罪行为是指犯罪行为发生后的一些事实事件，比如是否为初犯、是否有犯罪同伙、悔罪情况、主观恶性、犯罪动机与目的、犯罪的手段、涉罪前后表现、赔偿情况等。日常行为需要联系涉罪未成年人生活中的事件，因为生活事件对他们的心理影响是不容忽视的，例如当众受侮辱的经历、遭受过校园暴力、自残或企图自杀的行为等。

个体因素	生理因素：外部生理特征、营养状况等； 认知因素：认知偏差、同理心能力、自控能力、解决问题的态度、对学习的投入程度等。
社会环境因素	家庭系统：成员基本情况、家庭经济情况、家庭结构图、家庭关系、教养方式、居住环境等； 朋辈群体系统：朋辈基本情况、恋爱情况、活动区域、活动内容、群体文化等； 学校系统：学习成绩、学习态度、学习环境、师生关系、同学关系、学校评价、学校教育方式等； 社区系统：社区环境、文明程度、社会评价、互动情况、社区可以为居民提供的相关支持条件等； 医疗系统：过往病史、心理诊断等； 社会文化环境：是否沉迷网络、是否受到不良网络文化的影响。
行为因素	犯罪行为：是否为初犯、是否单独犯罪、认罪情况、主观恶性、犯罪动机与目的、犯罪手段、犯罪工具、涉罪前后表现、赔偿情况等； 日常行为：联系生活事件，包括一些典型的事件，例如父母离异、家庭经济困难、遭受过校园暴力等。

（五）司法社会工作在后期帮教矫正中的应用

在生态系统理论视角下，帮教矫正工作的进行应该从涉罪未成年人的各系统入手，帮教矫正是根据对涉罪未成年人的问题与优势的综合评估，为实现涉罪未成年人问题的改善，而进行干预的工作。虽然社会调查工作的核心目的在于分析犯罪原因及评估再犯风险，但其所作的社会调查报告还有一个重要的意义即为后期的帮教矫正工作做一些前期的准备，同时也是为了评估涉罪未成年人是否具有帮教可行性。这也是司法社工参与社会调查工作发挥重要优势的环节。

1. 制定帮教矫正计划

帮教矫正工作是针对调查对象存在的，具有针对性，需要根据对调查对象所具有的有利因素与不利因素的综合评估来设定，制定计划的过程就是选择介入问题的焦点、发展有效的行动方案、明确任务和责任的过程，当然也需要考虑到未成年人的接受度和能力是否一致。

（1）帮教矫正的目标。

帮教矫正的目标，即期望达到的状况，是司法社工和涉罪未成年人共同努力的方向。制定恰当可行的目标，可以激发调查对象改善的主动性。帮教矫正的目标可以消除案主的不良情绪，解决危机，改善其与家庭、学校、社区等的关系，获得学习或工作机会，改善物质条件，更好地回归社会等。帮教矫正的目标需要在案主解决问题的能力范围之内，并且需要在周围环境资源许可的范围内，目标应该是司法社工与涉罪未成年人协商一致的结果。

（2）帮教矫正问题。

为了能够为涉罪未成年人制定一份适合他们并具有可行性的服务方案，司法社工需要通过运用优势视角的理论，发掘、利用涉罪未成年人自身以及身边的优势资源，让涉罪未成年人重新认识自己、审视自己，改变之前的错误。在计划中涉及的帮教矫正问题，需要结合社会调查评估出的问题，但不是所有评估出来的问题，在确定问题时，司法社工应当协助调查对象拟定解决帮教问题的先后顺序，并根据问题的主次要程度、解决问题的难易程度等对帮教问题进行排序，优先解决亟待解决的问题。

2. 生态系统理论下的干预工作

在生态系统理论视角下，干预的焦点不仅仅是涉罪未成年人自身的改变，还需要考虑更大的社会环境的改变，即关注个体与外在环境的共同改善。司法社工的干预应该由两方面组成，即直接干预与间接干预。直接干预是指从涉罪未成年人本身出发，促进涉罪未成年人自身的改变。间接干预是从涉罪未成年人所处的环境出发，通过对涉罪未成年人环境的改善来干预。直接干预与间接干预始终处于持续的互动中，二者缺一不可。

（1）微观层面的干预——自身的改变。

在微观层面，干预的重点主要是对涉罪未成年人自身的改变，增强涉罪未成年人应对自身及环境的技巧和能力，改变其情感、认知和行为，增强法律意识等，促进其潜能的充分发挥，从而适应环境，增强社会功能，进而达到与自身及环境的良好互动。在这个层面的干预的主要内容是支持与鼓励、情绪上的疏导、观念的澄清、信息的提供，司法社工需要运用接纳、同感、倾听等专业技巧去处理涉罪未成年人的情绪，消除其无助、焦虑感。例如，可以用到的社会工作干预和治疗的方法有危机干预法、理性情绪疗法、认知行为疗法等，帮助涉罪未成年人作出改变。

（2）中观层面的干预——环境的改善。

在中观层面，干预的重点是对涉罪未成年人所处的环境的改变，改善涉罪未成年人所处的不良或压力环境，挖掘和利用其周遭环境中有助于解决问题的资源，以减轻其所受到的压力和痛苦，进而使其更好地与环境相处。从生态系统理论入手，调查对象在成长过程中受到家庭、学校、朋辈群体、社区等的影响。对于不同的系统都应该有一定的干预策略，例如针对家庭系统进行干预帮教工作，需要调动所有家庭成员的积极性，分别引导每个人有想改善的想法并鼓励他们行动起来，司法社工可以进行家庭治疗，并采取亲子沟通小组的方式，利用家庭成员间深厚的感情基础进行工作。有些家庭系统在短期内很难得到改善，如父母的教育方式错误或者家庭角色的缺失等，司法社工可以通过引导涉罪未成年人更加积极、理智地看待家庭，提升其对家庭的责任感来修复家庭系统。有的情况下，家庭的支持调教很难通过自我修复完善，在这种情况下，司法社工需要尽量与其他相关机构、部门链接资源，比如对于一些经济状况很差或者家庭成员工作能力匮乏的家庭，就需要借助外界的帮助来进行改善。针对朋辈群体系统的干预，司法社工需要深入了解涉罪未成年人的朋辈群体的内部人员的情况、行为模式等，引导涉罪未成年人选择积极、正向的群体，并且对朋辈群体中的重要影响人物进行适当的干预，降低其负面影响。针对学校系统的干预，司法社工可以通过与老师、学校相关负责人的沟通，向学校提出适当的教育建议并且促使学校缓解对涉罪未成年人的负面的失望和放弃的情绪。针对社区系统的干预，司法社工可以通过协调资源为涉罪未成年人提供一定的支持。

（3）宏观层面的干预——政策的建议。

在宏观层面，干预的重点是对涉罪未成年人的宏观环境的分析，力图通过更加广泛地调动社会资源使涉罪未成年人的矫正工作得到更好的发展。在宏观层面，司法社工的干预工作比较有限，很多情况下，许多政策的、文化环境的状况其无法改变，所能做的只是尽量降低影响，提出一些建议。

（六）司法社工扮演的角色

1. 关系建立者

社会调查工作的展开，尤其是与涉罪未成年人的访谈，基本上都是在看守所的审讯室中进行的。既然司法社工与其他社会调查主体的工作环境都是在审讯室，且形式都是一问一答的交流，那么司法社工与其他社会调查主体的真正不同在哪里呢？笔者认为二者最大的区别就在于信任关系的建立方面，司法机关人员往往运用国家强制力来建立关系，这可能让涉罪未成年人有种被迫认罪的感觉，虽然司法社工与涉罪未成年人在看守所审讯室中会面同社工与一般案主的会面不同，这样的环境会使涉罪未成年人感到压抑、心怀戒备，但是社会工作专业助人关系是以案主为本的，当然以案主为本并不意味着司法社工没有了自我，也不意味着不关注社会调查工作委托方的要求，而只是强调了司法社工在这段关系建立过程中的取向。

2. 调查者

司法社工通过运用专业方法对涉罪未成年人的信息进行调查，在系统理论的指导下，司法社工对涉罪未成年人的调查工作做得更全面、更规范，涵盖了与涉罪未成年人相关的所有因素，毕竟只有调查工作规范了，司法社工才能够更好地完成接下来的评估工作。

3. 评估者

司法社工调查和收集资料都是为了最终对涉罪未成年人作出再犯风险、社会危险性、帮教可行性的评估。可以说，调查是基础，评估是成果。司法社工从生态系统理论的微观、中观、宏观三个角度全面分析涉罪未成年人的不利因素，又运用优势视角理论分析涉罪未成年人回归社会的有利因素，通过对涉罪未成年人有利因素和不利因素的综合评估，可以得到一个完整且有根据的评估体系，这样的评估体系更具灵活性，且对每一个涉罪未成年人进行评估的过程是一样的，但所评估的因素又是不同的，做到了真正的个别化。

4. 支持鼓励者

支持鼓励者可以说是司法社工贯穿整个社会调查过程的角色，司法社工不仅在社会调查中扮演鼓励者的角色，在一般的个案工作中也如此，帮助涉罪未成年人重建信心。很多涉罪未成年人对于自己犯罪这个事实是备受打击的，也存在自卑、面对案件时害怕、无助、后悔等心理，很需要支持和鼓励。大部分的案件中司法社工都会遇到涉罪未成年人的这些情绪问题，甚至有的案主觉得自己很失败，不敢面对父母、意志消沉等。支持鼓励者的角色在社会调查工作中展示了司法社工面对涉罪未成年人的态度，司法社工不仅是通过语言鼓励的方式帮助案主释放压力，而且还会通过切入优势视角的观点，帮助案主找到可以利用的资源，给予案主信心，激发案主潜能，从而更好地解决问题。

5. 关系协调者

在社会调查工作中，司法社工所面对的案主是青少年，而且还是因为行为偏差而涉嫌犯罪的青少年。我国未成年人司法工作策略一直都是"教育为主，惩罚为辅"，每一个涉罪未成年人都因不同的原因涉罪，但也存在一些共性，比如自我控制能力不足、情绪调节能力差、法律意识薄弱、人际关系处理不当、家庭教育缺失等。相较其他社会调查主体，司法社工会以更积极的方式和途径尽量地化解涉罪未成年人与他人，例如父母、朋友之间的纷争，促使冲突中的双方达成解决矛盾的共识，通过给涉罪未成年人提供更积极、更有建设性的与人交往的方式，解决案主关系协调不佳的问题。但是协调这种关系需要给他们更多的空间，司法社工只能是抱着助人自助的理念调节，最终还是需要双方自己来解决。关系协调者的角色是随着社会调查工作的深入而不断深化的，司法社工需要根据发现的问题采取适当的帮教策略，从而帮助涉罪未成年人更好地回归和融入社会。

四、司法社工参与涉罪未成年人社会调查存在的问题

（一）司法社工的身份地位模糊

司法社工依法对涉罪青少年开展社会调查，必须明确社会调查执行主体的权责范围。司法社工接受司法机关的委托，但同时也要接受司法机关、行业协会的监管。司法社工拥有自己决定调查行为、及时了解案件信息、要求被调查者配合的权利，但在实际的工作中这些权利能否得到有效的保障是一个问题，如果权利不能得到保障，调查工作就会受到限制与影响。司法社工参与社会调查工作是采用政府购买服务的形式，在此形式下司法社工的身份定位是社会工作服务人员，在协助司法机关获取更多与案件有关的信息中起到重要的作用。但在实际的工作中，司法社工却面临着自身资格被质疑，有可能得不到社会人员认可的情况，如被调查者并不认同司法社工的身份，拒绝配合访问。造成这一现象的原因主要在于法律不明确，涉罪未成年人社会调查制度虽然在新《刑事诉讼法》修正时被确定下来，但有关社会调查主体的规定比较模糊，全国各地的做法也是多种多样。司法社工参与涉罪未成年人社会调查在我国还处于初步的探索阶段，没有一部法律法规确定了司法社工的身份地位。司法机关在与司法社工合作的过程中也不可能突破有关法律法规的规定来明确司法社工的身份地位。

（二）司法社工配备不足

目前，随着国家和社会对社会工作专业认识程度、重视程度的日益深入

和提高，社会工作专业被越来越多的人所接受和认识，但这必定是一个循序渐进的过程，需要一定时间的累积。当前我国专职社工受到社会地位的一些制约，很多高校毕业的社会工作专业学生很少从事一线社会工作，社会上的一部分一线社工都是由一些社会志愿者组成的，有法律知识背景的专业司法社工更是短缺，并且司法社工较低的薪资待遇使得其流动性很大，缺乏较强的人才储备力量，这使得社会调查工作难以为继。

（三）专业培训与督导滞后

因为可供司法社工参与涉罪未成年人社会调查参考与借鉴的模式在国内相对较少，所以到目前为止，全国各地的实践大都处于摸索的阶段。差异性在全国各地被委托的不同的案件中广泛存在，细节问题难以预料的情况普遍，这都使得社工在开展工作之前接受的培训不够系统和全面，很多问题在前期的学习与培训中也无法涉及，因此专职社工在正式开始社会调查时需要将遇到的困惑反馈给社工督导，一起讨论解决办法，但服务过程中积累的压力和无力感如若不能及时得到缓解，难免会使社会调查工作效率低下，进程受阻。

五、司法社工参与涉罪未成年人社会调查的完善

（一）明确司法社工的身份地位

首先，应该从制度层面明确社会调查的主体，确立司法社工在社会调查工作中的法律地位，并划分社会调查启动主体与实施主体各自的权利与义务，司法机关作为社会调查的启动主体应该将调查过程与内容完全放手给执行主体，并且需要大力支持和配合司法社工的工作。其次，需要通过积极宣传等方法提高群众对司法社工的知晓度、认可度。具体可以通过社工组织、社工协会与司法机关未成年人刑事检察部门联合承办社工专题系列活动的方法，普及司法社工知识，宣传司法社工服务，进一步加深群众对专业社会工作的认识和理解，为司法社工开展工作提供一些便利。

（二）完善司法社工培训考核机制

设置一套完善的培训考核机制，对于增强司法社工的工作能力从而确保司法机关委托的任务圆满完成具有积极作用。培训的内容主要包括两部分，即对司法社工进行理论知识的补充，对司法社工进行技能方面的指导。比如，邀请从事与未成年罪犯心理学研究相关的专家、对社会调查拥有丰富经验的

社会调查工作者、审理未成年人刑事案件的检察官和法官等人员开展专门的学习讲座，讲座的内容涉及的主题丰富多样，例如关于心理疏导的相关技巧、一些调查的方法以及可能会遭遇的问题等，司法社工可以被社工机构组织起来，到不同区域进行考察学习和经验交流等，社工督导也需要对司法社工的工作情况进行掌握和总结分析，发现优势，改进不足。同时，司法社工在正式开展社会调查工作之前必须接受考核，考核通过后才能成为社会调查员，开展社会调查工作。

（三）加强司法社工人才队伍建设

目前我国社会工作专业人才薪酬工资普遍较低，导致许多社会工作专业人才流失严重，专业人才的发展遇到了难题。对于社会工作专业人才发展遇到的这方面的难题，可以通过待遇激励和资金保障予以改善。例如，通过给予获得社会工作师、助理社会工作师职业水平证书的司法社工一定的资金支持，提高司法社工工作的热情，或者通过向政府购买的未成年人社会调查司法社工服务投入资金，提高司法社工的待遇，给予其一定的人才补贴等。只有解决了司法社工的薪资担忧，才能提高并保证他们工作的积极性。

（四）健全相关配套机制

1. 经费机制

这种经费上的需求主要来自司法社工队伍组织的建立与司法社工人员薪酬，以及调查过程出行、通话等方面。目前，在大多数试点社会调查制度的地方都是由社会调查的启动主体（司法机关）来负担制度运作的经费的。我国现阶段还是应该通过政府购买服务来承担这笔开支。在考虑到公正性、中立性的基础上，让司法机关承担社会调查的费用是不合适的。而且，由政府出资支持的模式更符合《国民经济和社会发展第十二个五年规划纲要》中提出的"党委领导，政府负责，社会协同，公众参与"的社会管理格局的要求，是司法机关、社会组织充分发挥各自作用实现双赢目标的最佳选择。政府出资支持的模式有利于司法机关、社工组织相互之间的沟通和协调，并且有利于保障社会调查工作所需经费的稳定；另外，政府出资支持的模式有利于推动社会调查工作的职业化、专业化建设。

2. 监督机制

对于社会调查全过程的外部监督职责应该由检察机关的未检部门承担，这是因为我国的未成年人检察部是专门从事未成年人案件的机关，对于社会调查工作有着经验与领导力，并且其作为启动主体之一，经常与执行社会调查的司法社工接触，并且还是直接运用由司法社工制作的社会调查报告，故由其履行监督职责一定程度上更规范。但是值得注意的是，作为社会调查执行主体的司法社工也离不开有关行业协会内部、组织内部的监督。此外，作为服务购买方，有关的司法部门应该及时向政府反馈社会调查工作的开展情况以及成效等，政府在此反馈的基础上进行一定的监督管理。

3. 成效评估机制

专业的成效评估是社会调查工作质量的重要保障。社会调查机构应具有自身的专业评估机制、评估部门和人员。评估可以从量性评估和质性评估两方面展开。评估在社会调查工作即将结束或者已经结束后进行，目的是检验整个过程的成效。评估主要针对两个方面进行，一是司法机关处理决定的参考成效，司法社工对社会危险性、再犯可能性的评估与涉罪未成年人之后的再违法率、再犯率的相关联性；二是对涉罪未成年人的帮教成效，包括涉罪未成年人后续的学业、就业情况等。

第三章

第三方社会组织介入社区矫正研究

　　建立健全社会组织参与社会事务、维护公共利益、救助困难群众、帮教特殊人群、预防违法犯罪的机制和制度化渠道。作为与监禁刑相对的非监禁刑罚，行刑社会化是社区矫正最显著的特征，社区矫正是将服刑人员置于社会之内，通过其正常地与周围人接触和生活，使其保持正常稳定的心理状态，这一特征决定了司法行政机关在社区矫正工作中必须整合各种有效的社会力量加入。我国社区矫正工作已进入全面推进阶段，第三方社会组织作为专业社会力量介入社区矫正，参与到社区矫正工作的理论研究与实践探索中，对于提升社区矫正工作成效、完善我国的社区矫正制度具有十分重要的意义。基于成都市 C 区社区服刑人员专业社工服务项目的实证调研分析，通过对收集到的第三方社会组织的司法社工在参与社区矫正的项目服务过程中的数据进行分析，从第三方社会组织参与社区矫正工作的需求背景和司法社工的服务内容着手，对第三方社会组织在社区矫正实践中的现状和问题进行分析，并结合成都市 C 区的实践经验对我国第三方社会组织在参与社区矫正过程中的问题提出相应对策。

一、研究背景及意义

　　社区矫正是一种与传统刑罚上的监禁刑相对应的非监禁刑，其最大的特点就是将犯罪人置于社会之内，通过使犯罪人与周围的人广泛接触和正常生活，使其回归正常心理状态，这一特点决定了司法行政机关必须整合各种有效的社会力量，如社工、志愿者、非政府组织等加入社区矫正工作中。在国内外实践中，社会力量对社区矫正工作的参与普遍且广泛存在。欧美国家参与社区矫正工作的非政府组织和社工数量众多。我国在这方面起步较晚，但是在上海、浙江、福建等东部发达省份，出现了一些民办的志愿组织参与其中，同时还有很多志愿者和专职社工在从事社区矫正工作。但是，我们的社会力量在参与矫正过程中存在着人员数量少、缺乏具体法律依据、对社会力量的任用和考核没有统一的标准等问题。西方国家在社会力量参与社区矫正方面拥有丰富经验。而我国对社会力量参与社区矫正的本土化模式，尚在摸索之中。

党的十八届四中全会通过的中共中央《关于全面推进依法治国若干重大问题的决定》明确提出建立健全社会组织参与社会事务、维护公共利益、救助困难群众、帮教特殊人群、预防违法犯罪的机制和制度化渠道。社区矫正的重要特征就是行刑社会化，社会组织参与是社区矫正工作的应有之义和重要保障。2014年9月，司法部、中央综治办、教育部、民政部、财政部、人力资源和社会保障部联合出台《关于组织社会力量参与社区矫正工作的意见》，明确社会力量参与社区矫正工作的基本方法、实现路径和相关保障，为司法行政机关社区矫正机构动员社会力量参与社区矫正工作提供了政策支持和措施保障。2016年12月，财政部、民政部出台的《关于通过政府购买服务支持社会组织培育发展的指导意见》明确提出通过政府购买服务支持社会组织培育发展的指导思想、基本原则和主要目标，并在现行监管框架及措施基础上，进一步明确了财政部门、民政部门以及向社会组织购买服务的政府部门的职责，强化了政府向社会组织购买服务的监督管理举措，以防范政府在购买服务过程中可能发生的各种低效和腐败问题。

在加强和创新社会管理的时代背景下，社区矫正工作必须广泛发动社会力量共同参与，特别是充分发挥社工、非政府组织和志愿者等社会力量在社区矫正中的独特作用。社区矫正工作能否顺利进行及成效如何，相当程度上取决于社会力量的参与程度。社会力量的参与是由社区矫正本身的性质决定的。这也就决定了社会力量参与社区矫正不仅是必需的，而且社会力量的参与是一种内在的、深度的参与。

社区矫正是深化司法体制改革和社会体制改革的重要内容，是法治中国建设的重要方面。社会力量的参与则是健全社区矫正制度、落实社区矫正任务的内在要求。当前，我国社区矫正制度还处于实践和探索阶段，仍存在一些体制机制方面的问题。目前社区矫正队伍存在人员短缺、经费投入不足、专业化和职业化程度不高等问题。社区矫正中社会力量的参与有利于健全自身机制，促进矫正对象更好地融入社会，也能更好地满足矫正对象多样的需求。社会力量参与社区矫正服务可以缓解如下几个问题：

第一，社区矫正执法主体不适格的问题。由于目前体制下基层司法人员不足，常常是司法社工代替司法机关人员进行执法。在以第三方社会组织为主体的社会力量参与到社区服刑人员专业社工服务的情况下，司法机关只需指派专人负责管理与监督，具体非执法类教育矫治工作交由拥有专业知识和管理能力的社会组织，最后对第三方社会组织的服务情况进行评估与验收，其执法主体仍然是司法行政机关，这样就解决了执法主体不适格的问题。

第二，社区矫正矫治效果偏差的问题。当司法行政机关采用服务外包形式把部分非执法类的教育矫治工作转包给第三方社会组织之后，司法行政机关就不再需要承担大量的日常管理工作，只需要平时对第三方社会组织司法社工的工作进展进行监督和管理，最后按照评估验收结果支付报酬即可。购买第三方社会组织的专业司法社工服务相较于司法行政部门人员扩编来说，成本要少得多，而社区矫正工作有了专业的司法社工的参与，矫治效率将会得到极大的提升。

第三，资金不足的问题。第三方社会组织参与社区矫正服务的模式可按照目标成果来支付，其支付的资金量有限。政府通过财政预算就可以解决资金不足的问题，再加上社会组织自身撬动社会资源的优势，更有利于缓解资金不足的问题。

当前，我国社区矫正工作进入全面推进新阶段，加强对社会力量参与社区矫正工作的理论研究与实践探索，对于提升社区矫正质量、完善中国特色社区矫正制度具有十分重要的积极意义。进一步鼓励引导社会力量参与社区矫正，是完善我国非监禁刑罚执行制度，健全社区矫正制度的客观需要；是提高教育矫正质量，促进社区服刑人员更好地融入社会的客观需要；是创新特殊人群管理服务，充分发挥社会主义制度优越性，预防和减少重新犯罪，维护社会和谐稳定的客观需要。

二、第三方社会组织参与社区矫正的基本概念界定和理论基础

（一）基本概念界定

1. 第三方社会组织

社会组织（Social organization）具有广义和狭义两种含义，广义的社会组织是指人们从事共同活动的所有群体形式，包括氏族、家庭、秘密团体、政府、军队和学校等；而狭义的社会组织与政府、企业相区别，在其发展历史上有过多种称谓，如非政府组织（Non-Government Organization）、非营利组织（Non-Porfit Organization）、公民社会、第三部门或独立部门、志愿者组织、慈善组织、免税组织等，是指为实现特定目标而结合起来的社会群体，包括社会团体、基金会以及民办非企业单位三类。

本书中的"第三方社会组织"是指营业范围包含提供社会工作专业服务的民办非企业单位，行业内称为"社工机构"。其具有独立法人资格、能独立承担民事责任；具有健全的财务会计制度，能依法缴纳相应税费；具有履行项目合约所必需的设备和专业能力。这些社工机构内的社区矫正工作人员遵循社会工作的价值理念，通过运用专业的社会工作知识、方法、技巧向社区矫正对象提供各种帮教和社会化服务，帮助社区矫正对象恢复社会功能，促进社区矫正对象融入社会，并最终实现预防犯罪的目的。

2. 司法社工

社会工作（Social work）是以利他主义为指导，以科学知识为基础，运用科学方法进行的助人服务活动 。以预防犯罪和违法行为矫治为目标的社会工作称为"司法社会工作"。这项工作在英国被称为"刑事司法社会工作"（Criminal justice social work），主要致力于预防犯罪，减少再犯率，促进违法犯罪人员重返社会，增加社会对有违法犯罪前科者的包容等。根据司法行政工作职能和预防犯罪工作的实际需要，我国目前的司法社工包括禁毒、社区矫正、青少年事务、监狱、帮教安置、人民调解和法律援助等服务内容 。

目前我国的社会工作主要是由民政部指导，而在司法社会工作的实践中，具体社会工作是由司法行政部门指导的。司法社会工作是指司法社工综合运用社会工作专业知识和方法，为社区矫正对象、安置帮教对象及边缘青少年等弱势群体提供心理疏导、职业技能培训、就业安置等社会工作服务，以提升其自我机能、恢复和发展社会功能，最终达到预防犯罪、稳

定社会秩序的专业服务过程。其中，专门服务于社区矫正对象的社会工作者也被称为"社区矫正社会工作者"，简称"社矫社工"。在实际司法实践过程中，社矫社工大多被统称为司法社工。据司法部社区矫正局统计，截至2015年12月底，全国从事社区矫正工作的社工有 82 634 人，社会志愿者为689 712 人。

第三方社会组织介入社区矫正是指通过司法社工将社会工作实施于矫正体系中，是专业人员或志愿人士在社会工作专业价值观指引下，运用社会工作的理论、知识、方法和技术，为罪犯（或具有犯罪危险性的人员）及其家人在审判、监禁处遇、社会处遇或刑释期间提供思想教育、心理辅导、行为纠正、信息咨询、就业培训、生活照顾以及社会环境改善等，从而使罪犯消除犯罪心理结构、修正行为模式、适应社会生活的一种福利模式。

在此重点关注的社区矫正社会工作的主要职责是：及时了解社区服刑人员动态，为每一个社区服刑人员建立工作记录卡和个人资料库，定期记录接触了解的内容，并形成辅导报告；通过心理矫正、定期访谈、组织活动等方式，预防社区服刑人员再次违法犯罪；依托社区服刑人员所在的乡镇、街道和就业服务机构等，逐步解决社区服刑人员失学、失业和维权等方面的问题；鼓励社区服刑人员加强自身的能力建设，重新融入社会。社区矫正社会工作是在社区矫正这一刑罚执行和社会福利过程中开展的。这种方式意味着所有罪犯，不管是少年还是成年人，都将通过科学的个案工作（Case work）获得个别化的待遇，而不是通过刑法的方式来惩罚。正如李斯特所言："最好的社会政策和最好的刑事政策一样有效。"最好的刑事政策要求刑罚的宽严相济与犯罪后再教育问题的妥善解决。但更重要的是预防犯罪，在走上犯罪道路之前的矫治和扶助，选择最好的社会政策必将大大降低整个社会的犯罪率，从而节约大量的社会资本。

（二）理论基础

1. 社区矫正的理论基础

社区矫正作为一种新兴的刑罚执行方式，有其深厚的理论基础。总的来看，至少有以下四个方面的思想或观念构成社区矫正的理论基础。

（1）刑法谦抑思想。人道主义认为，刑罚的本质不应当仅限于给犯人带来一定的痛苦，更应该立足于人的本质方面的回归、解放、更新和再造。刑罚的人道主义促使人们对传统的刑罚方式进行反思，对近代社会的许多领域都起到了重要作用。在现代刑罚领域中，主张"人本位制"的矫正主义取代了"刑本位制"的报应主义，认为刑罚不应拘泥于对已经出现而且不可能改变的犯罪行为的追究，而应该以刑罚为手段，努力消除犯罪人的主观恶性，以达到矫正犯罪与防止重新犯罪的目的。人道主义的人文关怀孕育了刑法谦抑思想，使人们日渐认识到刑罚手段固有的弊端，对刑罚的启动持更为审慎的立场，将其作为保护法益的最后手段，作为民事、行政等调整手段失效时才启用的补充性措施。社区矫正的产生和发展明显得益于人道主义和刑法谦抑思想，它可以被看成是在民事、行政等调整手段失效后，而"不得不"采取刑罚手段的情况下，人们努力寻求的一种比监狱矫正更为人道和谦和的刑罚方式。

（2）标签理论。标签理论认为，社会对行为人偶尔犯的错误——初级偏差行为，给予严重的非难并贴上不良的标签，极容易导致另一阶段更严重的偏差行为。将罪犯判刑投入监狱无疑是最严重的标签化过程。这使得犯罪人从身体上和心理上与社会隔离开来，会隔断犯罪人与学校、社区、工作单位、家庭的联系，不利于犯罪人的自我更新。将一些犯罪人转到社区内进行矫正可以减少监狱机构对受刑人造成的消极标签效果。

（3）刑罚经济原则。刑罚经济原则理论认为，要以最小的投入达到有效预防和控制犯罪的最大社会效益，它包含量与质两个方面的要求。

20世纪七八十年代，欧美等国家求助于社区矫正的一个重要原因，是监狱矫正的高投入与低质量。人类文明的进步和社会经济的发展并没有遏制犯罪的出现，相反，犯罪数量总体上呈现出上升趋势。随着犯罪数量的上升，世界上很多国家普遍出现监狱拥挤、行刑资源缺乏等经济压力问题。行刑经济压力的增大，必然会影响到刑罚改造的质量，导致再犯率上升。而再犯率的上升，不仅会导致行刑经济费用的增长，还会增加犯罪改造矫正的难度。所以，刑罚经济原则对于刑罚的实践与改革就尤为必要。正因为社区矫正完全符合刑罚经济原则，它不仅在费用上比监狱矫正低得多，而且在罪犯改造质量上也具有监狱矫正无法比拟的作用。

（4）行刑社会化。行刑社会化理论认为，犯罪不是犯罪人与生俱来的，是社会多种因素交合作用产生的独特的社会实践产物。社会有责任帮助他们消除犯罪动机，使他们重新适应正常的社会生活。要达到此目的，需将行刑活动推向社会以争取更多社会力量的参与，使犯罪人置身于由多种良性社会关系所构成的特定社会环境中，加强犯罪人与社会的联系，以期使其改过自新，回归社会。

社区矫正使社区成为主要的行刑场所，克服了监狱矫正无法回避的"监狱行刑恃论"（监狱矫正的基本特点是将罪犯隔离于正常社会之外，但其目标却是要让他们重新回归社会，这便使监狱矫正的手段与目标、过程与效果产生了尖锐的矛盾），具有监狱矫正前所未有的开放性。

2. 矫正社会工作的理论基础

（1）人道主义哲学基础。欧洲文艺复兴时期的人道主义思想的广泛传播，使人们开始采用感化的方法来对待罪犯，而不再以残酷的刑罚惩治罪犯而后快。人道主义提倡关心人、尊重人、以人为中心的世界观，深信人性具有高度的可塑性，只要给予适当的机会和善加引导，必能改变与发展。即使人们偶尔失足犯事，也绝不能受轻视和唾弃，只要重新给予机会定能改过自新。人道主义思想反映在刑罚观上，表现为反对封建主义的残酷野蛮的刑罚制度，主张改善徒刑的监禁条件，给犯人以人道的待遇和改过自新的机会。社会工作的"接纳""可塑性"等价值理念与人道主义的基本观念是相同的，所以，人道主义便成为矫正社会工作的哲学基础。

（2）新社会防卫论。19世纪末，德国刑法学家李斯特等人倡导社会防卫论，强调以预防犯罪和保护社会为目标来改革刑事政策。法国犯罪学家安塞尔（Ancel）于1950年提出新社会防卫论，其基本观点为矫正社会工作在第二次世界大战后的迅速发展提供了坚实的理论依据。

新社会防卫论的基本内容可以归纳为以下五个方面：其一，同罪犯作斗争的目的是保护社会和社会成员，而不是对个人的惩罚；其二，通过使个人和社会分离与隔绝的方法或通过对个人适用矫正措施和教育的方法，把罪犯变成守法的公民；其三，刑罚的"人道化"应成为一种发展趋势，其内容要以恢复犯罪者的责任感为前提；其四，刑事政策的着眼点是对罪犯的个人预防，而不是犯罪的一般预防；其五，主张刑事司法体系应该是一个注重罪犯品格研究的人道化的过程。矫正社会工作的基本价值理念是以社会工作的价值伦理为内容的完整的体系，在社会工作的不同领域中，这些价值伦理都是社工思想和行为的指引和规范。在矫正社会工作领域中，基本的价值理念主要包括：

第一，接纳。社会工作最基本的信念就是相信每一个人都有与生俱来的价值和尊严，而这种价值和尊严带给每一个人不可剥夺的社会权利，因此专业社工对待服务对象的基本态度应该是接纳而非批判，但是接纳不等同于认同。

第二，可塑性。社会工作对人的一个基本看法就是：相信每一个人都有"潜力"，在一定条件下都是可以改变的，即相信人具有可塑性。社工要深入挖掘服务对象的潜能以对其进行增权，帮助其回归社会。

第三，个别化。社工确信：任何人都是一个独特的个体，都有其独特的生理、心理特质和生活经验。社工要根据每个服务对象的实际情况制定特定的服务计划，只有这样才有助于实现服务目标。

三、第三方社会组织参与社区矫正现状——基于成都市 C 区的实证调研分析

由于笔者曾在成都市众诚社会工作服务中心参与成都市 C 区的社区矫正实践工作，因此，本书的第三方社会组织参与社区矫正现状的相关数据均来源于实证调研。

（一）成都市 C 区第三方社会组织参与社区矫正现状

1. C 区社区服刑人员专业社工服务项目背景

（1）C 区社区服刑人员基本情况。成都市众诚社会工作服务中心在项目前期就 C 区社区服刑人员[1]的整体情况，对在册的 287 名社区服刑人员的详细数据进行了相应的统计分析。C 区司法局下辖的 14 个街道司法所现有在册社区服刑人员 287 人，其中男性数量明显高于女性，男女比例为 85.7∶14.3（见表 3-1）。在 287 名社区服刑人员中，18 岁及 18 岁以下的社区服刑人员为8 人，占比 2.8%；19 岁至 45 岁的中青年占比最大，达到 185 人，占比64.4%；46 岁至 59 岁的中老年人为 82 人，占比达到 28.6%；60 岁及 60 岁以上的可以领取养老金的老年人有 12 人，占比 4.2%（见表 3-2）。在 C 区社区服刑人员中，初次违法犯罪不满 18 周岁的有 13 人，占比 4.5%，余下 95.5%都是成年人（见表 3-3）。C 区社区服刑人员的矫正类别 90% 都是缓刑人员，数量达到 260 人；管制、假释和暂予监外执行人员合计 27 人，占比不超过总

---

〔1〕　在我国司法实践中，"社区矫正人员"仍然被称为"社区服刑人员"，论文实证部分对"社区矫正人员"的称谓统一为"社区服刑人员"。

数量的 10%（见表 3-4）。C 区社区服刑人员的矫正罪名排名前四的分别是交通肇事罪、危险驾驶罪、盗窃罪和故意伤害罪，这四种罪名占比达到 43.2%，剩下的每一种罪名的占比都在 5% 以下（见表 3-5）。

表 3-1　C 区社区服刑人员男女比例

性别	人数（人）	百分比（%）	有效百分比（%）	累积百分比（%）
男	246	85.7	85.7	85.7
女	41	14.3	14.3	100.0
合计	287	100.0	100.0	

表 3-2　C 区各年龄阶段的社区服刑人员数量统计

年龄段	人数（人）	百分比（%）	有效百分比（%）	累积百分比（%）
18 岁及 18 岁以下	8	2.8	2.8	2.8
19 岁至 45 岁	185	64.4	64.4	67.2
46 岁至 59 岁	82	28.6	28.6	95.8
60 岁及 60 岁以上	12	4.2	4.2	100.0
合计	287	100.0	100.0	

表 3-3　C 区社区服刑人员初次犯罪年龄统计

初次犯罪年龄	人数（人）	百分比（%）	有效百分比（%）	累积百分比（%）
初次违法犯罪年龄 18 周岁以上（含 18 周岁）	274	95.5	95.5	95.5
初次违法犯罪年龄不满 18 周岁	13	4.5	4.5	100.0
合计	287	100.0	100.0	

表3-4 C区社区服刑人员的矫正类别

矫正类别	人数（人）	百分比（%）	有效百分比（%）	累积百分比（%）
宣告缓刑	260	90.6	90.6	90.6
管制	11	3.8	3.8	94.4
假释	10	3.5	3.5	97.9
暂予监外执行	6	2.1	2.1	100.0
合计	287	100.0	100.0	

表3-5 C区社区服刑人员的矫正罪名统计

矫正罪名	人数（人）	百分比（%）	有效百分比（%）	累积百分比（%）
交通肇事罪	42	14.6	14.6	14.6
危险驾驶罪	32	11.1	11.1	25.7
盗窃罪	26	9.1	9.1	34.8
故意伤害罪	24	8.4	8.4	43.2

根据成都市C区各街道司法所的介绍，结合前期的矫正风险测评情况统计，C区14个街道司法所的社区服刑人员主要是以中青年为主，他们都是罪行较轻、主观恶性较小、社会危害性不大或者确有悔改表现、不至于再危害社会的罪犯。

（2）C区司法行政部门概况。按照我国现行的司法所岗位规范，司法所的岗位设置一般包括司法所所长、司法助理员以及司法所辅助人员，实行的是司法所所长负责制，由司法所所长负责整个司法所的工作安排。不过，在C区的14个街道司法所中，除了2家司法所配置的工作人员达到3名，1家仅有1名工作人员外，剩余的11家司法所都配置了2名工作人员。其中，除了1家司法所是2人均为司法所编制，另外13家司法所都是只有所长1人是司法所编制，另外1人为街道办事处的合同聘用人员。而司法所除了社区矫正的日常工作（包括对社区服刑人员的监管、教育和帮助），还要参与其他的一系列司法所常规工作，包括安置帮教（刑满释放人员）、人民调解（民间纠纷）、法律援助（法律咨询及是否符合法律援助条件的初审）、法制宣传（普法宣传）、社会治安综合治理工作以及上级司法部门和街道办事处交付的社会维稳工作（如信访解释）等。在 C 区的 11 家配置 2 名工作人员的司法所中，有编制的司法所所长要配合街道办事处负责一系列的司法所常规工作，真正负责社区矫正工作的主要是名为司法助理员的街道办事处合同工。各个司法所所处的社区街道的发展情况不同，监管社区服刑人员轻松的时候是 1 人监管 4 名，而社区服刑人员较多时司法所需要 1 人监管 18 名。

为此，C 区司法局在无相应法律依据和强制措施保障以及人力匮乏的局势下，结合社区群众对社区服刑人员认同度不高、矫正对象本人的心理障碍、解决实际问题有限性的背景，积极引入社工组织与法律服务机构为社区服刑人员提供系统专业服务，协助罪犯适应与回归社会，增强社区公民的法律意识和社会责任感，为更好地维护社会稳定助力。

2. C 区社区服刑人员专业社工服务项目内容

C 区社区服刑人员专业社工服务项目是由成都市 C 区司法局委托第三方社会组织成都市众诚社会工作服务中心（以下简称"众诚"）对 C 区 14 个街道的 200 余名社区服刑人员进行的专业社工服务项目。根据我国现行的社区矫正工作通用流程（见图 3-1），C 区司法局委托给众诚司法社工的主要工作内容是配合司法所工作人员实施社区矫正工作（具体工作内容见图 3-2）。在项目周期内，众诚汇聚司法社工、律师的专业力量，积极调动社区工作人员、志愿者团队、爱心企业等资源，为社区服刑人员提供系统的持续化服务。服务过程中注重"量体裁衣"式服务，结合前期调研、需求评估将社区服刑人员按需求分类，进而提供针对性服务。服务内容主要包括：法制教育、心理疏导、重点人员帮教、特困群体帮扶等。服务形式包括：日常回访、专题讲座、困难帮扶等。

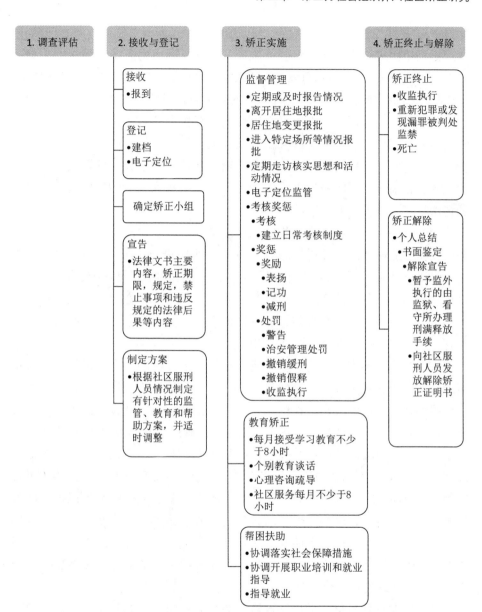

图 3-1　我国现行的社区矫正工作通用流程

　　C 区社区服刑人员在知识技能、生存条件、经济地位、社会地位、人格尊严、心理感受等诸多方面与其他民众存在较大差距。专业社工的个案管理工作与律师的法律服务可发挥各自专业优势，通过提供多元化的支持性服务，做好社区服刑人员的需求评估、心理援助、法律咨询等工作，开展心理疏导、法律援助、困难帮扶、社会倡导等服务，帮助社区服刑人员建构社会再融入的支持网络；通过充分准确评估对象的实际需求，在受助对象与专业社工（律师）之间搭建桥梁，实现有针对性的个案管理服务，以及精准服务；打造"C 区法律矫正工作室"，为项目组工作人员提供办公与咨询服务场所，展示与宣传 C 区司法局引进社会服务来开展社区服刑人员服务的先进理念与优秀做法。通过发起关爱倡导和法律普及活动，有效帮助家庭及社区成员转变思想观念，正确认识社区服刑人员。针对不同社区服刑人员的实际情况，众诚的司法社工采取了如下措施：

（1）每月一次法制教育，提高社区服刑人员的法律意识。由合作律师事务所安排专业律师，在 C 区司法局下辖的 14 个街道司法所，每月开展一期法制教育讲座并做好《法制教育记录册》，提高社区服刑人员的法治意识。及时将社区服刑人员参与教育活动的情况记入个人档案。教育活动形式包括集中讲课、个别谈话、志愿者帮教、法律咨询等，教育内容包括认罪教育、法制教育、道德规范行为教育、形势政策教育等。

（2）定期开展回访跟进，了解重点社区服刑人员的动态，提供心理矫正服务。社工通过见面会谈、电话访谈或入户走访等形式开展个案工作，了解社区服刑人员日常生活和工作的动态，及时更新至个人档案。具体工作内容包括：每月由 C 区司法局、各街道司法所及众诚社工共同确定 25 名重点回访对象，当月由司法社工在街道司法所的协助下对其中 15 名以入户走访的形式跟进，剩下 10 名以电话访谈的形式跟进。其余服务对象则利用每月集中进行法制教育讲座的时机组织见面会谈，对没能进行见面会谈的对象以电话联络的形式访谈。为有心理辅导需求的人员提供心理服务，运用专业的心理咨询技巧对该群体进行心理与生活辅导，帮助他们适应社会环境，提升个人发展能力，激励他们持续不断地自我发展，在社区矫正期结束之后重新融入社会生活，顺利实现再社会化。

（3）架起帮扶桥梁，链接社区矫正与社会资源。在充分评估社区服刑人员需求的基础上，为生活贫困的社区服刑人员搭建爱心资源桥梁，帮助其链接技能学习、就业援助等方面的政府资源与社会资源，组织其他专业力量和志愿者为该群体提供服务，尽可能提升该群体自身价值与自我认可，促使其更好回归社会。每年至少为 5 名有需求的特困社区服刑人员提供困难帮扶，如爱心帮扶、职业技能培训、职业介绍等，并建立单独的困难帮扶工作台账。

（4）开展社区服刑人员的教育帮扶，建立"一人一卷"服务档案。运用专业社工技术，结合法制教育、实地走访、电话回访、个别谈话、心理咨询辅导、法律咨询、特困社区服刑人员帮扶等方式对社区服刑人员进行教育帮扶，建立"一人一卷"的服务档案，并及时更新。

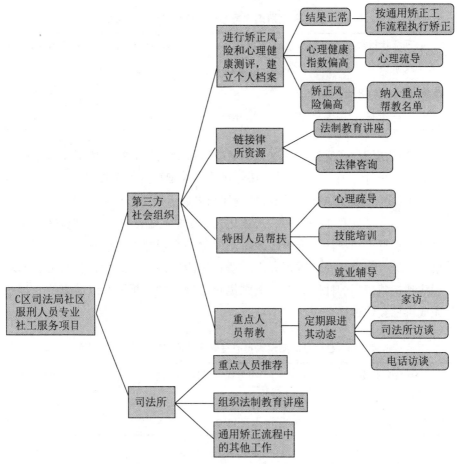

图 3-2　C 区社区服刑人员专业社工服务内容

表3-6 C区社区服刑人员社区矫正风险测评结果统计

矫正风险评分	人数（人）	百分比（%）	有效百分比（%）	累积百分比（%）
16分以下	256	89.2	89.2	89.2
16分以上（含16分）	31	10.8	10.8	100.0
合计	287	100.0	100.0	

表3-7 C区社区服刑人员心理健康状况测评结果统计

心理症状指数	人数（人）	百分比（%）	有效百分比（%）	累积百分比（%）
48分以下	265	92.3	92.3	92.3
48分以上（含48分）	22	7.7	7.7	100.0
合计	287	100.0	100.0	

在项目初期，司法社工就这287名社区服刑人员的社区矫正风险进行了相应的测评统计[1]。其中，社区矫正风险相对偏高的人员共有31名[2]，占比达到10.8%（见表3-6）；而心理测评结果显示需要心理疏导和心理矫正的心理不健康人员共有22人[3]，占比达到7.7%（见表3-7）。结合街道司法所的推荐意见，司法社工按照社区矫正风险和心理健康状况测评结果按月筛选重点人员，侧重从心理矫正方面对矫正风险偏高人员进行帮教服务，而对心理症状指数偏高的社区服刑人员则侧重心理疏导，帮助其以健康的心理状况完成再社会化过程。

表3-8 C区社区服刑人员心理健康状况二次测评结果统计

心理症状指数	人数（人）	百分比（%）	有效百分比（%）	累积百分比（%）
48分以下	66	86.8	86.8	86.8
48分以上（含48分）	10	13.2	13.2	100.0

---

〔1〕 司法社工在项目前三个月完成了对287名社区服刑人员的问卷测评，问卷包括"社区矫正风险测评表"和"心理健康状况测评表"。

〔2〕 矫正风险测评结果在16分及16分以上的社区服刑人员相对风险偏高，为重点帮教人员。

〔3〕 心理症状指数结果分析：18分~32分，低，心理健康，无不良征兆；33分~47分，稍低，心理健康，可能某一症状较高；48分~62分，一般，心理不算健康；63分~77分，稍高，稍有心理疾病，最好请心理专科医生诊断；78分~90分，高，已患有某种心理疾病，必须接受治疗。

心理症状指数	人数（人）	百分比（%）	有效百分比（%）	累积百分比（%）
合计	76	100.0	100.0	

目前，C 区社区服刑人员专业社工服务项目已进入后期，前期参与问卷测评的 287 名社区服刑人员中共有 76 人进行了第二次心理健康状况测评，第二次测评结果显示，76 人中 10 人有不同程度的心理问题（见表 3-8）。在首次心理健康状况测评结果显示不健康的 22 人中共有 11 人进行了第二次心理健康状况测评，其中 5 人的心理症状指数已达到正常数值范围。

3. C 区社区服刑人员专业社工服务项目产出结果及成效

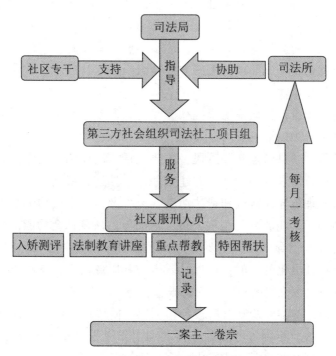

图 3-3　成都市 C 区社区矫正工作模式

C 区社区服刑人员专业社工服务项目通过前期探索建成两个"1+1+N"的社区矫正服务模式，即组建 1 支由"社工+律师+社区、志愿者、爱心企业等"的专业队伍，提供"心理支持+法律援助+人文关怀、困难帮扶、就业对接等"组成的系统服务（见图3-3），并达成以下目标：

（1）通过司法社工的定期跟进，协助司法所对社区服刑人员的生活和心理动态进行监管，达到社区矫正的惩罚和矫治目的。

（2）通过律所律师的法制教育讲座，提高社区服刑人员的法治意识。

（3）为社区服刑人员建立"一人一卷"服务档案，根据各自不同情况分类管理，对重点人员及时帮教和心理疏导；为重点帮扶对象建立个案管理档案，通过落实低保、技能培训或指导就业等方式实现这部分人群的再社会化。

另外，C区引入第三方社会组织司法社工服务于社区服刑人员作为一种创新性的试点，由司法局向第三方社会组织采购"社会服务"是市场化、社会化的有效探索，这是顺应国家的政策倡导，符合社区服刑人员多样性需求的。为在全市范围内的社区矫正工作中推广第三方社会组织司法社工服务，需要将C区司法社工试点项目树立为成都市司法社工的示范项目，通过成都市司法局和社工协会的支持和指导，逐步形成一套完整的司法社工标准化工作模式，以此为整个成都市的第三方社会组织参与社区矫正社会工作服务系统提供有效的技术输出。

为达成以上目标，众诚就C区社区服刑人员专业社工服务项目做了相应的服务规划，分为以下三个执行阶段：

第一阶段，项目试点实践阶段，主要包括：设计调查问卷，前期针对社区服刑人员进行需求评估调查，并建立一人一档案，根据调查结果筛选出重点人员进行心理疏导、帮教和帮扶活动，至少做到5个成功个案并形成帮扶经验，以适用于其他的社区服刑人员，帮助他们恢复社会功能；在辖区内进行法制宣传社区倡导活动，主要是为社区服刑人员提供去"标签化"服务，以达到使其再社会化的目的；通过社区走访和服务活动，有意识地宣传司法社工，以向社会大众普及司法社工的概念。

第二阶段，实践经验整合阶段，根据第一阶段服务活动的开展情况，将心理疏导、帮教、帮困等各项服务活动和工作流程逐步地规范化、系统化，并最终形成一套完整的司法社工社区矫正工作模式。

第三阶段，示范项目技术输出阶段，运用第一、第二阶段的实践成果和总结过程中已经形成的一套相对较完善的社区矫正社会工作服务模式，去帮助和指导其他参与到社区矫正工作中的社会组织，以达到更多社会力量参与社区矫正的目的，扩大整个司法社工队伍。

如果 C 区社区服刑人员专业社工服务项目能够作为示范项目并获得成功，"那么社区矫正还可以从狭义的司法社区矫正扩展为社会综合管理意义上的社区矫正，也就是在现在仅仅针对五类人员的基础上，扩展为犯罪前（有潜在危险的人员）、服刑中（正在实行司法矫正的人员）、释放后（刑满释放但无法直接融入社会的人员）"[1]。扩展后的社区矫正不再是一种刑罚执行手段，而是社会综合治理的有机组成部分，是帮助刑满释放人员走向社会并避免再次犯罪的中途之家，是问题少年和吸毒人员自救的帮扶站，而它所运用的手段已不再仅仅是管理和教化，而是一种人性化的服务。

（二）第三方社会组织参与社区矫正存在的问题

第三方社会组织在参与成都市 C 区社区矫正工作中得到 C 区司法局、各司法所及相关部门的大力支持，从项目前期的执行情况和社工机构的发展情况来看，在项目前期的执行过程中收到了一定的社会成效，也获得了众多可借鉴的经验。但项目仍然处于试点阶段，项目试点后的推广仍然面临诸多困难和问题，与社会的实际需求还存在较大差距。就其项目发展推广当前存在的困难和问题，笔者认为主要表现在以下几个方面：

1. 第三方社会组织参与社区矫正缺乏足够的资金支持

（1）社区矫正工作的中央财政拨款金额有限。对于 C 区社区服刑人员服务经费，2016 年的中央财政拨款为 800 元/人/年，而这笔经费的开支范围则包括司法行政机关社区矫正工作的指导管理费（包括社区矫正工作的宣传、培训及表彰奖励费用等）、社区矫正工作经费（包括社区矫正社区调查评估费用，社区矫正执行变更案件办理费用，档案文书费用，对社区服刑人员的监督管理、风险评估、突发事件处置费用，组织集中教育学习、心理矫正、社区服务等活动所需的场地费用和资料费）、社区矫正设备费（包括社区服刑人员所用的定位设备、社区矫正信息管理系统、音像设备、通信网络设备、档案管理设备以及其他的相关装备）三部分。而 C 区社区服刑人员专业社工服务项目仅是一个尝试性的试点项目，C 区司法局能够为其拨出的项目经费非常有限。

（2）第三方社会组织缺乏长效的筹资渠道。纵观大部分社工机构的资金

---

〔1〕　许祥云、徐慧：《服务外包——社区矫正制度发展的可能模式》，载《南京工程学院学报（社会科学版）》2013 年第 3 期。

来源，都是分为社会捐赠和政府或企业购买服务两部分，而社工机构的运营资金大部分都来源于政府购买服务项目所支付的项目资金。但政府购买社会服务通常都是以1年为周期，在服务期满后政府会重新招标或者有可能直接取消对该社会服务的购买，这种情况就直接导致了社工机构的项目持续性较差；并且作为政府购买的专业社工服务项目，项目的主要成本支出就是专职社工的人员费用，虽然政府购买服务的项目金额不低，但在项目预算中大部分经费都是用于项目活动物资，甚至有的项目特别规定其人员预算不能超过5%。政府购买项目的周期短且持续性差，并且社工机构除了政府购买项目之外，几乎没有其他的筹资渠道。而社会组织的持续运营，需要有足够的资金来支持对高素质人才的吸引，从而建立合理的组织架构，以高效完成社会使命。众诚依靠社会捐赠成立，在成立之初仅凭这批资金来维持运转，直到2016年9月依托腾讯公益的网络募捐平台〔1〕，才吸引更多人捐赠以维持公益项目。以C区社区服刑人员专业社工服务项目为例，该项目启动之初，社工机构就高薪聘请了对应的专业社工人才，项目组最初一共由3名项目人员组成，其中包括拥有律师资格证和中级社工证的法学专业背景社工1名、拥有助理社工师证的专业司法社工1名和拥有二级心理咨询师证和助理社工师证的心理社工1名。而该项目的资金除开聘请律师的费用，仅能为项目组的3名成员提供平均不到1800元/月的工资，由此造成的后果就是在项目后期项目组只剩下一名项目成员，常规家访等外出安排只能另外招募志愿者同行。类似情况在众诚的其他项目中也同样存在，由于项目资金不足以支撑项目人员的人工成本，社工机构只能节省人员开支，由此带来的后果是，几乎90%以上的项目都会有人员变动。

项目资金不足以维持项目运营的情况在整个行业内并不少见，一般在此种情况下，社工机构会承接更多的服务项目，以平衡资金缺乏的情况。但是，如果社工机构承接的大部分项目都是入不敷出的情况，社工机构一般都会从节省人工开支着手，借机缩减机构的项目承接数量，虽然大部分社工机构都能够通过这种方式艰难地维持运转，但这种时刻都在为生存精打细算的机构

---

〔1〕 "99公益日"是由腾讯公益联合数百家公益组织、知名企业、明星名人、顶级创意传播机构共同发起的一年一度全民公益活动。2016年9月7日至9日，各社会组织给腾讯乐捐发起的公益筹款项目捐款，只要网络有人给该项目捐款，腾讯将按照一定的比例给项目配套捐款（"配捐额度"）。

实在难以在非营利性的公益活动中保证服务质量。

2. 第三方社会组织参与社区矫正的人才队伍难以同时具备专业性和稳定性

第三方社会组织作为民办非企业单位，其合理的人员结构应当包括高级的管理人才和专业的社工人才，以及精通营销、公关、税务、法律等专业技能的高素质人才。作为服务于社区矫正工作的社工机构，其人才队伍除了社工专业背景和拥有司法工作实务经验的司法社工从业人员，同时还需要具备部分有法学、心理学、管理专长的专业人员。然而，具有法学、心理学、管理专长的专业人员无论是经济收入还是社会地位在当前都是居于我国社会的中上阶层，即便社工机构能够在成立之初依靠高薪聘请到相应的高级专业人才，然而，在后续的发展过程中，由于缺乏长期有效的筹资渠道，政府购买资金延期支付[1]等多种原因会造成社工机构资金运转困难，此种情况下，社工机构想要维持专业人员的高薪几乎不可能，这就直接造成了专业人员的流失。

我国目前的政府购买服务项目都要求有稳定的项目组成员，大部分社工机构为了保证项目组成员的稳定性，都会低薪聘用一些没有相关专业背景的员工或者缺乏社会工作实践经验的社会工作专业毕业生来应付项目检查评估，这就造成了现有在职社会工作从业人员缺乏专业性或专业性较低。

社工机构作为非营利性的社会组织，其本身并不是为了营利而存在，在生存成本超高的社会大环境下，愿意投身社工机构从事非营利性公益服务活动的人才数量相对较少。以众诚为例，该机构内的从业人员包括已经实现财务自由的自由工作者、本地无业闲置的拆迁安置人员以及为习得社会工作经验不计较薪酬待遇的应届生和实习生，这些人员的共性就是相对比较自由，但由此带来的问题是，社工机构难以使其完全服从工作安排，并且也无法对其建立有效的限制机制。总而言之，社工机构的人才队伍在顾及人员专业性的时候要考虑到专业人才的流失率，而照顾到稳定性就需要放低对专业性的要求，在目前的行业环境中，社工机构的人才队伍难以同时具备专业性和稳定性。

---

〔1〕 目前我国政府购买社工机构的专业服务，都是先由社工机构自行垫付资金提供服务，待项目结束通过相关的项目评估政府再支付服务购买资金。

3. 社会工作的社会认同感和社会认知度偏低

由于在较长的一个时期内，我国对第三方社会组织存在的作用和必要性都缺乏足够的认知，导致我国第三方社会组织的发展长期处于比较缓慢并且混乱的状态。虽然在国家政策导向下，全国各地的社工机构数量不断增多，各地都在大力宣传推广社会工作，报考并通过社会工作相关执业资格考试的人员也在不断增加，但由于社会工作难以在短期内产出明显的社会成效，社会认同感因此较低，再加上社会工作压力大、物质报酬偏低的现实，许多新入职员工很难在工作中取得归属感和自我成就感，最后不得不离开工作岗位，另作其他职业规划。

同样地，在司法部门内部仍然有一部分人对司法社工这一新兴理念的必要性和作用缺乏足够的认知，对国家政策大力宣传推进完善司法矫正体系和创新社会治理的大趋势没有清楚的认识，缺乏对促进发展第三方社会组织的迫切性和重要性的认知。因此，在第三方社会组织司法社工推广过程中，一大部分试点推广的失败都源于此。

4. 第三方社会组织的发展受双重管理体制的影响

我国第三方社会组织法律涉及的主要方面包括登记管理制度、年检制度、税收制度、内部治理制度、监督管理制度等。在我国现行的法律框架下，双重管理原则是第三方社会组织管理的基本原则，也是我国现行的第三方社会组织单位管理的主要特征。双重管理原则[1]是指我国的第三方社会组织分别由登记管理机关进行统一登记，业务主管单位进行业务指导的原则。根据1998年《社会团体登记管理条例》（已于2016年修订）的规定：民政部门是唯一的社会团体登记管理机关；"国务院有关部门和县级以上地方各级人民政府有关部门、国务院或者县级以上地方各级人民政府授权的组织，是有关行业、学科或者业务范围内社会团体的业务主管单位"。双重管理明确了对应的管理部门，避免了多头审批、多头管理的混乱，理清了政府管理的界限，避免了管理中的权力交叉和重叠；明确了登记管理机关统一履行监督管理职责，由业务主管单位对具体活动进行指导，解决了政府管理界限不清的问题。双重管理将登记管理机关和业务主管单位的监督管理范围扩展到组织内的方方

---

[1] 刘志欣、孙莉莉、杨洪刚编著：《非政府组织管理：结构、功能与制度》，清华大学出版社2013年版，第22页。

面面，从而加强了对第三方社会组织的管理。

然而，双重管理在加强管理的同时也严重地限制了第三方社会组织的发展，这种体制下的管理涉及第三方社会组织的各个领域，在一定程度上影响了其自治性，并且第三方社会组织还要承担部分业务主管单位在管理过程中转嫁的带有行政性质的一些行政事务。比如，本书中参与社区矫正的社工机构成都市众诚社会工作服务中心，登记于成都市民政局，然而其业务主管单位则是项目发起方的政府部门——C区司法局。在常规的项目服务过程中，司法社工还需要处理一些司法行政机关交予的行政事务，如电话联系社区服刑人员通知司法所的相关事务。

在涉及第三方社会组织管理的法律制度中，双重管理原则作为一项重要原则，曾经在第三方社会组织的发展过程中发挥了巨大的作用，但当前这一原则已经在一定程度上影响和限制了第三方社会组织的发展，因此需要与时俱进地进行变革。

四、第三方社会组织参与社区矫正的对策建议

（一）完善第三方社会组织的内部结构和运行机制

第三方社会组织的管理既包括对静态的内部结构的管理，也包括对动态的运行机制的管理。从提高组织运行效率与完成社会使命来看，建构第三方社会组织内部机构所要解决的问题主要包括以下三个方面：一是利益和动机问题，即解决由组织代理人行为引起的管理人员不努力工作和滥用职权的激励问题；二是认识和能力问题，即解决由领导团队的管理能力和环境要求不对称引起的决策失误问题；三是保证前两个问题能够得到合理解决的监督问题。[1]

第三方社会组织内部结构和运行机制的完善是以第三方社会组织自身的内部成员为基础进行的综合治理，这个治理的过程需要解决组织内部的利益协调与整合问题，主要方式是筹集资金、规范管理组织人员、解决与组织有关的效率问题。

第三方社会组织内部结构的关键问题是公共利益如何体现在管理权和监督权上，有效地履行第三方社会组织的职责，实现社会使命。第三方社会组

---

〔1〕 刘志欣、孙莉莉、杨洪刚编著：《非政府组织管理：结构、功能与制度》，清华大学出版社2013年版，第22页。

织的内部结构涉及多个内容，包括权力部门、执行部门、监督部门等。由于其具有的民间性、非营利性等诸多特性，其内部结构治理需要具备以下特征：其一，第三方社会组织需要有一个明确的目标任务，必须要把这些抽象的目标变成可操作的目标方案和可实施的行动计划，并且不断重新审视自己的使命；其二，第三方社会组织需要明确自己所要达到的结果；其三，第三方社会组织的所得不论是来自捐助者还是纳税人，都不归自己所有，第三方社会组织的理事们只是这些资金的管理者而已。所以，第三方社会组织建立的问责机制（问责它的使命、产出、资源配置和生产率）需要有效的、强有力的、直接的管理机制和清晰的运行机制。

（二）加强政策宣传，提高社区矫正的社会认同感

1. 通过多渠道宣传，引导社会大众对社区矫正进行正确的认识

问："请问您知道我国的社区矫正制度吗？"

甲："听过这个说法，但具体是撒子意思不晓得。"

乙："撒子呢？没听说过哦！"

丙："听过，不就是在社区里头的犯罪分子嘛！"

以上是对成都市某社区居民对社区矫正这一概念看法的随机调查结果。在问卷调查过程中，没有一个人可以肯定地回复称自己知道社区矫正的意思。这一现状产生的最主要的原因就是成都市对于社区矫正这一刑罚执行制度的宣传较少，目前的社区矫正工作中，因司法部门人手有限，工作内容广泛，工作量太大，很难集中力量进行大量的宣传活动，而在日常的社区矫正工作中，为了保护社区服刑人员的个人隐私，避免其被社区居民贴上"犯罪分子"的标签，相应的法制教育和公益劳动活动都是在社区居民不知情的情况下开展的。

为了顺应行刑社会化的大趋势，推广社区矫正势在必行。基于对社区矫正制度大众认知度较低的现状，地区的社区矫正宣传力度还需加强，要扩大到在全地区进行宣传，制定宣传方案，创新宣传方法，规范宣传活动，从身边的人和事情着手，普及社区矫正的基本含义、工作意义、实践成效，最终实现社区全员参与，最大限度地取得全社会的理解和支持。

在宣传渠道方面，要充分发挥媒体的宣传作用，既要高效利用作为宣传主力的传统媒体，也要充分挖掘新兴媒体的传播力量。具体而言，一方面，

充分利用传统媒体的宣传作用，如《成都商报》《成都日报》《成都晚报》《天府早报》《华西都市报》等常见的纸质媒介，四川电视台、成都电视台、四川人民广播电台、四川交通广播电台等各类广电传媒以及《现代人才》和《四川社科报》等机关刊物的宣传平台。结合社区矫正的实践案例，推出系列宣传报道或节目，突出社区矫正的社会参与特征，消除社区居民不必要的担心。通过居民参与度高的文艺汇演、知识竞赛、有奖问答等形式，以及在社区张贴标语、悬挂图片、播放影像等手段进行最大力度的宣传。另一方面，随着社会的发展，新兴媒体诞生，其宣传方式包括互联网的网站宣传和自媒体的运营宣传，比如可以借助司法局网站开辟新的社区矫正宣传网，也可以利用时下流行的微信等自媒体平台。在宣传过程中，注意社区矫正制度的全面介绍，体现社区矫正的社会参与性，鼓励社区居民积极主动地参与到社区矫正工作中去。

2. 通过政策导向宣传，提高司法社工的职业认同感和归属感

社区矫正的工作主体主要由具备公务员身份的司法行政机关社区矫正机构的工作人员和司法所工作人员组成，社会工作（矫正社会工作）的工作主体是社工（司法社工），二者在执法资格、工作理念、工作方法、工作程序上均存在差异[1]。社区矫正专职人员具有执法资格，根据《刑事诉讼法》的规定执行社区矫正工作，对社区服刑人员监督管理的同时进行教育矫正和帮扶。司法社工没有执法资格，以"平等、尊重、接纳"等为价值理念，从社区服刑人员的立场出发开展工作，采用个案工作、小组工作、社区工作的方法为其整合社区和社会资源，构建个体再社会化的社会支持网络，做好安置帮教工作，并为社区服刑人员提供认知、情感和行为方面的咨询与治疗服务[2]。

当第三方社会组织介入社区矫正工作后，以上司法社工角色即由第三方社会组织的专业司法社工担任。而司法社工的职业认同受多种因素的影响，包括个人因素、专业教育以及社会认同等。其中，社会对司法社工的认同居于影响因素的首位。基于个人与社会的互动，司法社工在经过专业教育之后从事相关工作实践，其理论和专业水平将会得到提升，专业的司法社工服务

---

〔1〕　孙静琴、张培忠：《社区矫正与社会工作的关系》，载《行政与法》2009年第8期。

〔2〕　李岚林：《司法社会工作在社区矫正中的功能定位及实现路径》，载《西安电子科技大学学报（社会科学版）》2016年第6期。

可以使得社会对个人的评价提高，从而提升司法社工这一行业的社会认知度，最终实现社会对司法社工的认同。

在司法社工取得社会大众认可前，国家政策对司法社工的支持不可缺失。首先，在司法社工的人才培养方面，各大学司法社工专业教育的发展需要国家政策的促进；其次，专业司法社工理论学习结束之后，相关项目的社会购买服务还需政府来推进，以保证专业司法社工能够从事对应的实践工作，并通过实践工作提高专业水准；最后，专业司法社工的工作成效虽然能得到服务对象的直接认可，但社会大众的最终认可仍需通过政府宣传，通过政府平台倡导宣传的工作成效会更有公信力和说服力。只有自身的专业服务得到社会大众的认可，司法社工才会产生职业成就感，并因此产生职业认同感。

然而，由于当前第三方社会组织存在筹资渠道有限、项目资金不足等问题，职业认同感的产生并不能保证专业司法社工的在职率，专业司法社工的职业归属感需要完善的社会福利政策来保障，此时就需要政府的导向宣传来促进保障司法社工福利的法律法规政策出台。因此，提高司法社工的职业认同感和归属感还需要加强政府的政策导向宣传。

（三）健全第三方社会组织介入社区矫正的法律法规

为了尽快使第三方社会组织参与社区矫正工作能够有法可依，避免在社区矫正过程中出现无法可依的尴尬境况，应健全《社区矫正法》。《社区矫正法》应为指导社区矫正工作提供完善的法律依据，为第三方社会组织参与社区矫正工作提供总体原则和精神，确定其在社区矫正工作中作为辅助执法者的角色定位，明确第三方社会组织在社区矫正工作中的自治性和公益性等要求，以及对第三方社会组织的扶持政策，第三方社会组织的登记、运行、项目管理、税收减免、监督等规范内容，并明确法律责任。同时，对与第三方社会组织本身相关的配套法律也应当进行完善，如行业协会等互益性经济团体，作为市场的中介和枢纽，与公益性质的第三方社会组织存在一定的差别，政府在进行监督管理的时候应当进行区别对待。

结语

社区矫正在预防犯罪、降低再犯率、消除服刑人员"标签化"现象、节省司法资源等方面具有监禁刑罚无法比拟的优势。我国社区矫正工作已进入全面推进阶段，第三方社会组织作为专业社会力量介入社区矫正，参与社区矫正工作的理论研究与实践探索，对于提升社区矫正工作成效、完善我国的社区矫正制度具有十分重要的意义。

第三方社会组织的社区矫正工作人员从社会工作理论视角来认识社区矫正，将社区服刑人员定义为特殊的弱势群体，认为他们缺少资源不是个体缺陷，而是由社会环境造成的，将社区矫正工作作为政府福利工作来开展。第三方社会组织参与社区矫正实践工作主要运用的社会工作专业方法是个案工作，即把每一位社区服刑人员作为单独的个案来进行管理。根据社区矫正风险和心理健康情况问卷测评结果对其进行评估，然后分别进行会谈，再结合会谈和个案评估情况，以及其所在的街道司法所推荐，分出普管人员和重点人员，对于重点人员则根据前期的评估结果来提供相应的重点帮教、困难帮扶、心理疏导和就业指导等服务。

虽然第三方社会组织参与社区矫正在实践过程中与司法行政机关的工作形成了互补，弥补了司法行政机关在社区矫正中存在的人员短缺、专业化职业化程度不高等问题，但第三方社会组织在参与社区矫正过程中暴露出来的一系列问题仍然需要引起关注，如司法社工的社会认知度和社会认同感偏低、社区矫正工作中第三方社会组织等社会力量较少参与等。因此，需要加强政策宣传力度，引导社会大众对社区矫正形成正确的认识，提高大众对司法社工的认知，加快相关法律法规的建设，以及建立健全第三方社会组织自身的管理体制和运行机制。

由于整个 C 区社区服刑人员的基数较大，研究过程中对 C 区社区服刑人员进行的问卷测评采用的是通用的附录 A 社区矫正风险测评表和附录 B 心理健康状况测评表（含附录 C 心理健康状况测评结果统计分析方式说明），加上部分社区服刑人员的文化水平较低，对问卷题目的理解力有限，因此，问卷测评结果无法做到精确，只能作为筛选重点人员的参考数据。

第四章

老年社区矫正对象社会融入研究

社区矫正是基于行刑社会化、刑罚轻缓化和人道主义等刑罚理念而发展起来的行刑制度，其目的是希望社区矫正对象摆脱标签的束缚，在与社会群体的交互过程中，改造三观，有效回归社会，预防和减少犯罪。社区矫正重视刑罚属性的轻刑意义和非监禁意义，特别是对未成年犯、老年犯、初犯、过失犯等犯罪情节轻微、主观恶性不大的犯罪人，适用社区矫正有利于贯彻我国刑罚特殊预防和一般预防相结合的方针[1]，也有利于罪犯更好地融入社会，避免与社会脱节。

2003 年最高人民法院、最高人民检察院、公安部、司法部《关于开展社区矫正试点工作的通知》（已失效）明文规定社区矫正这种刑罚方式优先适用于老年犯罪人，而后宽严相济的刑事政策对于老年罪犯的宽缓化处理以及刑法修正案对罪刑的调整使得更多的老年罪犯被纳入社区矫正之中。老年社区矫正对象与其他服刑人员相比，在生理、心理、社会关系、犯罪类型等方面都有着自己的特殊性，因此在针对老年社区矫正对象开展矫正工作时，应注重其自身特点。然而司法部公布的《2012~2017 年全国社区矫正工作统计分析报告》并没有对老年社区矫正对象的划分标准和具体人数作出说明，仅对 693 675 名社区矫正对象进行了分析描述[2]。同时，《社区矫正法》第七章除了针对未成年社区矫正对象进行特殊规定外，并未对老年社区矫正

---

〔1〕 李三元：《论我国老年社区服刑人员的社区矫正》，云南财经大学 2014 年硕士学位论文。

〔2〕 司法部社区矫正管理局编：《2012~2017 年全国社区矫正工作统计分析报告》，法律出版社 2018 年版，第 2~4 页。

对象这一群体作相关规定。司法实践和社会工作也没有根据这一群体的特殊性实行有针对性的矫正，这对老年社区矫正对象的再社会化效果实现是不利的。

在当今老龄化不断加剧的社会进程中，老年人犯罪的比重逐渐增大，在此背景下，司法社工作为开展矫正工作的主体之一，可以结合自身专业优势，运用专业技能，整合并链接社区乃至社会资源促进老年社区矫正对象融入社会，提高其再社会化程度。针对老年社区矫正对象的自身特点，为其开展个性化的社区矫正服务，对于老年社区矫正对象社会融入度的提高以及整个社会的和谐发展都是十分重要的。本章从这样的背景出发，对老年社区矫正对象的社会融入问题展开研究，通过对司法社工介入 S 市 C 街道实际案例进行研究，以期有效解决老年社区矫正对象的社会融入问题。

一、老年社区矫正对象社会融入的障碍及原因

（一）老年社区矫正对象社会融入的障碍

在实际案例研究过程中，通过参与式观察、半结构访谈、定性资料分析相结合的方式分析老年社区矫正对象的社会融入问题，主要包括身份融入、社交融入、家庭融入和职业融入四个方面。

1. 身份融入：自我认知偏差，社会归属感低

老年社区矫正对象在服刑期间，常常会产生各种心理问题。首先，老年社区矫正对象面对其特殊的身份，常常会产生自卑、抑郁等心理。久而久之，这些消极心理无法得到舒缓，慢慢积累，会导致其心理状态发生巨大变化，遂变得意志消沉，更加敏感，不相信别人，有些甚至会产生抵触和攻击情绪，常常觉得自己是无用之人，失去对生活的信心。其次，老年社区矫正对象的社会归属感普遍较低，对身边事物持怀疑态度，信任感不强，容易封闭自我，脱离社会。例如，在访谈中，笔者了解到以下信息：

服务对象 S：这个事情（接受社区矫正）我没和邻居讲过，但我想他们应该都知道吧。事情发生之后我以为只要赔礼道歉、协商解决就可以了，没想到后面这些事情，这个事情我觉得我还是挺倒霉的，当然也怪自己当时脑子一热没有控制好自己。这之后有挺长时间我都是待在家里，除了每周来这边签到也不想出门。

服务对象 Y：我的事情他们应该都知道，背后他们肯定是要讲的，说我什么也正常。

服务对象 X：以前单位里的同事，一些老同志也都知道，我在岗的这么长时间中，从来没有去索取过什么东西，我一直都很守底线，结果退休就发生了这么一件事情，这件事还是让我觉得挺遗憾的。反正能交代的亲戚朋友那边都交代过了，剩下的就是自己调整心态了。

2. 社交融入：社交意识淡薄，社会关系弱化

老年人的社交会随着年龄的增长逐渐弱化，交际范围变窄。而对于老年社区矫正对象来说，其社交更加单一，社交范围更加狭窄，人际交往观念往往产生偏差，常常排斥甚至拒绝与他人交往，社会关系逐渐弱化。例如，在访谈中，笔者了解到以下信息：

服务对象 C：出事之后我把我的手机号码换了，微信也换了，现在微信里面就只有这边的马老师（社区矫正工作人员）、我女儿、我爱人，之前的朋友和生意伙伴都不联系了。

服务对象 Y：对于朋友这方面很少联系了，我当兵时那些战友倒是会经常喊我聚会，这些我都没去，因为我现在这种情况，你出去可能就是要穿得好，生活得好，你没有那些东西，你自己跟人家不一样也不平衡，而且我都这么大年纪了。有时候也会难受，一个人孤独就孤独吧，我现在的情况就是这样子，我也都习惯了。

服务对象 S：现在就是跑跑菜场，其他地方也不太去，偶尔去超市、逛逛公园，基本上其他地方很少去，社交比较简单。

3. 家庭融入：家庭功能缺失，成员关系紧张

老年社区矫正对象的生活重心在家庭，可以说，家庭因素是影响老年社区矫正对象回归社会的主要因素，家庭关系障碍将对老年社区矫正对象产生巨大的消极影响。老年社区矫正对象在服刑后常常会与家人产生隔阂，与家人的沟通减少甚至产生矛盾。此外，部分家庭还会出现家庭成员不理解矫正对象的情况，常常忽略老年社区矫正对象的情绪和感受。例如，在访谈中，笔者了解到以下信息：

服务对象 C：我妻子总是觉得我身边的人都是坏人，她有一种被害妄想症，为了家庭和谐，我只能顺着她来，那就不社交了，因为家里面不是说理的地方。我也尝试过和妻子沟通，但这不是包容两个字能解决的，因为毕竟要长期生活在一起，这以后还要一起生活好几十年，道理讲不通，我只能沉默，就是认同，听之任之就行了。

服务对象 Y：我和孩子妈妈是 2014 年离的婚，孩子最后跟他妈妈了。从那之后我们也很少联系了。这个事情发生后要做调查，我给儿子打电话发现他把我拉黑了。

服务对象 Z：我现在是和儿子一起住，每天就是帮着做家务，早上和晚上接送孙女上学。儿子和儿媳都在上班，家里人也都很忙没时间聚会，平时都是我自己一个人。

4. 职业融入：就业渠道狭窄，再就业困难

我国处于人口老龄化的加速阶段，部分老年社区矫正对象受社会环境和自身经济状况等因素的影响，仍存在就业意愿。为了响应国家积极老龄化的号召，对于有就业需求的老年社区矫正对象，应给予必要的帮助与支持。但部分老年社区矫正对象在再就业过程中，由于专业技能不足、缺乏资源链接、就业观念偏差等因素，常常难以找到合适的工作。例如，在访谈中，笔者了解到以下信息：

服务对象 S：我现在的身体状况还可以，还是想尽量去工作，原来我是做保安的，因为这个事情工作没了。再找工作也不好找吧，像我们如果简单地讲有个犯罪记录证明这一条，找工作好像还是有挺大影响的。

服务对象 C：突然没有工作这个状态还是挺不适应的。我有自己的创业计划，从看守所出来后，我也把刑法的书从头到尾看了一遍，因为我们是服刑人员，自己是不可以创业的，但社区矫正机构这边还鼓励创业，我也搞不明白了。

（二）老年社区矫正对象社会融入问题产生的原因

老年社区矫正对象社会融入问题产生的原因与其他群体相比，既具有共性因素，又存在一些个性因素。通过对 S 市 C 街道老年社区矫正对象社会融入的现状进行分析，笔者发现影响其社会融入的主要因素集中在自身、社

会和制度三个层面，下面就这三个层面进行详细分析。

1. 微观维度：老年社区矫正对象自身因素影响

（1）老年社区矫正对象的人口学特征因素。

老年人的生理机能日渐衰退，感官功能下降，离退休后，社交范围逐渐变窄，容易产生孤独感和隔离感，身心适应能力变差。特别是对于老年社区矫正对象，其往往因为自己的这一特殊身份在情绪上变得更加不稳定，敏感多疑、自卑自责，有些甚至暴躁易怒，容易与他人发生冲突。这些对于老年社区矫正对象的身心健康和人际关系都是十分不利的。

（2）老年社区矫正对象的双重身份特征因素。

老年社区矫正对象同时具有社区矫正对象和社区居民的双重身份。相对于监禁刑而言，接受社区矫正可以使其在自己生活的社区中服刑，有一定的自由，但还是无法使其忽视社区矫正对象的身份，两种身份的同时存在，很多时候会使老年社区矫正对象无法正确定位自身角色，这种角色定位的偏差往往会导致老年社区矫正对象心理状况失衡，产生自卑、抑郁等消极情绪，失去重新融入社会的信心和动力。

总结：通过对老年社区矫正对象的人口学特征和双重身份特征两方面因素的分析，笔者发现老年社区矫正对象的自我效能感普遍较低，个人关注点多放在问题和困境方面，对自身持否定态度，在社会融入的过程中个人优势和潜能得不到充分发挥，对此需要在优势视角理论及增能理论的指引下开展社会融入的社会工作介入，帮助其纠正错误认知，提升社会融入能力。

2. 中观维度：家庭、社区矫正机构等因素影响

（1）家庭因素。

家庭具有经济、生物、情感、教育和保障等功能，能够为老年社区矫正对象提供必要的物质支持和精神支持[1]，然而很多家庭并没有为其提供应有的帮助和支持。原因在于，一是家庭成员对老年社区矫正对象表现出冷漠、埋怨的态度，二是忽视了老年社区矫正对象各方面的需求，尤其是缺乏必要的心理关怀。家庭功能的缺失致使老年社区矫正对象在物质和精神上的需求得不到满足，对其重新融入社会的动力和能力产生负面影响。

---

[1] 冯佳琪：《社区服刑人员的社会融入研究——以昆明市 C 区为例》，载《统计与管理》2018年第 12 期。

（2）社区矫正机构等社会组织因素。

社区矫正机构也是影响老年社区矫正对象社会融入的重要因素。我国现阶段的矫正工作中，社区矫正工作岗位的人员配备不足、工作人员的专业能力往往达不到标准，实际开展过程中也缺乏针对老年社区矫正对象的矫正措施。除了社区矫正机构，来自其他社会组织的帮助也明显不足，这些都严重影响了矫正工作的效果，使得老年社区矫正对象无法获得足够的社会支持。

总结：通过对家庭、社区矫正机构等因素影响的分析，笔者发现老年社区矫正对象的社会融入离不开外部力量的支持，无论是物质层面还是精神层面，其都对老年社区矫正对象重返社会的意愿和能力产生重要影响，而家庭和社区矫正机构在这一方面占有重要地位，需要在社会支持理论的指引下展开社会融入的社会工作介入，帮助其构建中观维度的社会支持系统。

3. 宏观维度：制度、文化和环境等因素影响

（1）制度因素。

《社区矫正法》第 1 条将"促进社区矫正对象顺利融入社会"作为立法目的，整体来看，我国有关社区矫正的相关制度规范逐渐完善。然而对于老年社区矫正对象的矫正工作，还缺乏有针对性的支持与指导，这就导致该类矫正工作的矫正措施和矫正方式不系统、缺乏可操作性，矫正工作的效果难以保证。

（2）文化因素。

一方面，受传统刑罚观念的影响，人们的重刑主义思想较重，认为罪犯就应该接受严厉的惩罚，部分居民对社区矫正对象这个特殊身份抱有不同程度的偏见，认为他们有犯罪前科，通过行动、言语等排斥老年社区矫正对象。这种传统观念与当今预防减少犯罪的刑罚目的相冲突，阻碍了社区矫正观念的普及以及工作的开展。另一方面，西方文化的传入也对中国传统的孝道文化产生影响，"百善孝为先"等传统思想观念受到冲击和挑战，人们的尊老爱老意识在一定程度上有所削弱。老年社区矫正对象兼具罪犯和老年人两种角色，在上述两种文化观念的影响下，其社会融入的程度也受到一定影响。

（3）环境因素。

社区矫正在我国兴起的十余年间，整体来看，发展速度比较缓慢，当前人们对社区矫正这种刑罚方式的了解和接纳程度不高。这也导致矫正工作的开展缺少群众基础，没有良好的推行环境，阻碍了对社区资源的链接和专业

活动的开展。

总结：通过对制度、文化和环境因素影响等的分析，笔者发现社会大环境中的个体与个体、个体与群体、个体与社会的多样关系对老年社区矫正对象的社会融入产生间接影响。因此，需要在社会支持理论的指引下展开社会融入的社会工作介入，帮助其构建宏观维度的社会支持系统，修复和维护其社会支持网络。

综合来看，在自然属性方面，老年社区矫正对象与其他老年群体一样，由于生理和心理机能下降，社会适应能力变差，在社会融入问题上存在敏感多疑、暴躁易怒、自我价值感偏低等问题，加之接受社区矫正的原因，他们的内心更加敏感脆弱，容易产生各种心理问题；在社会属性方面，受退休、刑罚、社会舆论等因素的影响，老年社区矫正对象与社会的关联相比其他群体更为薄弱，人力资本和社会资本相对匮乏，缺少来自正式与非正式网络中的社会支持，难以重新融入社会。

二、老年社区矫正对象社会融入的需求分析及服务供给框架预设

（一）老年社区矫正对象社会融入的需求分析

综合对老年社区矫正对象的问卷调查、访谈记录以及实地观察等几方面的结果，下文分别从身份融入、社交融入、家庭融入、职业融入四个方面来分析老年社区矫正对象的社会融入需求。

1. 身份融入：纠正错误认知，增强社会归属感

为了提升老年社区矫正对象的社会融入程度，首先要关注老年社区矫正对象的身份融入问题，这包括如何使用专业手段来增强老年社区矫正对象对目前身份和角色的认可程度，帮助老年社区矫正对象舒缓存在的不良情绪，对其存在的认知偏差等进行矫正。根据前期的资料分析结果，C 街道老年社区矫正对象的自我认同度普遍较低，且随着年龄的增大，内心敏感多疑，在判处社区矫正后，常常提醒自己是"有罪之人"，容易陷入悲观情绪，对社会的归属感也普遍偏低。因此，纠正老年社区矫正对象对自身、对他人的错误认知，可以帮助其摆脱消极情绪的困扰，提高其改变自我和融入社会的积极性。

2. 社交融入：提升社交意识，修复断裂关系网络

社会交往的健康与否是评估老年社区矫正对象社会融入程度的重要标准。

为了提升老年社区矫正对象的社交融入程度，首先需要提升其社会交往的意愿，增强其社会交往的动力；其次，还需依靠外力的支持来帮助提升老年社区矫正对象的社会交往能力，从内外两方面共同促进社交融入程度的提升。C街道老年社区矫正对象大多处于退休状态，人际交往减少，加之受社区矫正的影响，害怕甚至拒绝与他人来往，社会关系网络弱化。因此，通过提升老年社区矫正对象社会交往的意愿和能力，有助于加强其和社会的联系，获得更多的支持和帮助。

3. 家庭融入：调解家庭矛盾，发挥家庭功能

家庭成员的支持与帮助对于老年社区矫正对象来说具有重要意义。老年社区矫正对象因不再从事社会生产，社会关系也逐渐弱化，生活重心以家庭为主，这就需要家庭成员给予老年社区矫正对象更多的支持与帮助，配合社区矫正工作的开展，发挥出家庭功能的重要作用。在家庭中，老年社区矫正对象常常处于被照顾的角色地位，其物质需求基本可以得到满足，但其情感需求常常被忽视。加之，在判处社区矫正后，由于家庭成员的不理解，老年社区矫正对象的家庭地位常常处于一个更加不平等的状态。因此，对于老年社区矫正对象家庭关系的调解有助于家庭功能的发挥，帮助其获得必要的家庭支持，更好地改变自己，融入社会。

4. 职业融入：健全帮扶体系，拓宽就业渠道

虽然我国超过 60 周岁的老人大多数都已经退休养老，但对于仍有就业意愿的老年社区矫正对象，仍然不能忽视其需求。对于部分需要再就业的老年社区矫正对象，需要根据其身心健康情况链接协调适合其的就业资源；而对于少部分有就业意愿，但是就业观念存在偏差的老年社区矫正对象，则需对其就业观念进行指导。对 S 市 C 街道老年社区矫正对象社会融入需求的调查情况详见表 4-1。

表 4-1　老年社区矫正对象社会融入需求

序号	年龄（岁）	需求	具体表现
1	61	身份融入、社交融入、职业融入	敏感易怒，存在抑郁情绪；社交范围狭窄；难以找到新的工作

续表

序号	年龄 （岁）	需求	具体表现
2	64	身份融入、社交融入	自我评价较低，对未来信心不足；与邻居、朋友来往较少
3	68	身份融入、社交融入	对未来信心不足；社交范围狭窄
4	61	身份融入、家庭融入、社交融入	内心自卑，自我评价较低；与妻子关系不和；除了家庭成员外很少与他人来往
5	66	身份融入、社交融入	自我评价偏低；社交范围狭窄
6	71	身份融入	没有生活目标，对未来信心不足
7	62	身份融入、家庭融入、社交融入	抑郁、自卑情绪严重；与妻子和孩子断绝联系；社交范围狭窄，不愿与他人来往
8	63	身份融入	自我评价较低，矫正态度不端正
9	62	身份融入	没有生活目标，对未来信心不足
10	73	身份融入、家庭融入	存在抑郁情绪；家庭成员关爱不足

（二）老年社区矫正对象社会融入的服务供给框架预设

为达成研究目的，根据前期所收集到的资料，在 S 市 C 街道社区矫正机构的支持下，为社会工作实务的开展预设服务供给框架。根据对老年社区矫正对象社会融入需求的分析，分别从优势视角和增能视角为老年社区矫正对象提供专业服务，在司法社工的调动联通下，为老年社区矫正对象提供各方面的社会支持，促进其融入社会。

1. 前提：优势视角理论下社会融入意愿的提升

优势视角强调将关注点集中在服务对象的优点而不是服务对象的问题，注重挖掘服务对象自身的优势和潜能，充分调动发挥服务对象的自身资源。基于这种观点，本书研究将更加关注矫正对象的自身优势和资源。例如，可以通过挖掘服务对象在生活阅历、工作经历、个人技能等方面的正面事件和能力，帮助服务对象从更加积极的角度重新审视自己，提升服务对象的自我价值感。引导服务对象利用自身优势和资源来面对和处理问题，激发其勇于面对挫折、融入社会的动力。

2. 基础：增能理论下社会融入能力的提升

增能理论致力于多维度地激发服务对象的个人潜能，发掘潜力，提升能力。在这种观点下，司法社工的介入将从老年社区矫正对象自我调节能力、社会交往能力、人际关系处理能力等多方面来促进其社会融入能力的提升。在本书研究中，可以通过理性情绪等方法的使用，调整服务对象的错误认知，增强服务对象的自我调节能力；通过集中教育、社区主题活动的开展，使服务对象在法治意识、道德水平、沟通交往能力等方面得到提升等。通过多种方式，提高服务对象正确看待身份、改善家庭关系和社会交往等问题的能力。

3. 目标：社会支持理论下社会支持系统的形成

司法社工是服务的提供者，是老年社区矫正对象融入社会的支持者、帮助者、资源倡导者。司法社工可以凭借其专业优势，从多方面调动老年社会矫正对象融入社会所需的个人资源和社会资源，提供专业社会支持。本书研究中，司法社工可以为生活有困难群体申请低保、临时性救助等帮助救扶，缓解其经济压力；为有需要的服务对象链接就业资源，解决其就业问题；在社区中宣传社区矫正相关知识，打造良好的社区舆论环境等。总之，司法社工要通过整合链接各项资源，为服务对象提供必要的社会支持，修复其社会支持网络，帮助其顺利融入社会。

详见老年社区矫正对象社会融入的服务供给框架图（图4-1）。

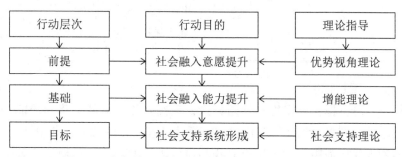

图 4-1　老年社区矫正对象社会融入的服务供给框架图

三、司法社会工作介入老年社区矫正对象社会融入的实践样本

（一）司法社会工作介入老年社区矫正对象社会融入的实务过程

1. 方案设计

（1）项目背景。

S市C街道社区矫正机构的主要工作内容包括为社区矫正对象和5年内刑

释解教人员提供专业服务、禁毒、法制宣传等。C 街道社区矫正机构目前在矫老年犯罪人比例相对较高，且犯罪类型呈现出多样性。笔者实习期间的机构在矫人数为 38 人，其中 60 岁以上人员共 10 人，占总人数的 24%。以下是 C 街道老年社区矫正对象的基本信息（表4-2）。

表4-2　C 街道社区矫正机构老年社区矫正对象个人基本信息

序号	出生年份（年）	性别	文化程度	婚姻状况	工作情况	罪名	矫正类别
1	1959	男	初中	已婚	退休	寻衅滋事	缓刑
2	1956	男	初中	已婚	退休	盗窃	缓刑
3	1952	男	初中	离异	无	盗窃	缓刑
4	1959	男	大专	已婚	退休	非法经营	缓刑
5	1954	男	大专	已婚	无	诈骗	暂予监外执行
6	1949	男	本科	已婚	退休	私分国有财产	缓刑
7	1958	男	初中	离异	无	交通肇事	缓刑
8	1957	男	初中	已婚	退休	受贿	缓刑
9	1958	男	小学	已婚	退休	销售假冒注册商标的商品	缓刑
10	1947	男	小学	离异	无	非法制造、买卖、运输、储存危险物质	缓刑

（2）方案目标。

第一，总目标：利用优势视角理论，挖掘服务对象的优势和潜能，帮助服务对象认识到自身的能力与优势，提高其融入社会的意愿；利用增能理论，通过各种方式增强服务对象改变自我和应对生活的能力，进而提高其融入社会的能力；运用社会支持理论，将内外资源进行整合，为服务对象提供必要的社会支持，促进服务对象融入社会。

第二，个案工作目标：其一，舒缓服务对象的不良情绪，增强服务对象的自我情绪管理能力。其二，调整服务对象的错误认知，提升服务对象的自尊感和自信感。其三，调解缓和服务对象家庭关系，引导家庭成员给予更多理解和支持。其四，鼓励服务对象主动与人交往，扩大人际关系网络。

第三，社区工作目标：其一，提高居民的法治意识，增强居民对社区矫正制度的了解和接纳程度，为社区矫正对象营造良好的社区环境。其二，组织社区矫正对象共同参与社区宣传公益类活动，拉近社区矫正对象和居民间的距离。其三，开展社区专项活动，培养服务对象的沟通能力和人际关系处理能力。其四，链接政策和资源，解决服务对象经济和生活等方面的困难。

（3）介入策略。

针对 C 街道老年社区矫正对象的具体情况，分别采用个案工作和社区工作的方法进行实务介入，介入策略详见表4-3。

第一，个案工作：①利用理性情绪等专业方法调整服务对象的错误认知，引导服务对象重新看待自我，消减其负面情绪。②利用缅怀疗法等专业手段增强服务对象的自我价值感，激发服务对象解决问题的主动性，恢复自信。③利用家庭治疗调解缓和服务对象家庭成员关系，引导家庭成员共同配合社区矫正工作，修复家庭功能。

第二，社区工作：①在社区内开展社区矫正宣传教育，普及社区矫正相关知识，提高居民对社区矫正的了解和接纳程度，为老年社区矫正对象的社会融入创造良好的社会环境。②与社区矫正机构社工共同开展认知调整、有效沟通类社区活动，使广大老年社区矫正对象在参与互动的过程中提升融入社会的意愿和能力。③为有需求的老年社区矫正对象链接就业资源，为经济困难的老年社区矫正对象提供帮扶救助。④教育讲座：配合社区矫正机构开展社区矫正专业知识讲座，根据老年社区矫正对象的特点和需求适当调整讲座内容和形式。

表4-3　司法社会工作介入策略表

服务层面	服务目标	介入手段
身份融入	认知调整；情绪疏导；自我认同感增强；自信提升	理性情绪疗法 缅怀疗法 法律知识和思想道德集中学习等
家庭融入	家庭成员给予理解和支持	家庭治疗
社交融入	社会交往意愿与能力提升	理性情绪疗法 社区专项主题活动等
职业融入	改善就业现状	链接就业资源 引导转变偏差就业观念

2. 实务过程

（1）接案。

首先，对于服务对象的筛选，可以从以下几方面入手：一是查看服务对象档案信息，包括服务对象的个人基本信息、以往矫正经历、个人风险评估等几方面的内容；二是实地观察，通过服务对象每周的签到谈话、每月的集中教育以及在其他矫正活动中观察服务对象，了解服务对象当前的矫正态度、行为习惯、性格特征等；三是问卷调查，结合老年社区矫正对象的基本特征，合理设置问卷信息，以此来了解老年社区矫正对象在社会融入方面的基本情况；四是与社区矫正工作人员沟通，深入了解老年社区矫正对象的基本情况、矫正方式、矫正工作的开展情况等。

其次，对于服务对象的资料收集，前期服务对象筛选的过程中已经掌握了服务对象的各项基本信息，将各项基本信息整合后，对服务对象进行初次访谈，开始建立专业关系，为后续工作打好基础。

（2）预估。

司法社工与服务对象建立专业关系后，需要对其基本情况作出分析诊断，预估分析主要从服务对象的优劣势分析和服务对象的问题需求两方面阐述。

第一，优劣势分析。对于服务对象的优劣势分析，主要从个人、家庭、社会这三个层面进行。

个人因素：分别从思想认识、心理状态、行为表现这几个方面进行分析。思想认识涉及法律意识、罪错意识、思想道德、世界观、价值观、人生观、自我评价、自我定位及自我发展等方面；心理状态包括忧郁、暴躁、消沉、自卑、空虚等需要缓解和疏导的一般心理问题和易引发重新违法犯罪行为的偏执性、反社会性等人格障碍和心理疾病；行为表现包括易冲动、易采取过激行为、好逸恶劳、酗酒、吸毒、网络成瘾等方面。

家庭因素：主要对服务对象的家庭关系情况进行分析。包括家庭成员关系、婚恋关系、家庭沟通等方面。

社会因素：包括服务对象的社会适应情况和社会支持网络情况的分析。涉及邻里关系、社区融入、朋辈和同事等人际交往、社会参与意识等方面，以及正式和非正式的社会支持网络、支持力度等方面。

第二，问题需求。

服务对象 S：61 岁，已婚，因寻衅滋事罪被判处社区矫正 4 个月。经了解，S 为人老实，但有时容易急躁冲动，情绪管理能力较差。本案中，S 与邻居发生争执，推搡致使邻居骨折。被判处社区矫正后，S 仍心存不满，存在委屈、焦躁等消极情绪。通过分析可知，服务对象 S 没有正确看待自己的犯罪行为，将自己的罪行简单归因于与邻居的争执事件，没有认识到自己对错误事件不理性的看法才是诱发事件的根源。因此，司法社工需要对 S 进行认知矫正，引导其理性看待自己的犯罪行为，学会情绪管理。

服务对象 X：63 岁，已婚，因非国家工作人员受贿罪被判处社区矫正 3 年。通过与 X 的交谈，以及观察 X 在集中教育等活动中的表现，可以发现 X 对待社区矫正工作态度不端正，对集中教育、思想汇报等矫正内容的设置抱有敷衍态度。综合来看，服务对象 X 因为被判刑这件事认为自己的人生是失败的，心理状态不佳，感到十分后悔和遗憾，对待社区矫正工作的态度不够端正，司法社工需要对其作出教育和引导。

服务对象 C：60 岁，已婚，因非法经营罪被判处社区矫正 3 年。服务对象 C 进入社区矫正以来，十分配合矫正工作的开展，积极改造自我。但通过调查发现，C 具有比较严重的心理问题，其抑郁、自卑，自我评价较低，且害怕并抗拒与他人交往，除了与家人和其他亲戚有来往外，C 与其他人基本断绝联系。在家庭关系方面，C 与妻子关系不和，与家庭其他成员沟通较少。经过分析，C 的社会融入程度较低，在个人、家庭、社交、职业这几方面均存在不同程度的问题。为此，司法社区需做到：在个人层面，需要对其心理状态进行疏导，缓解其不良情绪；在家庭层面，需要帮助 C 调解家庭关系，让家庭功能在社区矫正中发挥作用；在社会交往层面，需要引导 C 建立正确的社交观念，修复断裂的社会支持网络；在职业层面，则需引导 C 合理看待再就业问题，做好今后的职业规划和生活安排。

服务对象 Z：74 岁，离异，因非法制造、买卖、运输、储存危险物质罪被判处社区矫正 3 年 6 个月，即将结束社区矫正。Z 此前在外省生活，后搬至儿子家中共同生活，因此社会交往比较简单，与邻居接触较少。综合分析，Z 的问题主要表现为心理状态较差，存在抑郁情绪；缺乏家庭支持，社会交往过于简单。对此，司法社工需要舒缓 Z 的消极情绪，同时要引导 Z 的家属多给予 Z 关怀与支持，帮助 Z 以更加积极的心态面对晚年生活。

服务对象 Y：男，离异，因交通肇事罪被判处社区矫正 4 年。犯罪事件发生后，Y 将仅有的房产以及全部存款赔偿给受害者家属，目前 Y 的经济条件十分困难。Y 被判刑后与前妻和孩子几乎断绝联系，与其他人的来往也逐渐减少。通过调查发现，服务对象 Y 的问题一是个人心理存在抑郁、自卑的情绪，自我负面评价严重；二是其社会支持网络断裂；三是面对严重的经济压力，无固定收入和住所，生活质量无法得到保障。

（3）制定计划。

服务计划的制定分为个案工作和社区工作两个部分，根据对服务对象问题需求的诊断结果，制定具有针对性的服务计划，以确保服务顺利开展。服务计划详见表4-4。

第一，个案工作计划。

一是，理性情绪疗法介入服务对象的认知矫正。理性情绪疗法认为人的消极心理和错误行为（C）不是诱发事件（A）引起的，在二者之间起决定性因素的是个人的信念和态度（B）。该方法的关键是找出隐藏的不合理信念，用合理的信念代替，以此来解决服务对象心理和行为上的问题。在社区矫正中，很多社区矫正对象的问题往往是由于自己的非理性认知造成的，因此理性情绪疗法更适用于社区矫正对象，尤其是对于老年社区矫正对象，在消极心理状态的调适和错误认知的矫正方面更具针对性。

二是，缅怀疗法提升服务对象的自我价值感和自信。缅怀疗法是一种专门针对老年群体的社会工作专业方法，该方法的重点是帮助服务对象回忆过去自己正面的事件，重新体验积极感受。该方法的使用有助于增强服务对象的自尊和自信，提升自我效能感，改善服务对象的不良情绪。老年社区矫正对象由于犯罪经历、"标签效应"、身心特点等多重因素，更容易产生抑郁、悲观的心态，而缅怀疗法这种独特的心理调剂机制注重对服务对象心理状态的调适，提升自我效能感，因此该方法适用于老年社区矫正对象。

三是，家庭治疗修复服务对象家庭功能。家庭功能的发挥可以为社区矫正对象提供物质支持和精神支持，在社区矫正对象的社会融入过程中起重要作用。对于老年社区矫正对象，其社会关系逐渐弱化，社会生活以家庭为重心，家庭功能的发挥可以帮助其接纳自己，改正不良的心理和行为习惯，顺利完成社区矫正，重返社会。

第二，社区工作计划。

一是，开展社区矫正知识宣传，提高居民对社区矫正的了解和接纳程度。发放宣传手册、在社区开展社区矫正知识讲座、通过公众号宣传社区矫正教育信息等，以线上以及线下两种方式加强宣传力度。

二是，组织矫正对象共同参与社区类活动，拉近与居民间的距离。通过在社区内开展各项活动，组织社区矫正对象和居民共同参与其中，增加二者接触和互动的机会，可以拉近彼此间的距离，减少居民对社区矫正对象的误解，去除"标签意识"。同时，还可以消除老年社区矫正对象猜疑、自卑的心理，使其主动融入社会。

三是，链接救助资源，改善服务对象生活水平。对于在基本生活保障、医疗养老、就业等方面有需求的老年社区矫正对象，可以在实地调查走访后，根据实际情况为其提供帮扶与支持，保障其维持基本的生活水平。

表4-4　服务计划表

介入方法	介入手段	涉及理论	适用对象
个案工作	理性情绪疗法	增能理论	服务对象 S、C
	缅怀疗法	优势视角理论	服务对象 X、C、Z、Y
	家庭治疗	社会支持理论	服务对象 C、Z
社区工作	社区矫正知识宣传	增能理论 社会支持理论	全体服务对象
	社区活动		
	帮困扶助		服务对象 Y

（4）实务介入。

第一，个案工作。

一是，理性情绪疗法介入服务对象的认知矫正。

服务对象 S：S 处于矫正初期，对于被判刑这件事还无法完全接受，存在"委屈""倒霉"等消极情绪。司法社工在介入的过程中采用理性情绪疗法，引导服务对象理性看待自己的犯罪事件，学会控制管理自己的情绪。根据 ABC 理论，服务对象 S 认为是双方的争执事件（A）导致了自己的暴力行为（C）。其中，S 忽略了 A 和 C 之间的非理性信念——对邻居的误解（B），将暴力行为的发生简单归因于诱发事件，这种过分概括化的非理性信念是导致 S 产生消极情绪的根源。所以，本案中最关键的就是引导服务对象注意到被忽略的非理性信念 B，让其明白 B 才是引发暴力行为产生的关键因素。以下为谈话记录节选。

S：当时没想到后果这么严重啊，以为最多道歉赔偿就可以了。我后来听医生说，他（受害者）受伤的部位是陈旧性骨折，后来派出所也是这样说的，他说如果这个伤你不碰它就没有事情，你碰到了就是你的责任，反正这个事情还是挺倒霉的。

司法社工：所以，您是认为与邻居的争执事件是导致您使用暴力行为的原因对吗？

S：对啊，我那天就不应该去晒被子，也就不会有后面这些事情了。

司法社工：其实在这件事中，您忽略了一个很重要的信息，那就是您遇到冲突事件的个人态度，也就是您的个人信念。

司法社工：也许您不是很理解，我给您讲一个故事吧。一个人请一个瞎子朋友吃饭，吃得很晚，瞎子说，很晚了我要回去了。朋友就给他点了一个灯笼，瞎子生气地说："我本来就看不见，你还给我一个灯笼，这不是嘲笑我吗？"朋友说：因为我在乎你，才给你点个灯笼。你看不见，别人看得见，这样你走在黑夜里就不怕别人撞到你了。瞎子很感动。通过这个故事，您有什么想法呢？为什么瞎子的态度发生了这么大的变化？

S：瞎子一开始误解了朋友，在朋友解释后，才明白对方是出于善意。

司法社工：您理解得很好，瞎子一开始的误解，就是一种错误的个人信念。生活中很多事情就是这样，不同的信念会带来不同的情绪反应，多尝试换位思考就会产生不同的结果。

S：我也明白这件事（犯罪事件）的发生有很大一部分的原因是自己没有理性看待问题，过于冲动。

司法社工在后续的谈话过程中，通过案例分析、游戏互动等方式，引导S认识到了什么是非理性信念及其危害性，使其对案件本身有了深入思考，意识到自己的非理性信念才是犯罪事件产生的根源。为了加强巩固S对理性情绪疗法的掌握，司法社工与其共同练习使用理性情绪疗法分析问题，鼓励其能够将该种方法用于以后的生活事件，避免类似事件的再次发生。

总结：在本案中，司法社工从增能理论的视角出发，通过理性情绪疗法的使用，在解决S当前情绪问题的同时更加注重提升S的自我情绪管理能力。通过对服务对象个人认知的调整，使服务对象将关注点从自身消极情绪转移到对案件本身的思考上来，司法社工通过共情、自我披露、角色扮演等专业技巧，引导服务对象更加深入地阐述问题，在这个过程中，与服务对象共同分析探讨引发事件的本质原因，逐步使S明白引发事件的主要原因是自己面对冲突时的非理性信念，从而能够更加理性地看待犯罪事件，以积极的心态接受社区矫正，缓解了S的不良情绪。同时，司法社工通过案例分析等方式加强巩固了S对理性情绪疗法使用的理解，使其认识到非理性情绪的危害，增强了S自我情绪管理的能力。

服务对象C：C在经过了8个月的监禁刑罚后，与社会产生一定的脱节，尤其是在家庭和社会交往方面，出现家庭关系不和谐、社会关系网络断裂、封闭自我等问题。通过对C过往经历的深入了解，可以发现C犯罪前的社会交往属于正常状态，在经历过看守所的监禁生活后，其个人心理状态产生了很大变化。首先，C趋向自我封闭状态，排斥拒绝除家人之外的一切往来；其次，C将这种封闭状态完全归因于妻子对其社会交往的阻碍，但是仔细分析后可以发现，C的这种想法其实是自身想法在其妻子身上的一种映射，C的妻子并没有对其社交进行实质性的干预，C本身对社会交往就持有严重的逃避心态；最后，当谈及对目前生活状态的评价时，C表示比较满意现在的生活状态，有大量的自由时间可以做自己喜欢的事情（看书、学习），基本都是待在家中，很少出门。综合来看，服务对象C目前的社交状态很大程度上是自我选择的结果，但是这种状态的长期存在将对其产生不利影响，导致其无法融入社会，与社会脱节。在介入过程中，服务对象C认为是妻子对其社交的干预（A）导致了自己社交网络的断裂（C），本案的关键点就是通过各种方式引导C意识到自己目前的社会交往状态是自己的逃避心理（B）导致的，而不是妻子的阻碍。本案中对这种错误认知的改变并不局限于司法社工与服务对象的对话引导，在后文还涉及其他专业方法的使用和对其家庭系统的介入。以下为谈话记录节选。

C：家里人反对我和别人来往。我妻子觉得我身边的人都不安全，她有一种被害妄想症。她的社交是正常的，因为她认为她认识的人都是安全的。

司法社工：您对安全的人是怎么定义的呢？

C：她就觉得我之前的朋友都是坏人吧，其实也没有好人坏人好事坏事之分，那个标准都是相对的。

司法社工：您有想过您的妻子为什么会认为您身边的人都是不安全的而她接触的人就都是安全的吗？

C：我前面不是说过她有点被害妄想症吗，她家里边人也都是这样的。

司法社工：那按照您所表达的内容我是否可以这样理解，您目前社交网络的断裂是您妻子干预的结果？

C：差不多吧，以前我还是经常和生意上的合作伙伴来往的，这应该能说明我的社交能力没问题吧。

……

在多次谈话沟通后，司法社工通过连续的提问和解释，引导服务对象 C 明白他的妻子并没有对他的社会交往产生实质性干预，并深入剖析 C 对于社会交往的内心想法，促使其在这个过程中不断进行自我反思，学会深入思考看待问题，改变 C 将问题完全归因于妻子的错误思想。

总结：司法社工在帮助服务对象 C 剖析阐明问题的根本原因后，C 不再沉浸于之前过分概括化的错误思想，开始反思自己的内心想法，逐渐认识到问题产生的根源，能够以更加合理的态度来看待问题。在改变了自己的错误认知后，C 的社会交往观念逐渐恢复正常，增强了在社交方面自我发展的能力。

二是，缅怀疗法提升服务对象的自我价值感和自信。

以服务对象 X 为例。X 于 2018 年 12 月底开始接受社区矫正，在深入沟通后，司法社工发现 X 的悔过意识良好，能够正确认识到自己的错误，目前的主要问题是其对自己的犯罪事件感到后悔和遗憾，认为这是其人生道路上的一个巨大污点。在后面的访谈过程中，司法社工从优势视角出发，与 X 共同回忆其过去积极正面的实践，帮助其将关注点转移到自己的优点上来，而不是沉溺于当前的消极情绪中。以下为谈话记录节选。

司法社工：您在工作期间有哪些值得骄傲或者记忆深刻的事情呢？

X：我在手表厂也是做出了一些成绩的。那时候厂里一共有 10 名技师，我是里面比较年轻的一个。1989 年的时候，S 市搞了一个技术大赛，我得了一个三等奖。后来因为这件事，我被分到装配车间做了技术主任，整个装配车间都是我负责的。

X：我干活还是可以的。所以在看守所的时候，民警也说，你好像就是实干家。

X：做事情就是这样，坚持做好一件事，也是很有趣的。我做什么事情喜欢做到头，做到中间可能做得不太好，这个也是一个心态。

总结：在该案例中，司法社工从优势视角出发，与服务对象共同追忆过往经历，充分挖掘服务对象的正面事件，服务对象在这个过程中重新获得了积极体验和感受，自我价值感得到提升，个人自卑、抑郁等消极情绪得到舒缓。老年社区矫正对象普遍性格敏感、防备意识较强，司法社工使用缅怀疗法时需要与服务对象建立良好的专业关系，以尊重、倾听、支持、鼓励、自我披露的专业技巧获得服务对象的信任，促使其更多地表达自我。

三是，家庭治疗修复服务对象的家庭功能。

服务对象C：在前面的调查分析中可以得知，服务对象C的妻子对于其犯罪事件有一定的心理阴影，认为C以前的朋友和生意合作伙伴均存在"危险性"，干预了服务对象的正常社交，这对服务对象的人际交往产生了一定的负面影响。因此在本案中，除了对服务对象本人进行心理疏导，还需对其妻子的心理状态进行调节。司法社工在得知具体情况后与服务对象妻子取得联系，将C的日常表现和心理状态告诉她，引导她配合自己的工作，给予C更多的理解和支持，使得家庭功能得以修复，帮助C更好地完成社区矫正。

服务对象Z：Z在五个案例中年纪最大，其目前的主要问题是心理问题。司法社工在多次对Z进行心理疏导后，还与其儿子和儿媳沟通，帮助家人理解老年人心理问题的外在表现和重要性，引导家人多关注老年人的心理健康状况，与社区矫正机构共同帮助Z舒缓抑郁情绪，给予更多的心理关怀，使Z能够以更加积极乐观的心态安度晚年。

总结：司法社工从社会支持理论的视角出发，充分调动服务对象C和Z的家属给予他们精神关怀和情感支持，通过对家庭关系的调解、成员支持的调动，使得家庭功能在服务对象的社会支持网络中发挥出更大作用。

第二，社区工作。

一是，社区法制宣传教育。C街道司法所工作人员联合司法社工和志愿者多次开展普法宣传活动。法制宣传活动采取两种形式：一是采取"以案说法""坝坝会"等方式宣讲法律知识，并在活动中发放有关社区矫正的宣传资料，增强居民对社区矫正工作的理解和接纳程度，提高居民的法治意识和法律素养；二是采取新兴媒体宣传方式，充分利用微博、微信公众号、社区微信群等媒介扩大宣传活动的影响力和影响面。在部分线下宣传活动中，C 街道司法所组织社区矫正对象参与其中，为居民分享切身体会和法治故事，配合工作人员讲解法律知识，并分享他们的过往和当前学习过程，告诉大家他们是如何从一个法盲变成今天的法律宣传员，减少居民对社区矫正对象的误解，拉近了彼此间的距离。

二是，社区资源链接。在本书研究中，综合服务对象的个人基本情况，为有需要的服务对象提供帮困扶助支持，其中服务对象 Y 符合帮扶条件。司法社工了解到 Y 正在申请低保，但是对申请标准和申请要求等内容不了解，申请过程受到阻碍，遂通过向有关部门咨询和社区走访，发现 Y 暂不符合申请条件，并将具体原因告知了 Y。此外，司法社工还了解到 Y 有再就业的需求，于是便为其搜索提供了相关就业信息，帮助其找到合适的工作。

三是，社区矫正专项活动。比如，"调整我们的认知"主题活动。本次活动在专业心理咨询老师和司法社工的配合下开展，社区矫正对象及部分家属参与了此次活动。专业主讲老师以循序渐进的方式，让参与者对"认知"的概念及其重要性都有了更加深刻的认识。该活动涉及多个环节，包括案例分析、游戏互动、情景模拟讨论、影片鉴赏等。本次活动也给了社区矫正对象及其家属一个彼此反思的机会，引导他们在今后的生活中以更加理性的方式看待和处理问题，互相体谅彼此，并进一步发挥家属的支持鼓励作用以促进社区矫正对象更好地完成社区矫正任务，重新融入社会。

"非暴力沟通"主题活动。为了帮助社区矫正对象提高沟通能力和沟通效果，C 街道社区矫正机构开展了主题为"非暴力沟通"的专项社区活动。活动通过"什么是非暴力沟通""亲密关系中的非暴力沟通""亲子关系中的非暴力沟通""非暴力如何修复人与人之间的关系"这几个主题，帮助社区矫正对象在体验不同的沟通状态中，理解非暴力沟通方式的重要作用，学会用非暴力沟通方式化解矛盾。社区矫正对象在活动过程中，从心理学的角度反观自己的生活经历，学会了如何调节个人情绪，改善了家庭关系和人际关系。

"矫正教育活动重温日"。为了进一步提高社区矫正对象的服刑意识和法治意识，积极接受社区矫正的改造教育，降低重新犯罪率，C 街道司法所组织社区矫正对象前往看守部队接受扫黑除恶专项学习教育，通过开展观摩军事化内务、专项知识学习及测试、参观抗战遗址纪念园等系列活动，帮助社区矫正对象认识到社区矫正工作的权威性和严肃性，端正对于社区矫正工作的态度，提高自我管理意识，有利于社区矫正对象改正自身不良心理和行为恶习，避免重新犯罪。

四是，集中教育。实习期间，笔者协助社区矫正机构多次开展不同主题的集中教育讲座，包括法制教育、思想道德教育、心理辅导、人际关系处理、爱国精神和公民意识培养等，内容丰富多样，通过合理安排授课方式和授课地点，有效增强社区矫正对象对集中教育课程的参与程度，提升授课效果。此外，笔者通过观察课程讲授期间老年社区矫正对象的反应以及讲座结束后对个别人员的访谈结果，适当调整下一次课件内容的展现形式以及讲授方式，提升集中教育课程质量，让每一名矫正对象都能够吸收和理解课程知识，更好地完善自我。

总结：司法社工从社会支持理论的视角出发，充分利用社区资源，在舆论环境的改造、个人需求的满足、个人资源利用能力提升等方面采取了相应的行动策略，使得社区这一角色在服务对象的社会支持网络中发挥出更加积极的作用。

（二）司法社会工作介入老年社区矫正对象社会融入的成效总结

1. 过程评估

（1）服务策划阶段评估。

通过查阅档案、发放问卷、实地观察来筛选服务对象，收集服务对象个人、家庭、社交、犯罪情况等方面的信息，与服务对象建立了良好的专业关系；在此基础上对服务对象的问题需求作出预估，制定个性化矫正方案，进而开展有针对性的矫正服务工作。

（2）服务实施阶段评估。

通过理性情绪疗法的使用，纠正了服务对象的错误认知，缓和了服务对象的不良情绪，同时，通过理性情绪疗法的练习使用，能够帮助服务对象在生活中更好地控制管理自己的情绪，避免因错误认知而引起的冲突事件；通过缅怀疗法的使用，服务对象在回忆以往积极正面事件的过程中，自我价值感得到提升，减少了负面情绪的干扰，提升了自尊和自信感；在家庭治疗的过程中，司法社工通过上门走访、电话访谈等方式，促使服务对象的家庭关系得到缓和，家庭的支持功能得到修复。

通过在社区进行法制宣传教育，提升了居民对社区矫正的了解和接纳程度，为社区矫正对象营造了良好的社区舆论环境；通过"调整我们的认知""非暴力沟通"等专项活动的开展，矫正对象的认知调节能力和沟通能力得到提升；通过政策和资源的链接，帮助服务对象缓解了经济和生活上的困境。

2. 结果评估

（1）服务对象评估。

综合服务目标实现程度、老年社区矫正对象的问题需求改变情况和社区矫正工作人员指导意见这几个要素来进行评估。

从思想认知方面评估：这一方面包括法律意识、罪错意识、思想道德、价值观念等方面的内容。通过机构定期开展主题集中教育、一对一辅导、专项社区矫正活动等方式，五名服务对象的法治意识明显提高，能够正确看待自己的罪行，积极配合社区矫正工作的开展。服务对象 X 认识到了社区矫正工作的权威性与严肃性，对于集中教育课程能够认真听讲并做好思想汇报；对于像服务对象 Z 这样文化水平偏低、年事过高的老年社区矫正对象，适宜采用面对面辅导和观影教育活动，其能够通过讲述法制故事等方式进行自我反思，提升法治意识。

从心理状态方面评估：C 街道社区矫正机构多次聘请专业辅导老师对社区矫正对象进行心理辅导，通过日常的沟通谈话和定期心理测试，可以发现除了服务对象 Y，其他四名服务对象均处于正常水平，抑郁、自卑等消极情绪均得到舒缓，心理状态得到调适。关于服务对象 Y，由于其心理健康测试结果偏低，故需加强对 Y 的心理辅导工作。

从家庭关系方面评估：五名服务对象中，C 和 Z 有明显的家庭问题，司法社工通过家访、与家属电话沟通等方式，促进了服务对象与家庭成员间的良性互动，改善了服务对象的家庭氛围，提升了服务对象家庭的支持力度。服务对象 Z 的家属在司法社工的引导下，开始重视 Z 的心理健康问题，给予老人更多的关心和支持。

从社会适应方面评估：包括邻里关系、朋辈和同事等人际交往、社区融入、社会参与意识等内容。服务对象 S 与邻居的关系得到了缓和，能够与邻居和谐相处；服务对象 C 的社会参与意识明显提升，不再像接案初期那样封闭自己，不愿与任何人接触，开始信任和接受他人；关于服务对象 Y，通过司法社工的社区环境改造工作，社区居委会主任和邻里对其的敌对状态有所改观，Y 的社区融入程度有所提高。

（2）司法社工自评。

司法社工通过深入细致的走访工作、专业的心理分析、耐心真诚的沟通谈话，收集资料，全面地熟悉和了解服务对象的情况，对服务对象的现实情况、问题需求等作出准确的预估，制定了个性化的帮教方案，进而开展了有效的矫正服务工作；司法社工通过宣讲法律法规，提高了服务对象的法律意识，引导其在遵守国家法律、法规的基础上直面自身罪错，内省自身犯罪根源，正确处理不良的家庭关系，引导服务对象认识到家庭责任和社会责任的含义；司法社工通过介入家庭系统，引导服务对象的家人正视自己在生活习惯、娱乐方式、行为模式等方面存在的问题，改善沟通方式，营造良好的家庭氛围，配合司法社工、矫正小组共同督促服务对象积极面对生活，脚踏实地；司法社工秉承助人自助的工作原则，鼓励服务对象开放表达自我，寻找积极的生活目标，重新树立自信。

（3）服务满意度评估。

在结果评估中，除了对服务对象评估和司法社工自评，还需对整个服务满意度作出评估。本书研究通过问卷调查和活动后的深度访谈结果总结，分别对个案服务和社区活动作出评估。针对个案服务，评价内容包括整体个案服务、司法社工提供的帮助、个人问题的解决、司法社工亲和力、司法社工专业能力五个方面，评价标准分为满意、一般、不满意这三个等级，根据五位服务对象的总体评价结果计算出他们对个案服务各项内容的满意度，评估个案服务效果；针对社区活动，评价内容包括对社区活动的总体评价、社区活动是否有帮助、在活动中是否愿意与他人分享经验、工作人员的工作表现四个方面，评分标准为 1 分~5 分，依次对应非常不同意、不同意、不确定、同意、非常同意，以总体评分结果作为评估社区活动的依据。

第一，个案服务满意度评估（见下表 4-5）。

表 4-5　个案服务满意度评估表

评价内容	满意	一般	不满意	满意度（%）
整体个案服务	5	0	0	100
司法社工提供的帮助	4	1	0	80
个人问题的解决	4	1	0	80

续表

评价内容	满意	一般	不满意	满意度（%）
司法社工亲和力	5	0	0	100
司法社工专业能力	4	1	0	80

从个案服务满意度评估表（表 4-5）可以看出，五位服务对象对个案服务整体比较满意，在司法社工的帮助下个人问题基本得到解决，对于司法社工的工作态度和专业能力予以肯定，基本达成服务目标。

第二，社区活动满意度评估（见下表 4-6、4-7）。

表 4-6　"调整我们的认知"活动满意度评估表

评价内容	5	4	3	2	1
您对本次社区活动的总体评价	4	1	0	0	0
本次社区活动对您有帮助吗	5	0	0	0	0
在活动中您是否愿意与他人分享经验	3	1	1	0	0
工作人员的工作表现	5	0	0	0	0

表 4-7　"非暴力沟通"活动满意度评估表

评价内容	5	4	3	2	1
您对本次社区活动的总体评价	5	0	0	0	0
本次社区活动对您有帮助吗	5	0	0	0	0
在活动中您是否愿意与他人分享经验	4	1	0	0	0
工作人员的工作表现	5	0	0	0	0

从社区活动满意度评估表（表 4-6、4-7）可以得知，服务对象对矫正机构安排的社区活动基本满意，能够在活动中获得帮助。通过后期对服务对象的深度访谈以及综合社区矫正工作人员的评价，发现服务对象的认知调整能力和沟通交往能力有所提升，活动目标基本达成。[1]

----

〔1〕"调整我们的认知"以及"非暴力沟通"两项社区活动涉及身份融入和社交融入两个具体的融入维度，需要对活动效果进行评估；而对于法制宣传教育和集中教育等常态化的矫正工作则不进行评估。

3. 司法社会工作介入老年社区矫正对象社会融入实务的总结与反思

（1）实务总结。

本书研究采用个案工作和社区工作相结合的方式，在社会支持理论、优势视角理论和增能理论的指导下进行实务介入。在个人层面，通过理性情绪疗法、缅怀疗法等专业方法的使用，有效缓解了服务对象自卑、抑郁等不良情绪，引导服务对象改变错误认知，以更加积极乐观的心态对待社区矫正；在家庭层面，对部分家庭关系存在问题、家庭功能缺失的服务对象的家庭进行系统介入，以上门走访、电话等形式，缓和服务对象的家庭关系，引导家庭成员协助社区矫正工作的开展，发挥出家庭功能；在社区层面，通过社区中社区矫正法规条例等法制宣讲活动，提升广大群众对社区矫正的支持和认可程度，营造良好的社会氛围，有利于服务对象更好地融入社会。

司法社会工作在介入的过程中，应注意研究方法的选择和适用性。本书研究中所使用的理性情绪疗法对于服务对象的认知能力和表达能力有一定的要求，对于那些记忆力和注意力有严重问题的老年社区矫正对象并不适用；而缅怀疗法对于服务对象的认知能力同样有一定的要求，这种方法的核心是借助服务对象的长远记忆来推进服务过程。在研究过程中，缅怀疗法的使用往往能够起到良好作用，老年社区矫正对象在对往事的追忆中更愿意表达自我。该种方法的使用对于服务对象的情绪舒缓和自信提升具有显著效果，需要注意的是，司法社工在使用该方法的过程中，要注意把控访谈内容的方向，注重引导服务对象挖掘正向积极事件。

本书研究在社会支持理论、增能理论和优势视角理论的指导下，对老年社区矫正对象在身份、家庭、社交、职业四个维度的融入问题展开了深入分析和实务介入。在优势视角下更加注重对服务对象优势和资源的挖掘，在增能理论下则强调通过各种方式提升服务对象应对生活与自我发展的能力，在社会支持理论下调动个人资源和社会资源、修复其社会支持网络，全面促进老年社区矫正对象社会融入程度的提升。这一理论框架对于其他老年社区矫正对象的矫正工作同样适用，对于其他社区矫正对象也同样具有借鉴意义。

（2）实务反思。

整体来看，本书研究中司法社会工作对五位服务对象基本达到了服务效果，但在实务过程中，仍然存在许多不足之处：

第一，司法社工专业性不足。一是司法社工的专业技巧运用不足，司法社工由于缺少实务工作经验，在服务过程中在理论模式运用的灵活性、对服务对象问题需求的敏感性、沟通方式的有效性这几方面都稍显不足；二是司法社工的资源链接和政策倡导能力有限，司法社工的专业角色包括资源链接者和政策倡导者，然而在现阶段的社区矫正工作中，受自身专业能力有限和缺乏政策支持等因素的影响，司法社工未能有效地发挥出专业优势，致使社区矫正工作的开展受到阻碍。

第二，工作方法选用不足。本书研究主要采取了个案工作和社区工作相结合的方式来提供专业服务，但对于老年社区矫正对象的社会交往方面的问题，小组工作的运用将起到更加显著的效果。小组工作主要是将有相同问题的人聚集在一起，在与其他成员的交流互动过程中，小组成员能够获得情感支持，并在情景模拟中获得更深刻的体验和感受。因此，对于老年社区矫正对象的社会融入问题，整合社会工作方法的使用将起到更加显著的效果。

第三，服务对象代表性不足。C街道社区矫正机构在矫人员以男性为主，没有60岁以上的女性社区矫正对象。鉴于女性和男性在思维方式和行为习惯上有所不同，因此一些矫正方式方法对于女性老年社区矫正对象的适用性和有效性还有待论证。

第四，评估方式不足。本书研究采用定性评估的方式对服务效果进行评估，通过深度访谈、观察服务对象的表现等角度来综合评定。相比定量评估来说，定性评估结果受研究者个人因素影响较大，难以重复，研究结果的代表性和效度不足。如果能够使用定性评估和定量评估相结合的方式，研究结果将更具科学性和可信度。

四、老年社区矫正对象社会融入的对策及建议

通过研究发现，影响老年社区矫正对象融入社会的因素主要有以下几点：一是当前的政策体系中缺乏对老年犯社区矫正工作具体的政策支持和指导；二是老年社区矫正对象的心理问题常常被忽视；三是社区矫正工作开展的专业性以及工作人员的专业水平亟须提高；四是社会力量的参与和支持程度还远远不够。针对如何促进老年社区矫正对象融入社会的问题，笔者提出以下四条对策和建议。

（一）建立健全老年犯社区矫正工作的配套政策体系

《社区矫正法》明确了社区矫正的目的为促进社区矫正对象顺利融入社

会，预防和减少犯罪。但相关细则的具体实施仍需探索与思考，在实际工作中，由于老年社区矫正对象的矫正工作缺乏具体的指导方式与方法，使得这一群体的矫正工作无据可依。针对这一方面，可以多听取基层社区矫正工作人员的经验及反馈意见，将社区矫正工作的实施程序进一步细化完善，更好地约束和帮助矫正对象以及社区矫正工作人员。同时还要注意对老年社区矫正对象的帮困扶助，增加与此相关的法规条例，切实保障老年社区矫正对象的基本生活水平。在开展针对老年社区矫正对象的矫正工作中，应建立分类管理体系，实行个别化的配套矫正措施。具体工作中，社区矫正机构应当根据老年社区矫正对象的性别、年龄、身心特征、犯罪原因、犯罪类型、社会融入需求等情况，制定具有针对性的矫正方案，并在实施过程中对矫正方案作出相应调整，实现分类管理，个别化矫正。

（二）丰富针对老年社区矫正对象的矫正项目

在社区矫正工作中，很少有专门针对老年社区矫正对象设置的矫正项目。很多小组活动针对的都是绝大多数社区矫正对象，并没有考虑到老年社区矫正对象这一特殊群体。同时，对于集中教育这项社区矫正必修内容，开设的课程也没有考虑到老年人群体的理解程度、文化程度等方面因素，导致矫正效果不理想。对此，社区矫正机构及司法所应结合老年社区矫正对象的身心特征来设置安排具有针对性的矫正项目，例如可以适当增加健康知识讲座、小组互动类活动，确保老年社区矫正对象能够接受和理解矫正的内容和形式，促使老年社区矫正对象更好地配合参与社区矫正，提升矫正效果。

（三）重视老年社区矫正对象的心理关怀

老年社区矫正对象普遍脱离工作岗位，人际交往范围窄，加之社区矫正会使老年社区矫正对象更加否定自己，产生自卑、抑郁等消极情绪。然而由于这类群体普遍不愿意轻易表达内心的真实感受，其家人和社区矫正工作人员也常常会忽视其心理健康状况。针对这一问题，社区矫正机构应重视对老年社区矫正对象的心理关怀工作，在矫正工作中多关注这类群体是否存在心理问题，从谈话内容、心理测试、家庭访谈等几方面了解矫正对象近期的心理状态。在心理矫正工作方面，可以设计小组活动将有相同心理问题的老年社区矫正对象集合起来进行团体辅导，同时对有严重心理问题的老年社区矫正对象辅以一对一的专业指导。需要注意的是，对于老年社区矫正对象的心理矫正是一个持续的过程，应注意回访跟进，以确保及时有效地解决其心理问题。

（四）动员社会力量共同参与老年犯社区矫正工作

对老年社区矫正对象进行改造需要全社会提供良好环境和友好氛围，重塑和强化老年社区矫正对象的社会支持网络，促进老年社区矫正对象的社会融入。社会支持是指个体可以通过其他个体、群体或者更大的社交团体获得的支持，通常来说，就是社会各个方面给予个体精神或者物质上的帮助和支持，大体由主体、客体、内容三要素组成[1]。社会支持是一种行动和情感分享，是个体从社会各主体那里得到的各种形式的关心、扶持和帮助，其本质是一种物质救助、生活扶持等社会性行为[2]。社会支持实质上就是组织通过组织化或非组织化的社会网络，使社会成员能够在社会活动中获得物质、情感以及技术性的支持，满足社会成员的物质与精神追求，从而提高社会成员的社会归属感[3]。

整体来看，我国老年社区矫正对象的社会支持网络还不完善，老年犯社区矫正工作仍存在着社区矫正专业人才不足的问题，矫正工作的开展受到限制，而号召社会力量共同参与老年犯社区矫正工作是解决这一问题的良好方式。因此，各地社区矫正管理部门应在吸收国内外先进经验的基础之上，结合自己的实际情况，吸纳更多的社会力量加入老年犯社区矫正工作之中，促进老年犯社区矫正工作的社会化。依据《社区矫正法》的规定，社工和其他社会力量应参与到矫正小组中，并根据自身优势分工合作，同时社区矫正机构需要定期对各方社会力量开展专业技能培训，以促进社会力量在矫正工作中更好地发挥作用。此外，对于各方社会力量的参与也要做好媒体宣传工作，在不涉及隐私的情况下，通过宣传工作提升公众对社区矫正工作的认知和接受程度，号召更多社会力量参与到社区矫正工作中来，推动社区矫正的人才队伍建设。

结语

在人口老龄化不断加剧的背景下，老年人犯罪问题也随之日渐凸显，老

---

[1] 罗彤彤、乐传永：《论老年教育支持服务体系的构建——基于社会支持理论》，载《中国成人教育》2015 年第 2 期。

[2] 方曙光：《社会支持理论视域下失独老人的社会生活重建》，载《国家行政学院学报》2013 年第 4 期。

[3] 李宁宁、苗国：《社会支持理论视野下的社会管理创新：从刚性管理向柔性支持范式的转变》，载《江海学刊》2011 年第 6 期。

年社区矫正对象的社会融入能否得到足够的关注和支持，关系到矫正工作的效果以及整个社会的和谐稳定。而在实际矫正工作过程中，矫正工作往往忽视了这类群体的特殊性，缺乏针对性的矫正模式，无法达到预期效果。

以司法社会工作为视角，在专业理论知识的指导下，运用个案工作和社区工作相结合的方式，对老年社区矫正对象的社会融入问题进行实务介入，探索司法社会工作介入老年社区矫正对象社会融入的可行路径，完善老年社区矫正对象的矫正模式，提升矫正效果。研究发现，司法社会工作专业方法的使用能够有效提升老年社区矫正对象的社会融入程度，尤其是在这类群体的情绪舒缓和自信提升上，具有显著效果，且在老年社区矫正对象融入意愿和融入能力的提升方面发挥了重要作用。对于接下来这一群体的社区矫正工作，可以考虑加入小组工作的方法，将具有相同问题的老年社区矫正对象组织起来，利用小组工作成员可以互动交流的优势，促使这些老年社区矫正对象获得情感支持、分享经验，重建社会支持网络（对此可参考附录 D 和附录 E）。

第五章

循证矫正研究

一、基于 CiteSpace 的循证矫正知识图谱与前沿趋势

本章针对目前我国循证矫正领域的研究现状，采用 CiteSpace 知识图谱分析软件进行关于循证矫正的文献计量法可视化研究，从发文趋势、作者情况、关键词共现、关键词聚类、关键词突现以及研究前沿等方面依次展开，形成知识图谱。并以此知识图谱为参照，梳理我国循证矫正的热点问题以及研究现状，检视我国循证矫正研究存在的缺陷，提出未来循证矫正研究的发展趋势和完善建议，以构建适合我国国情的本土化、规范化和现代化的循证矫正制度体系。

（一）研究背景

循证矫正，即"依据证据进行矫正实践"，源于西方国家的囚犯矫正模式，是指矫正工作人员在对罪犯进行矫正的过程当中，通过系统的技术评估方式，诊断并结合犯罪对象明确的犯因性问题和特殊矫正需求，寻找和严格遵循最佳证据，以此为基础设计科学合理的矫正方案与评价方式，并实施矫正活动的实践操作办法。循证矫正，本意是"基于证据的矫正"，是现代科学精神对矫正实践领域的渗透，其核心是遵循研究证据进行的矫正实践，强调矫正对象改造的科学性和有效性，实现矫正实践的效益最大化。在社区矫正领域，循证实践方法能够生产并分享社区矫正干预所需的高级别证据，避免决策拟定过程中的非理性因素影响，帮助决策者建立起一种主观内省范式，使决策保持一种求真性，避免盲目乐观、思维定式、群体盲从等常见失误，减少不系统的经验和不当偏好的影响，提高决策的科学性和客观性。

循证矫正作为舶来品，在 2011 年就被我国司法部正式引入国内，其发端于循证医学，主张用专业化思想与技术化手段为矫正对象提供多样化和高质量的矫正服务，主要具有以下两个典型特征：一是严格遵照证据至上原则，即循证矫正的具体矫正模式未受到限制，不论价值取向与操作差异，只要搜集到的证据经过科学系统的矫正经验评估，被认定对相应类型的罪犯或者罪犯的某些问题具有最佳应用效果，就可以据此制定矫正方案，进行针对性与个性化的矫正实验；二是具体操作过程的规范化和科学化，主张运用专业合理的方式与手段，精确评估并确定服刑人员的矫正需求与方法，通过系统化的操作指南，高效科学地设置干预目标与评价方法，实施过程管理，以提升矫正效果和降低再犯率。

2012 年，司法部的预防犯罪研究所设立专项课题组，着手对国外的循证矫正制度进行理论探索与实践考究，并发表了《美国循证矫正实践的概念及基本特征》《美国循证矫正的实践及基本原则》等文章，这为国内学者理解循证矫正的核心内容与开展循证矫正领域的研究奠定了坚实基础。接着，司法部运用循证矫正理念在全国的九所监狱中开展试点工作，2013 年，司法部成立的循证矫正专项工作研究小组在北京召开第一次会议，旨在对循证矫正的具体工作与方法进行研究，结合循证矫正的理论与实践现状，创造循证矫正本土化发展的新依据。

（二）研究方法

1. 研究工具

CiteSpace 是由陈超美教授使用 java 语言开创的，旨在综合分析科学文献中蕴藏的潜在知识，是基于科学计量学、数据可视化背景下的一款文献可视化分析软件[1]。因为该软件是借助可视化的手段来展现科学知识的结构、规律和分布状况，因此也将通过 CiteSpace 分析得到的可视化结果称为"科学知识图谱"。本章就是基于 CiteSpace 软件对循证矫正的文献进行可视化分析，研究文献的时间区间为 2012 年至 2023 年。通过 CiteSpace 软件，导入文献数据，生成相应的可视化图谱，对此综合分析在循证矫正领域当中占主流地位的文献主题，以及关键地位的文献，在该领域中的知识基础与研究前沿是什么以及是如何演变的等问题。

---

[1]　陈悦等：《CiteSpace 知识图谱的方法论功能》，载《科学学研究》2015 年第 2 期。

2. 数据来源

纳入的文献时间范围是 2012 年至 2023 年[1]，纳入文献的全文关键词为"循证矫正"，纳入文献的语言为中文，进行文献检索的数据库为中国知网（CNKI）数据库，从中一共检索到文献 1114 篇（未剔除）。在此基础上进行处理，首先，从中国知网中，导出关于"循证矫正"的所有文献，共 1114 份；然后，删掉其中与主题无关的和重复的文献，确保数据的准确性和有效性，剩余 1060 份，并将这些文献导入"循证矫正"文件夹的"Input"中；最后，将存储空间里的 1060 份文献数据导入 CiteSpace 软件中，运用 CiteSpace 软件对 2012 年至 2023 年的文章数据进行预处理，依次分别对作者、机构、关键词进行初步可视化知识图谱解析。其具体过程如图 5-1 所示。

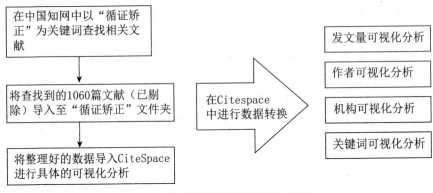

图 5-1　可视化知识图谱的解析过程

（三）研究结果

1. 发文量分析

综合近 20 年来循证矫正研究的相关文献，由图 5-2 可知，循证矫正领域的发文量整体呈现出波动上升趋势，其中在 2017 年达到顶峰，即 128 篇，详细可分为以下三个阶段。

2012 年至 2014 年，发文量总体呈现上升趋势，前期的增长较为急促，后期的增长则较为平缓。在 2012 年的下半年，司法部为推进我国罪犯矫正制度

---

〔1〕　为提高罪犯改造质量及降低重新犯罪率，司法部原副部长张苏军于 2012 年在我国率先引进"循证矫正"的理念和方法，并在全国多所监狱试点单位推行循证矫正。

的理论与实践创新，有效地提高罪犯矫正质量，专门成立了循证矫正研究与实践科研项目领导小组，决定将循证矫正制度正式引入我国，因此，在引入后的第一年，这种管理与改造罪犯的新模式激发了专家学者的研究兴趣，有关循证矫正的发文量呈现急剧上升的趋势。之后，在 2013 年至 2014 年，有关循证矫正的发文量的增长速度明显放缓。

2014 年至 2020 年，该领域的文献数量呈现出较为稳定的上下浮动发展状态。2014 年至 2017 年，发文量呈现出缓慢下降再平稳上升的态势，2017 年的发文量达到近 20 年来的最高峰 128 篇；2017 年至 2020 年，2019 年至 2020 年的发文量的增长速度明显高于 2017 年至 2019 年的发文量的下降速度，其中 2020 年的发文量达到次高峰，即 123 篇。

2020 年至 2023 年，该领域的文献总体呈现出下降趋势，虽然在 2022 年至 2023 年略有上升，但增长速度与周期都明显低于 2020 年至 2022 年。

通过以上分析，可以发现自 2012 年循证矫正引入我国至 2023 年，研究者对循证矫正的关注度经历了不断提高至高峰后趋于平稳且开始下降的发展趋势。

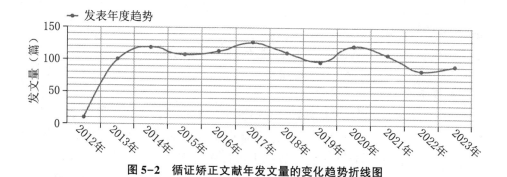

图 5-2　循证矫正文献年发文量的变化趋势折线图

2. 作者分析

本章通过 CiteSpace 软件对作者进行可视化分析，得到图 5-3，在该图中 N 为节点数，E 为线段数，其中 N = 300，E = 157，这表明作者一共 300 位，合作 157 次，并形成了七个大小不一的作者群，整体集中，部分分散。作者姓名字体越大，说明作者作品越多；连线越粗，则说明作者群的内在联系越紧密，本章采用普赖斯定律来确定高产作者的选取标准，核心作者计算公式 M = 0.749（Nmax）1/2，其中，由 Nmax = 18 计算 M = 6.741，取整 M = 6，因此发文量超过 6 篇的为高产作者。由此可见，杨波、姜金兵、于荣中等人为高产作者。

以杨波、孙越、肖玉琴、张卓等为代表的作者群的主要研究方向为循证矫正在中国监狱的实践探索与理论基础、未成年人犯罪的循证矫正研究等；以杨克虎、邓巍为代表的作者群的主要研究方向为循证矫正在社区矫正的研究现状与对策；以安文霞、王平为代表的作者群的主要研究方向为西方国家循证矫正的历史发展与启示，以及传统矫正与现代矫正之比较等。

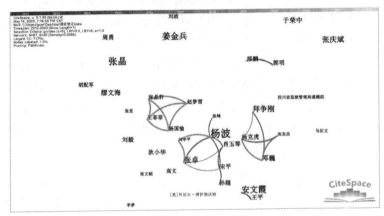

图 5-3　循证矫正文献的可视化图谱

3. 机构分析

通过 CiteSpace 软件分析循证矫正研究机构的组成，可明确该领域的权威机构及其分布领域。在 CNKI 上以"循证矫正"为关键词进行检索，时间范围为 2012 年至 2023 年，按发文数量进行排序得到图 5-4。前 20 名机构中，发文量较多的机构依次为中国政法大学、江苏省司法警官高等职业学校、司法部预防犯罪研究所、中央司法警官学院、中国人民公安大学、江苏省监狱管理局、西南政法大学、南京大学。值得一提的是，中国政法大学的发文量达到 47 篇，明显高于其他研究机构。根据检索结果，可看出目前我国循证矫正领域的研究机构大多为高校，然后就是司法部以及监狱管理机构等。从城市分布地域来看，这些研究机构大多坐落于东部发达地区，少部分位于中部和西部地区。根据图 5-5，可看出循证矫正领域的研究机构合作联系不多，因此，未来应推动该领域跨地区、跨高校、跨专业的研究合作，以加强各地循证矫正研究的区域连接，促进该领域研究的协同发展与治理研究。

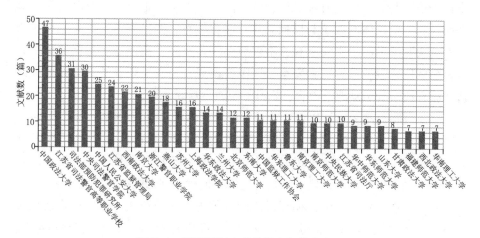

图5-4 循证矫正文献的发文机构分布图

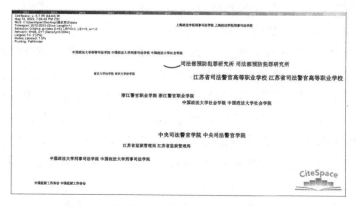

图5-5 循证矫正文献发文机构的可视化图谱

4. 关键词共现分析

通过CiteSpace软件对文献关键词进行共现分析可得出图5-6，其中圆形表示对应关键词的频率大小，圆形越大则出现频率越大，并且字的大小与粗细说明此关键词出现的次数。对于各节点之间的连接线，连线的颜色与上端的时间颜色谱相对应，不同的颜色对应不同的年份，连线的粗细表示关键词之间的共现频率，连线越粗说明共现频率越高。如图5-6所示，在该图谱中共有422个节点、504条连线，密度为0.0057。通过分析可得，涉及循证矫正主题的文献大多聚焦于社区矫正、循证矫正、戒毒工作、监狱安全、社区矫正工作、监狱工作、戒毒工作、监狱体制改革、罪犯教育以及改造罪犯等方面。其中监狱体制改革与监狱工作、罪犯教育、监狱安全等联系紧密，为落实司法部提出的治本安全观，不仅需要深化监狱体制改革，加强监狱的人民警察队伍建设，保障监狱安全，还需严格规范公正文明执法，加强监狱改造、教育改造和劳动改造教育，提升罪犯教育矫正水平。

第一，将高频关键词以循证矫正应用的具体类型进行分类，得到表5-1，其中社区矫正出现158次，循证矫正147次，罪犯矫正24次，教育矫正11次。这表明在监狱、社区矫正以及未成年犯教育改造等领域中推行循证矫正具有一定的条件，可构建具有中国特色的循证矫正理念框架与实践体系。

第二，将高频关键词以循证矫正的具体内容进行分类，其中监狱法出现31次，教育改造26次，监狱工作24次，改造罪犯15次，治本安全观14次，戒毒工作12次，矫正项目12次，证据11次。首先，《监狱法》于2013年1月正式实施，因此在该年及2014年监狱工作与监狱安全出现频次较高；其次，司法部于2017年提出"治本安全观"，要求监狱工作将过往"不跑人"的底线安全观深化为向社会输入守法公民；再次，循证矫正的成果离不开高效的证据支持，然而我国现今尚未形成规范化与本土化的证据链条，对最佳证据的鉴定仍停留于原始证据的使用阶段，这导致证据自相矛盾的情形时有发生；此外，由于系统的证据应用流程的欠缺，导致证据总结与评价程序的匮乏，从而使得证据不完备的现象时有发生。如今循证矫正中形成的证据仍局限于个案中，尚不能通过实验控制下的样本组与对照组的数据比对，对证据效力进行等级评估。

第三，将高频关键词以循证矫正的具体对象进行分类，其中罪犯31次，社区服刑人员26次，服刑人员25次，戒毒人员19次，未成年犯11次，社区矫正对象11次。循证矫正的具体应用领域不局限于监狱罪犯矫正，还逐步应用于未成年人犯罪、社区矫正、戒毒矫正等领域。

中介中心性指的是一个结点担任其他两个结点之间最短距离的桥梁的频率。一个结点充当"中介"的频率越高，说明它的中介中心度就越大，在其领域的影响力也越大。关键词中心性较高的有，社区矫正工作，其中心性是0.32；刑罚执行，其中心性是0.29；监狱，其中心性为0.26；戒毒工作，其中心性为0.23；循证实践，其中心性为0.14。首先，社区矫正工作的中心性最高，出现频次为 29，可见循证矫正在社区矫正工作中发挥着极其重要的作用；其次，刑罚执行与监狱的中心性排列第二、三，这说明循证矫正在我国监狱管理与刑罚矫正中的应用频次高，2013 年司法部循证矫正研究与实践科研项目领导小组制定下发《关于试点单位（监狱）开展循证矫正工作的指导意见》并随后在全国 9 个监狱开展试点工作，这意味着我国探索将循证矫正应用于罪犯教育改造的实践路径；最后，戒毒工作的中心性仅次于监狱，司法部于 2012 年成功立项《循证矫正研究与实践》，该项目旨在基于中国国情，吸收借鉴国外的循证矫正理念与实践的积极经验，以推进我国罪犯矫正方法与强制隔离人员戒毒方法的创新发展，提高监狱矫正质量与隔离人员戒毒效果。

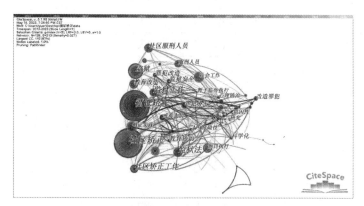

图 5-6　循证矫正文献的关键词共现图谱

表 5-1　循证矫正文献高频关键词

序号	频率（次）	中心性	年份（年）	关键词
1	158	0.11	2014	社区矫正
2	147	0.11	2012	循证矫正
3	57	0.26	2016	监狱
4	34	0.07	2017	社会工作
5	31	0.12	2014	监狱法
6	31	0.05	2014	罪犯
7	29	0.32	2013	社区矫正工作

序号	频率（次）	中心性	年份（年）	关键词
8	26	0.04	2014	教育改造
9	26	0.08	2015	社区服刑人员
10	25	0.29	2016	刑罚执行
11	25	0.07	2015	服刑人员
12	24	0.09	2012	罪犯矫正
13	24	0.06	2014	监狱工作
14	22	0.14	2013	循证实践
15	19	0.10	2013	戒毒人员
16	17	0.04	2015	矫正
17	16	0.04	2013	监狱安全
18	15	0.07	2013	循证
19	15	0.05	2014	改造罪犯
20	14	0.01	2017	治本安全观
21	12	0.00	2015	罪犯改造
22	12	0.23	2013	戒毒工作
23	12	0.02	2015	监狱民警
24	12	0.07	2016	矫正项目
25	11	0.04	2015	重新犯罪
26	11	0.09	2018	社区矫正对象
27	11	0.06	2015	罪犯教育
28	11	0.06	2014	未成年犯
29	11	0.06	2017	教育矫正
30	11	0.09	2013	证据
31	10	0.09	2013	教育矫治

5. 关键词聚类分析

在关键词共现分析的基础上，对其进行聚类分析，将所得网络图谱优化，生成图 5-7 的关键词聚类图谱，图谱显示频次最高、面积最大的 11 个聚类标签，分别是监狱、社区矫正、罪犯矫正、监狱安全、社会工作、循证矫正、社区矫正工作、监狱工作、戒毒人员、心理矫正、循证实践。这 11 个类别代表了循证矫正中的具体研究热点。根据以上聚类，可以将循证矫正的研究分为以下几个主题：第一个主题以聚类#2 罪犯矫正、#7 监狱工作和#8 戒毒人员为主，主要探究循证矫正运用于罪犯管理，自循证矫正引入国内，其主要是为监狱矫正与戒毒矫正而服务，自 2012 年下半年起，中国犯罪学、监狱学等领域掀起了对社区矫正研究的热潮，实践中司法部在 2013 年于全国多个监狱开展试点研究，这与西方国家主要将循证矫正应用于社区矫正有所不同；第二个主题以聚类#1 社区矫正、#4 社会工作、#6 社区矫正工作为主，近年来，我国开始重视在社区矫正领域对循证矫正进行实践探索，例如广州、江苏等地率先对社区矫正展开实践探索，司法实践将社区矫正分为上海模式与北京模式，上海模式主要由政府主导推动，即由政府付费购买服务，社团自主运作以及社会各方面积极参与，着重强调社区矫正的社会工作性质；北京模式则强调实行刑罚执行的社区矫正应由国家强制力量予以保障。第三个主题以聚类#9 心理矫正、#10 循证实践为主，目前大部分地区并不具备专门针对未成年人的社区矫正，大多是将成年人与未成年人的社区矫正混为一体。未成年人的社区矫正工作主要包含监管矫正与教育矫正，其中教育矫正需要在全面、合理评估未成年人对象的基础之上，由专业化的心理学、社会学、法学等专业团队进行矫正。因此，有关心理矫正的循证实践研究在未成年人社区矫正中占据着重要地位。

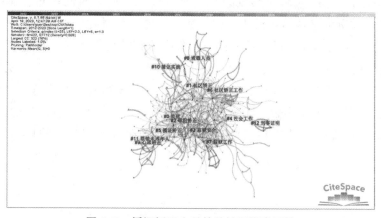

图 5-7 循证矫正文献的关键词聚类图谱

6. 关键词突现分析

关键词突变的英文为 Burst detection，有突变、突发、剧增等几种翻译，其意思是指一个变量的值在短期内有比较大的变化，CiteSpace 将这种突变信息视为一种可用来衡量更深层级变化的工具。关键词突变则说明在短时期内剧增的一个变量的值，突变成热点，被称为学术界的"百度指数"。通过突变性探测可以发现某一领域的研究呈现从宏观到微观，从单一到多元的演化趋势；可以回顾或者预测哪些关键词分支技术在什么时间段成了热点；甚至可以预测哪些关键词技术能在未来延续爆发性趋势。在关键词突现图中，每一个小格子代表一年，对应的红色部分小格子则是关键词突现的阶段，突现强度的标准一般要求在 3 以上，有关关键词的研究数量与突现强度成正比。

通过观察表 5-2，可以了解在 2012 年至 2023 年，一共有 17 个关键词热点，且不同的时间阶段有不同的关键词。纵观全图，突现强度较大（>3）的有 12 个关键词，其中突现强度的最大值与最小值分别为 16.55 和 3.19，即循证矫正和犯罪与改造研究，突现强度均值为 5.496。其中值得重视的关键词有社区矫正、社会工作、罪犯、教育矫正和治本安全观，这四个关键词的突现强度都超过了 4。通过表 5-2 可以看出，自 2012 年至 2023 年，专家有戒毒人员、戒毒工作、矫正项目、犯罪与改造研究、罪犯改造、社区矫正等研究热点，其中循证矫正、戒毒人员、矫正项目、社区矫正法的热点持续性较长。

证据作为研究热点的开始时间早，持续时间短，犯罪与改造研究、罪犯改造、服刑人员作为研究热点的开始时间较晚，持续时间较短；2015 年至 2023 年，关键词呈现出阶梯式变化态势，主要有科学化、矫正项目、犯罪与改造研究、教育矫正、社区矫正法、罪犯改造和社会工作等；2016 年至 2020 年，科学化与治本安全观、教育矫正、罪犯改造、社区矫正这几个关键词紧密结合，成为循证矫正领域的重点研究方向；自 2020 年开始至今，罪犯、矫正、社区矫正成了循证矫正领域专家的研究重点，而且以上关键词之间具有一定程度的关联性，也有在未来循证矫正领域中作为研究热点的趋势。

表 5-2 循证矫正文献的关键词突现分析

关键词	年份(年)	突现强度	起始年份(年)	终止年份(年)	时间区间（2012年至2023年）
循证矫正	2012	16.55	**2013**	2015	
戒毒人员	2012	3.91	**2013**	2016	
戒毒工作	2012	3.81	**2013**	2015	
证据	2012	2.71	**2013**	2014	
科学化	2012	2.6	**2015**	2017	
矫正项目	2012	3.23	**2016**	2019	
犯罪与改造研究	2012	3.19	**2016**	2017	
治本安全观	2012	4.62	**2017**	2018	
教育矫正	2012	4.26	**2017**	2019	
社区矫正法	2012	2.76	**2018**	2021	
罪犯改造	2012	2.65	**2018**	2019	
社会工作	2012	5.41	**2019**	2021	
罪犯	2012	4.35	**2020**	2023	
矫正	2012	3.47	**2020**	2023	
服刑人员	2012	2.6	**2020**	2021	
社区矫正	2012	8.63	**2021**	2012	
理论	2012	4.53	**2021**	2012	

7. 时空前沿分析

以上是基于 CiteSpace 作出的时区视图，时区视图是另外一种着重于从时间跨度上展示关键词演进趋势的图谱，该图谱可以清楚地展示出文献的更新和互相影响情况。在时区视图中，每个时间段均会出现新的关键词，如果其与前期关键词共同出现在同一篇文章当中，将会由线条串联起来，与此同时，前期的关键词频次加 1，圆圈变大，从而生成此图。通过观察图 5-8，可以将循证矫正研究在 1994 年至 2021 年的发展趋势变化划分为以下三个阶段：

第一，2012 年至 2015 年，我国在循证矫正领域出现了诸多研究热点，例如循证矫正、罪犯矫正、社区矫正、循证实践、矫正模式、监狱安全、教育改造、证据、心理矫正、罪犯安全、改造罪犯等，2012 年循证矫正开始被引进国内并主要应用于监狱罪犯的矫正，因此该年份的循证矫正、罪犯矫正节点较大；2013 年的研究热点有社区矫正、循证实践、戒毒工作等，表明循证矫正逐步应用于社区矫正、戒毒工作、心理矫正等领域，矫正对象主要是社区服刑人员、戒毒人员以及未成年犯等；2014 年至 2015 年的研究热点有教育改造、罪犯教育、服刑人员、个别化等，表明循证矫正工作方法的推行丰富创新了监狱教育改造工作的矫正理念与矫正方法，有助于推动监狱矫正资源的合理配置。此外，社区矫正应坚持监督管理与教育帮扶相结合，对社区矫正对象实行分类管理与个别化矫正，有针对性地消除社区矫正对象可能重新犯罪的可能性。

第二，2016 年至 2019 年，循证矫正领域的研究热点主要有矫正项目、社区矫正机构、刑罚执行、社区矫正法、监狱体制改革、收监制度以及假释条件等，2019 年，《社区矫正法》正式颁布，其对社区矫正的监督管理、解除和终止以及未成年人社区矫正明文规定，有助于推进和规范社区矫正工作，从而确保刑事判决、刑事裁定和暂予监外执行的正确执行。此外，该法律还对社区矫正机构的体制管理、经费管理及人员组成、职责等进行明确，以推进社区矫正的法治化建设。

第三，2020 年至 2023 年，循证矫正领域的研究热点有实践性知识、基层治理、创新、专门教育制度等，这意味着循证矫正研究逐步应用于基层治理和专门教育体制改革探索之中，并且未来这些研究热点还将持续存在。

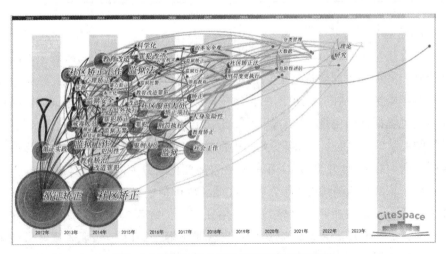

图 5-8　循证矫正文献关键词聚类时区图谱

（四）展望与建议

1. 循证矫正在我国的运行现状

通过以上的时间分布、空间分布以及关键词总结分析，可以发现循证矫正自 2012 年引入我国之后，经过司法实践的逐步探索，已经取得了良好的矫正效果并且获得了较为丰富的经验，然而由于发展时间短暂，其主要应用于监狱矫正，仍然存在一些问题。

（1）缺乏科学有效的本土化证据库。

循证矫正研究的开展需要大量的同类案例和相关高水平的证据，但是由于我国正处于循证矫正的初期，收集的证据资料大多质量不高且不充分，属于低层级的证据，因此我国循证实践中不仅缺乏优中选优的高质量证据，就算是循证矫正应遵循的一般证据也有所匮乏。这主要是由以下原因导致的：一是，证据资料不充分，现今国内循证矫正的证据获取来源主要有两个，一方面，从监狱现有的矫正案例中寻找证据，这些矫正案例往往局限于个案，表现形式通常为充满矫正者主观情感与经验的谈话式访谈，其中的证据一般是具有时效性的，随着时间的推移，一些以往的最佳证据变得不再具有适用价值；另一方面，从数据库进行检索，因为我国循证矫正的起步晚，目前不管在政府刑事司法专业部门，还是设置该专业的大学官网都没办法检索到循证矫正的相关文献，只能通过 CNKI 或者某些外文网站获取相关的循证矫正信息，但是西方国家的循证矫正重点在于社区矫正，与我国的循证矫正重点在监狱改造有所差异，难以被我国采纳。二是，某些学者在引用外文文献的过程中的翻译功底不够，导致对外文文献的利用效率极低。虽然不同国家的同类型罪犯在犯因性以及矫正方法上有共通性，但由于具体国情差异，从西方借鉴来的证据大都缺乏本土化的实证研究，因此，这些证据的可用度并不高。

（2）缺乏配套的专业化人才队伍。

循证矫正工作发端于医学，其不仅涉及犯罪学、法学，还涉及心理学、教育学等多类专业性知识，这就对从事循证矫正工作的民警提出了更高的专业性要求，需要从事循证矫正工作的民警具备足够的经验积累。

目前我国循证矫正领域的专业工作人员数量不够，原因在于，一方面，监狱工作人员一般实行轮岗制，并未设置专门的矫正技术岗；另一方面，狱警除了要完成繁琐的工作内容，还要额外进行相关的循证矫正工作，这导致其对证据检索的主观动力和经验积累不足。循证矫正实践一般采取结构化访谈的形式，若要达到准确评估的目的，对工作人员专业技术的要求很高，但我国监狱系统的大多狱警并未接受过专门系统的罪犯风险评估和矫正培训。自 2019 年《社区矫正法》颁布之后，我国江苏、浙江等地区率先开展对循证矫正在社区矫正中运用的实践探索，发展过程中也面临着诸多有待改进之处。

我国社区矫正的起步较晚，存在着浓厚的行政化风格与形式主义色彩，在具体的矫正过程中聚焦于对矫正对象表面行为的矫正，而忽视了对矫正对象心理过程、犯罪原因等深层次因素的分析矫正。而且，我国现今的社区矫正工作人员主要由各地司法系统和兼职的矫正工作人员组成，极少数属于从事矫正工作的专职人员，而且部分矫正工作人员思想观念落后，循证专业意识不强，不能实现对矫正对象从内到外的全方面矫正教育。

（3）未成年人社区矫正项目不具备针对性。

我国未成年人的社区矫正项目较为广泛，包括社会道德教育、公益活动、思想教育、就业以及技能指导培训等，但受制于各地经济发展水平和社区矫正工作人员专业性等因素的影响，我国大多数城市的未成年人矫正项目都缺乏就业以及技能指导培训等。而且，大多数矫正工作者在对未成年人适用矫正前并未对未成年人的心理和行为进行精准评估，实施各个项目的先后顺序不固定，项目之间的搭配也缺乏合理性。

通过以上问题的分析，可以发现对循证矫正的研究还有很大的发展空间，未来的专家学者可以在该领域进一步完善研究。

2. 对我国循证矫正发展的展望与建议

（1）加强监狱矫正和社区矫正的人才队伍培养和专业分工。

循证矫正作为一种高水平、高专业性的科学矫正技术，需要矫正工作人员具有良好的专业素质基础和学习应变能力，从而使其被矫正对象接纳认同，建立足够的信任关系。

根据《社区矫正法》第 10 条和第 11 条的规定，未来社区矫正机构应当配备专门的国家工作人员，且根据需要组织各专业的工作人员参加矫正，以推进社区矫正的高素质人才队伍建设。社区矫正工作人员的逐步确定要求对矫正过程的持续性跟进。例如，建立循证矫正技术的专业培训和定期考核的跟进机制，以满足社区矫正工作人员对循证矫正领域的先进知识和技术改进的需求，提升矫正队伍的职业素质。此外，由于立法规定可组织具有心理学、法律学、社会学知识等的专业人员参与社区矫正工作，因此在循证矫正的具体应用过程中，可将社区矫正工作人员按照精准评估和当事人需求进行合理分工，提升循证矫正的应用效果。

我国的监狱循证矫正面临人员不足的情况，现有的监狱矫正工作基本由狱警完成，不具备专业性和连续性。因此，未来有必要在监狱中设置专门的循证矫正岗，使得部分矫正工作人员可以专门且连续地从事监狱矫正工作，并且对其进行定期培训与考核，同时还可以引导社会组织、志愿者等非政府的社会力量参与循证矫正工作，以提高循证矫正质量。

（2）建设循证矫正联系平台，促进信息有效衔接。

循证矫正本质上属于复杂的矫正管理系统，需要循证矫正管理者、研究者、实践者与矫正对象的协作配合与良性互动。矫正管理者是指司法部、司法局、监狱管理局及监狱等部门的领导者，负责协调循证矫正的整体过程，给予循证矫正充分的财政支撑，努力为研究者、实践者以及矫正对象的互动交流搭建平台，实事求是地根据证据开展矫正指导工作，充分调动社会资源积极推动循证矫正工作的开展。

研究者应与矫正对象进行积极的交流互动，实现二者的紧密相连与相互促进。研究者通过直接接触矫正对象，可获取循证矫正的第一手实践资料，并结合科学的研究办法，制定出合理可行的矫正方案。在对实践中的各类证与循进行深入研究的基础上，制定相关的循证矫正标准，为矫正实践提供理论指导。此外，还要建立专门的循证矫正数据库，以为矫正实践提供证据支撑与可供检索的研究资料。同时，监狱、社区矫正机构等实践者应积极主动与研究者进行交流反馈，提升矫正工作的公开透明度，以为研究者提供准确可靠的现实资料。此外，实践者还应积极了解矫正对象的现实需求，以方便矫正工作的具体实施。

（3）建立循证矫正数据库，创建有针对性的矫正项目。

社区矫正实践应遵守区别对待原则，以为未成年人以及其他特殊矫正对象提供针对性和实操性的矫正项目，并实施个别化矫正方案。

建立综合性的循证矫正数据库是实行有针对性的矫正项目的必要前提。该数据库主要由三部分构成，第一部分是学术研究成果库，该库主要收集国内外论文及各种公共平台的研究成果，并经过专家的审核后使之成为专业的循证矫正参考资料；第二部分是循证矫正专家库，该库主要是对该领域的专家信息进行收集，以为循证问题的专业咨询提供充分便利；第三部分是循证矫正个案库，该库除了整理收纳循证矫正领域的标准化案例，还对该领域中涉及特殊群体的矫正案例与证据资料进行收集，以为特殊矫正对象的个性化矫正方案的推行提供充分依据。

（4）建立统一的"区块链+循证矫正"平台。

《社区矫正法》第5条规定："国家支持社区矫正机构提高信息化水平，运用现代信息技术开展监督管理和教育帮扶。社区矫正工作相关部门之间依法进行信息共享。"此外，该法还对信息化核查、使用电子定位装置作出了专门的规定。由此可见，国家鼓励并支持现代信息化技术应用于社区矫正。

链式存储的逻辑在于：首先对数据进行打包并上传；其次，数据的载体相较于传统模式产生改变，其外在载体从传统的 PC 机、移动通信设备、硬盘转化为区块链网络中的各个节点，而内在载体从 0、1 的常规计算机语言转化为固定数位的哈希值[1]。因此，通过分布式的存储方式和单向密码的加密方式，外在载体转化为区块链网络节点以及内在载体转化为哈希值，在技术层面可以防止数据被篡改。

"区块链+循证矫正"模式中，矫正数据和最佳证据的使用主要经过以下步骤：一是区块链技术对某一时间点上传的矫正数据和矫正证据进行打包再上传到节点，形成相应的数据块和证据块。二是将打包好的数据块和证据块上传到社区矫正的整个区块链网络，完整的区块链网络的其他节点会对新上传的数据块和证据块进行验证，将经过验证的数据块和证据块备份到本地服务器中。三是当区块链网络中的节点更新内容时，区块链网络中的其他节点在不被修改的前提下会对新更新节点的数据和证据进行打包，由此形成 2 个至 3 个数据块和证据块，并通过第二个程序进行验证备份。

可见，"区块链+循证矫正"具有技术上的显著优势，但目前各地尚未建立起统一的"区块链+循证矫正"信息平台。以佛山市禅城区"社矫链"为例的地方社区矫正信息平台正在逐步建立，但缺乏统一的全国性"区块链+循证矫正"平台，无法打破各地的信息壁垒以及推动各矫正机构的信息流通。国家应当在鼓励信息化技术应用社区矫正的同时，以成功地区的平台建设经验为基础，积极开展"区块链+循证矫正"平台的建设工作，生成更多科

---

〔1〕 参见仲蓓鑫等：《基于区块链技术的多源网络数据隐私保护方法》，载《信息安全研究》2021 年第 1 期。

学证据，构建"中国循证矫正干预措施"证据库，整合多个地区实施循证矫正干预措施后获得的最佳矫正证据及经过科学和实践检验的社区矫正方案；逐步构建大数据网络，传播有效的矫正措施，为基层社区矫正工作提供参考。

（5）构建循证矫正的监督评估体系。

循证矫正的监督评估是对循证矫正的实施全过程持续跟进的后续反馈，通过对循证矫正的评估可以看到矫正对象因为循证矫正所产生的具体变化，也能探究出循证矫正机制及其操作流程中的现存缺陷与不足，以为后续循证矫正机制的改进提供依据，避免矫正资源的无效利用。

通过对循证矫正的持续监督评估，可以使得循证矫正当中的最佳证据拥有长久性的自我更新与自我修复的能力，有利于提升循证矫正的应用效果，使得循证矫正在现有事实与最佳证据的相互审视中，不断发展进步。我国的监狱矫正与社区矫正工作人员也不要局限于日常以经验为主的常规矫正理念方式，应当运用收集、分析、更新和筛选证据的思维，使循证矫正的实践经验与研究现状相互为证、相互促进，以实践检验理论，以理论促进实践，不断积累循证矫正经验。

其中，区块链技术与社区矫正制度具有高度契合性，在推进社区矫正模式转变过程中具有巨大的优势，但也存在着传输数据过程中被侵入的风险、智能合约的不稳定性等不足。除此之外，在社区矫正过程中使用区块链技术也存在缺乏监管的问题。2019 年 2 月 15 日，国家互联网信息办公室施行了我国第一个关于区块链技术应用的部门规章《区块链信息服务管理规定》，该规定弥补了对于区块链技术应用于市场的规则空白，规定了区块链信息服务的备案流程以及信息服务提供者的法律责任和违规后的制裁措施，对于维护区块链技术的应用起到一定的积极作用。但该规定还无法解决区块链专项立法缺失的问题。当前，必须推进"区块链+循证矫正"监管体系的建设，"以链治链"，充分利用区块链技术对该模式进行监管。区块链监管的重心应当置于社区矫正平台和社区矫正工作人员上，实现传统监管模式向自动化监管模式的转变，增强对社区矫正工作人员和平台监管的精准性，以此提升"区块链+循证矫正"的安全性，更好地应对新模式带来的挑战和风险。

二、认知行为治疗降低社区服刑人员再犯率有效性的系统评价

前文的"关键词聚类分析"部分介绍了循证矫正研究的第二个主题以聚类#1 社区矫正、#4 社会工作、#6 社区矫正工作为主，表明近年来，我国开始重视在社区矫正领域对循证矫正进行实践探索；第三个主题以聚类#9 心理矫正、#10 循证实践为主，表明有关心理矫正的循证实践研究在未成年人社区矫正中占据着重要地位。同时在第一节中笔者经过对知识图谱的可视化分析发现目前我国循证矫正中形成的证据局限于个案，尚不能对实验控制下的样本组与对照组的数据比对，对证据效力进行等级评估。因此，本部分将结合研究热点和实践需求对认知行为治疗降低社区服刑人员再犯率的有效性进行 Meta 分析，以期在社区矫正的心理矫正环节产生高级别的证据。

本部分的目的：评估认知行为治疗降低社区服刑人员再犯率的有效性。方法：运用系统评价方法，系统检索 12 个国内外数据库，从 173 个原始研究中筛选符合既定纳入标准的随机对照试验，通过 Cochrane 偏移风险工具对纳入试验进行质量计分并进行 Meta 分析，评价指标指向再犯率降低维度。结果：共纳入 5 项干预社区服刑人员（n＝5157）的随机对照试验，其中 3 项研究为低度偏移风险，2 项研究为中度偏移风险。Meta 分析结果显示，与对照组相比，认知行为治疗对降低社区服刑人员的再犯率（RR＝1.39，95％CI：1.06～1.80[1]）有统计学意义；亚组分析表明，认知行为治疗对降低缓刑犯（RR＝1.69，95％CI：1.10～2.59）、非缓刑犯（RR＝1.14，95％CI：1.06～1.22）的再犯率均有统计学意义。结论：针对先期接受过监禁矫正的非缓刑犯，认知行为治疗能在一定程度上降低其再犯率；同时，针对缓刑犯，认知行为治疗也能够有效降低其再犯率。

（一）研究背景

社区矫正是把"越轨"者置于社会环境之中，借助日常生活中的社会支持网络和控制系统使矫正对象实现观念和行为方面的转变，以促使矫正对象回归社会和家庭的非监禁刑罚方式。降低社区服刑人员再犯率既是刑罚执行的底线要求，也是检验社区矫正成效的首要标准。涉罪人员在成长过程中所体

---

[1] 此处的"RR"，即 Relative Risk（Risk Ratio），指的是相对危险度（或相对危险比）；"CI"即 Confidence Interval，指的是置信区间。

现的动态发展过程显示出通过心理干预可以改变其反社会的性格趋向从而引导其回归社会。无论从保护抑或预防的视角，加强对社区服刑人员的心理矫正都具有重要现实意义。单纯的恢复性司法理念偏重对社会关系的外在修复而忽视了对社区服刑人员犯罪心理的内在审视，心理矫正由于缺乏统一标准和明确规范，导致项目单一、形式虚化、实效性较差[1]。究竟哪种心理干预措施对降低社区服刑人员再犯率是有效的？目前，在法学、精神健康和社会工作领域，人们仍然没有达成共识，特别是国内对此方面的研究缺乏高质量的证据。

（二）文献综述

认知行为治疗（cognitive behavioral therapy，CBT）是通过改变个人非适应性的思维和行为模式来减少个人失调情绪和行为，改善个人心理问题的一系列心理治疗方法的总和[2]。杜布森（Dobson）等[3]确定了认知行为治疗的三个基本假设：①认知过程和内容是可理解的、可知的；②我们的思想和信念协调我们处理信息的方式，从而影响我们的情绪和行为反应；③适应不良的认知可以被改变得更加合理和现实，从而缓解症状、增强功能。认知行为治疗与再犯率降低的主要结局指标之间具有正相关关系：首先，相对于标准行为疗法（standard behavior modification approaches），立顿（Lipton）等[4]、威尔逊（Wilson）等[5]、肯麦齐（Mackenzie）等[6]认为认知行为治疗模式对于降低社区矫正对象重新犯罪率具有很好效果；伊佐（Izzo）等[7]、安德鲁斯（Andrews）等[8]指出相对于正式机构，认知行为治疗在社区环境中开

〔1〕　参见雷小政：《涉罪未成年人心理辅导与矫治机制改革》，载《中国刑事法杂志》2014年第1期。

〔2〕　Dobson D & Dobson KS, *Evidenced-based practice of cognitive-behavioral therapy*, New York, Guilford, 2009, p. 50.

〔3〕　Dobson D & Dobson KS, *Evidenced-based practice of cognitive-behavioral therapy*, New York, Guilford, 2009, p. 50.

〔4〕　Lipton DS et al., *The effectiveness of cognitive-behavioural treatment methods on recidivism: meta-analytic outcomes from the CDATE project*, New Jersey: John Wiley & Sons Ltd, 2008, pp. 79~112.

〔5〕　Wilson DB, Bouffard LA & Mackenzie DL, "A quantitative review of structured, group-oriented, cognitive-behavioral programs for offenders", *Criminal Justice &Behavior*, 172~204（2005）.

〔6〕　David B et al., "Effects of correctional boot camps on offending", *The American Academy of Political and Social Science*, 126~143（2005）.

〔7〕　Izzo RL & Ross RR, "Meta-analysis of rehabilitation programs for juvenile delinquents", *Criminal Justice and Behavior*, 134~142（1990）.

〔8〕　Andrews DA & Bonta JL, "Rehabilitating criminal justice policy and practice", *Psychology, Public Policy, and Law*, 39~55（2010）.

展的效果更好。也有学者提出相反意见，如怀特海（Whitehead）等[1]对
1975 年至 1984 年在专业期刊上发表的 50 项研究进行了 Meta 分析，探讨了矫
正项目对于降低未成年再犯率的效用，得出的总体结论是："认知行为治疗对
降低再犯率的正面效用较小，甚至会加剧问题的恶化"；兰登堡（Landenberg）
等[2]对 58 个原始研究进行分析发现，认知行为治疗矫正效果和性别之间不
存在显著的相关，矫正效应值和是青少年罪犯或成年罪犯没有显著的相关。
认知行为治疗与社区服刑人员再犯率下降之间的相关关系需要通过 Meta 分析
进一步加以论证。

　　张艳[3]和刘建清[4]指出国内关于 CBT 降低社区服刑人员再犯率的研究
多是"调查研究"或"定性研究"。本书研究通过文献检索，未能发现国内
在社区服刑人员再犯率降低领域关注或使用认知行为治疗的高级别证据，现
有研究未采用对照试验，更未有系统评价。虽然，国外在此领域的研究中已
有多篇类似的系统评价[5]，但从现有研究的内容看，尚存在如下问题：①研
究数据较为陈旧，多数 Meta 分析所纳入的原始研究均发表于 2000 年以前，在
全球经济形势、文化结构及社会形态发生转变的新时期，面对新的犯罪特点
和矫正需求，相关干预措施的效度还有待进一步检验和证明，需要纳入 2000
年之后的原始文献进行新的系统评价研究；②一些研究[6]的试验组与对照组
选择失当，如用在监狱内服刑的人员和社区服刑人员直接对照来分析差异，
并将这些差异作为解释社区服刑人员再犯的因素，对这样具有异质性的数据
使用 Meta 分析是否恰当，这是一个值得商榷的争议；③多数研究没有区分认

---

　　[1]　John T. Whitehead, "A meta-analysis of juvenile correctional treatment", *Journal of Research in Crime and Delinquency*, 276~295（1989）.

　　[2]　Nana A. Landenberger & Mark W Lipsey, "The positive effects of cognitive-behavioral programs for offenders: a meta-analysis of factors associated with effective treatment", *Journal of Experimental Criminology*, 451~476（2005）.

　　[3]　参见张艳：《从认知失调的角度看未成年人的社区矫正》，载《江西公安专科学校学报》2006 年第 3 期。

　　[4]　参见刘建清：《论认知疗法在罪犯矫治中的应用》，载《中国心理卫生协会第五届学术研讨会论文集》2007 年，第 224 页。

　　[5]　Pearson FS et al., "The effects of behavioral/cognitive-behavioral programs on recidivism", *Crime & Deliquency*, 476~496（2002）.

　　[6]　Hilde Wermink et al., "Comparing the effects of community service and short-term imprisonment on recidivism: a matched samples approach", *J Exp Criminol*, 325~349（2010）.

知行为治疗对降低不同非监禁刑社区服刑人员的不同效果；④评估问卷中涉及了过多的主观和含糊的条目，缺乏客观、统一的标准；⑤已制定的预测工具的信效度未见公开的检测报告[1]。因此，本书研究在已有系统评价的基础上，纳入 2000 年至 2023 年符合条件的文献系统评价认知行为治疗对降低社区服刑人员再犯率的有效性，为提高社区矫正质量，减少重新犯罪概率提供理论依据，也为司法工作者和其他专业人员开展对社区服刑人员的心理矫正实践提供启示。

（三）资料与方法

1. 纳入与排除标准

（1）纳入标准：①研究类型为随机对照试验（randomized controlled trial，RCT），语种为中英文；②研究对象为社区服刑人员；③干预措施为认知行为治疗；④主要结局指标为降低再犯率或者减少累犯（recidivism）。

（2）排除标准：①监禁矫正与社区矫正的直接对照研究；②非实证研究；③联系研究者但无法得到相关数据的研究；④多种干预措施重叠的研究。

2. 文献检索策略

使用计算机检索以下数据库：中国学术期刊 CNKI、万方数据库、中文社会科学引文索引 CSSCI、EBSCO 学术期刊数据库、ProQuest Research Library 数据库、PsycINFO 数据库、SAGE 数据库、SocINDEX 社会科学全文数据库、Taylor & Francis 期刊数据库、Cochrane Library 数据库、Pubmed 数据库以及 Embase 数据库。检索时限为 2000 年至 2023 年。中文检索词包括认知行为治疗/社区矫正、非监禁刑/再犯率、重新犯罪率、累犯。英文检索词包括 CBT、Cognitive Behavioral Therapy/Community correction、supervision/recidivism、recommit、reoffending、recidivism rates、recommitment、recommit。中文检索式为（认知行为治疗）＋（社区矫正或非监禁刑）＋（再犯率或重新犯罪率或累犯）；英文检索式为（CBT or Cognitive Behavioral Therapy）＋（Community correction or supervision or rehabilitation or punishment）＋（recidivism or recidivating or recommit or reconviction or reoffending or recidivism rates or recommitment or recommit * ）。

---

[1] 参见孔一、黄兴瑞：《刑释人员再犯风险评估量表（RRAI）研究》，载《中国刑事法杂志》2011 年第 10 期。

3. 文献筛选与质量控制

由 2 名作者根据纳入与排除标准独立检索筛选文献，阅读标题、摘要和全文，按照 Cochrane Handbook5. 1. 0[1]背对背评价纳入文献的质量。如遇分歧，通过讨论或请第三方解决存在的争议。

Cochrane Handbook5. 1. 0 中的风险评估工具测评六个方面：选择偏移（是否按随机序列和分配隐藏进行选择）、实施偏移（是否按盲法进行施测）、测量偏移（是否按盲法进行测量）、数据偏移（数据是否完整）、发表偏移（分析是否全面）、其他偏移。均采用 0~2 级计分，回答"否"为高度偏移风险，计 0 分；回答"不清楚"为偏移风险不确定，计 1 分；回答"是"为低度偏移风险，计 2 分。依照以上六个方面评价研究整体，并基于各项得分将研究质量从高到低分为三个等级：总分 9 分~12 分为低度偏移（高质量研究）；总分 5 分~8 分为中度偏移（中等质量研究）；总分 0 分~4 分为高度偏移（低质量研究）。

4. 数据提取

按照系统评价数据提取表进行资料提取。缺乏的信息通过与研究负责人联系予以补充。提取的主要资料包括：研究的基本情况、研究设计、干预措施、对照措施、主要结局指标、随访时间。

5. 统计方法

采用 RenMan5. 3 软件进行 Meta 分析。通过 x^2 检验来确定研究结果间是否存在统计异质性，若 P ≥ 0. 1，I^2 < 50%，则认为多个同类研究具有同质性，选用固定效应模型进行 Meta 分析；相反，则选择随机效应模型统计分析。对于连续性变量，采用加权均数差（MD）为效应分析统计量；对于二分类变量，采用相对危险度（RR）为效应分析统计量。相对危险度＝暴露组中发生结局的频率除以非暴露组中发生结局的频率。

对单独的研究结果进行统计分析，对研究结果间差异的来源进行检验，并对具有足够相似性的结果进行定量合成[2]，以评估认知行为治疗对降低社区服刑人员再犯率的有效性。

〔1〕 Higgins JP & Green S, Cochrane Handbook for Systematic Reviews of Interventions Version 5. 1. 0, 2011, The Cochrane Collaboration, http://handbook. cochrane. org/, accessed 21 May 2023.

〔2〕 Porta M, *A dictionary of epidemiology*, 5*th* ed, Oxford：Oxford University Press, 2008.

（四）研究结果

1. 文献检索结果

通过数据库共检索出 173 篇文献和研究资料，根据纳入与排除标准，剔除其中的重复文献 35 篇，系统阅读剩余文献的标题和摘要后排除 60 篇，阅读文献的原文后又排除 73 篇。最终获得文献 5 篇，均为英文文献（如图 5-9）。

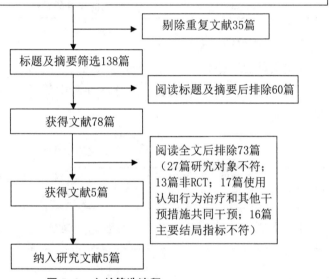

图 5-9 文献筛选流程

2. 纳入研究的基本特征

纳入研究的 5 篇文献中共 5157 例研究对象，干预组均采用 CBT，对照组均为空白对照（见表 5-3）。

表 5-3　纳入研究基本特征

作者	国家	研究对象	主要结局指标	干预时间
阿耶斯（Aytes）等[1]	美国	259 例性犯罪缓刑犯	再犯率	2 年~3 年
赫里（Hollin）等[2]	英国	3449 例缓刑犯	再犯率	17 个月
伯拉斯顿（Burraston）等[3]	美国	59 例少年缓刑犯	再犯率	278 天
凯悦（Hyatt）[4]	美国	904 例高风险男性罪犯	再犯率	12 个月
奎恩（Quinn）等[5]	美国	486 例醉驾肇事罪犯	再犯率	16 周

3. 纳入研究的质量评价

3 篇文献的得分为 23 分，25 分~26 分被评为高质量研究（低度偏移风险），2 篇文献的得分为 22 分，23 分被评为中等质量研究（中度偏移风险）（见表 5-4）。

表 5-4　纳入研究的质量评价

纳入研究	随机序列	分配隐藏	盲法	数据完整性	选择性报告	其他偏移	质量评价
阿耶斯等	不清楚	不清楚	不清楚	不清楚	是	不清楚	中等质量

〔1〕 KE Aytes et al. , "Cognitive Behavioral Treatment for Sexual Offenders: An Examination of Recidivism", *Sexual Abuse A Journal of Research & Treatment*, 223~231（2001）.

〔2〕 CR Hollin et al. , "Cognitive skills behavior programs for Offenders in the Community A Reconviction Analysis", *Criminal Justice and Behavior*, 269~283（2008）.

〔3〕 BO Burraston, DJ Cherrington & SJ Bahr, "Reducing juvenile recidivism with cognitive training and a cell phone follow-up: an evaluation of the realvictory program," *Int J Offender Ther Comp Criminol*, 61~80（2010）.

〔4〕 Jordan Hyatt, "The impact of cognitive-behavioral therapy on the recidivism of high risk probationers: results from a randomized trial", 2013, Publicly Accessible Penn Dissertations, Paper 644, http://repository. upenn. edu/edissertations/, accessed 21 May 2023.

〔5〕 TP Quinn & EL Quinn, "The effect of cognitive-behavioral therapy on driving while intoxicated recidivism", *Journal of Drug Issues*, 431~446（2015）.

续表

纳入研究	随机序列	分配隐藏	盲法	数据完整性	选择性报告	其他偏移	质量评价
赫里等	是	不清楚	不清楚	是	是	是	高质量
伯拉斯顿等	是	不清楚	否	是	是	不清楚	中等质量
凯悦等	是	不清楚	不清楚	是	是	是	高质量
奎恩等	是	不清楚	是	是	是	是	高质量

4. Meta 分析结果

5 篇文献均评价了 CBT 对降低再犯率的影响。针对社区服刑人员再犯率降低，认知行为治疗试验组与对照组的再犯率差异有统计学意义（RR = 1.39，95%CI：1.06~1.80，P = 0.02）（如图 5-10）。针对缓刑犯再犯率降低，认知行为治疗试验组与对照组的再犯率差异具有统计学意义（RR = 1.69，95%CI：1.10~2.59，P = 0.02）（如图 5-11）；针对非缓刑犯再犯率降低，认知行为治疗试验组与对照组的再犯率差异具有统计学意义（RR = 1.14，95%CI：1.06~1.22，P = 0.0002）（如图 5-12）。

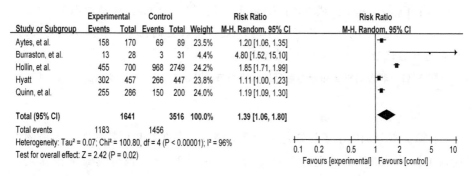

注：Experimental，试验组；Control，对照组；Events，成功的人数；Total，总人数；Weight，每一项研究中参与人数占总人数的比重；Risk Ratio，认知行为治疗后试验组与对照组的风险比。

图 5-10　社区服刑人员认知行为治疗后试验组与对照组再犯率统计 Meta 分析森林图

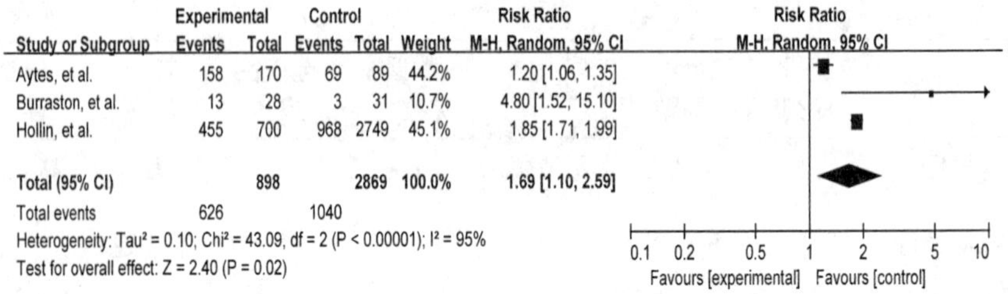

注：Experimental，试验组；Control，对照组；Events，成功的人数；Total，总人数；Weight，每一项研究中参与人数占总人数的比重；Risk Ratio，认知行为治疗后试验组与对照组的风险比。

图 5-11　缓刑犯认知行为治疗后试验组与对照组再犯率统计 Meta 分析森林图

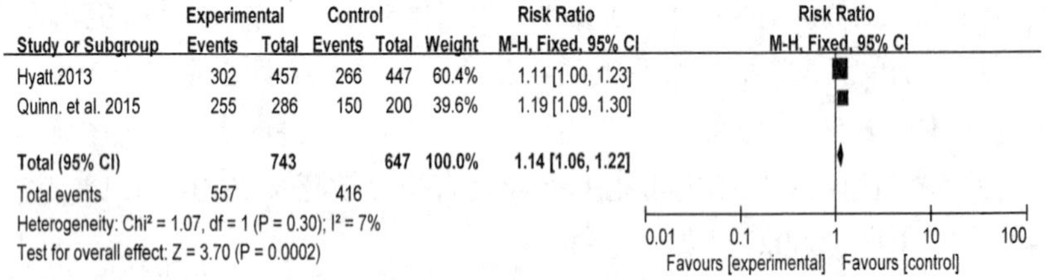

注：Experimental，试验组；Control，对照组；Events，成功的人数；Total，总人数；Weight，每一项研究中参与人数占总人数的比重；Risk Ratio，认知行为治疗后试验组与对照组的风险比。

图 5-12　非缓刑犯认知行为治疗后试验组与对照组再犯率统计 Meta 分析森林图

5. 其他描述

5 篇文献分别展示了认知行为治疗对降低不同非监禁刑社区服刑人员的不同效果，对于降低男性犯罪和毒品犯罪人员（25 分）及醉驾肇事犯罪人员（26 分）的再犯率，认知行为治疗具有一定效果，试验组中"成功"的事件比例高于对照组 [男性犯罪和毒品犯罪人员 CBT 后试验组与对照组的 RR 值为（302/457）/（266/447）= 1.110；醉驾肇事犯罪人员 CBT 后试验组与对照组的 RR 值为（255/286）/（150/200）= 1.189]。对于矫正性犯罪缓刑人员（22 分）、一般缓刑人员（23 分）、少年缓刑人员（24 分），认知行为治疗也具有效果，试验组中"成功"的事件比例明显高于对照组 [性犯罪缓刑人员

CBT 后试验组与对照组的 RR 值为（158/170）／（69/89）＝1.200；一般缓刑人员 CBT 后试验组与对照组的 RR 值为（13/28）／（3/31）＝4.786；少年缓刑人员 CBT 后试验组与对照组的 RR 值为（455/700）／（968/2749）＝1.846]。

社区矫正主要针对被判处管制、宣告缓刑、假释、暂予监外执行四类罪犯进行。除缓刑犯以外，其他三类罪犯均需要先接受监禁矫正，后因管制结束、假释或特殊原因被安排于社区环境中继续接受社区矫正。唯缓刑具有"先行宣告定罪，暂不执行所判处的监禁刑罚"的特点，即缓刑犯没有历经前期"监禁矫正"，而直接参与社区环境的"非监禁矫正"。在此提示：针对先期接受过监禁矫正的管制、假释、暂予监外执行等类型罪犯，认知行为治疗能在一定程度上降低其再犯率；同时，针对缓刑犯，认知行为治疗也能够有效降低其再犯率。

（五）讨论与思考

在我国，法律通过行为来判断是否存在犯罪活动，而犯罪行为是不良心理的外化体现。教育刑罚理论认为犯罪是一个动态的行为过程，是心理障碍、人格扭曲、价值被摧毁的后果，主张刑罚最重要的目的是通过教育施加心理影响改造犯罪人，而不是对犯罪人实行报应。认知行为治疗主张认知改变行为，本书对纳入的 5 项研究进行 Meta 分析产生的循证实效为我们了解认知行为治疗在社区矫正方面的证据现状提供了一个好方法，为未来的服务和研究提供了启示。首先，团体心理治疗模式具有一定效果。团体心理治疗是以团体为对象，运用咨询技术与方法，通过团体成员观察、学习、体验等互动，协助成员宣泄情绪、接纳自我、改善人际关系、增强适应力的过程，具有感染力强、效率高、容易巩固的特点，在促进疏导、支持、团体认同感方面具有效用。从本次系统评价纳入的 5 项研究所提供的随访数据来看，认知行为治疗对降低社区服刑人员再犯率的成效具有中长期的稳定性，而本次系统评价纳入的 5 篇原始文献中 4 篇采用团体治疗模式，均取得一定矫正效果。其次，长期持续性的认知行为治疗对于再犯率降低有显著效果。本次系统评价纳入的 5 篇原始文献中，4 篇的心理治疗期间均高于 12 个月，并取得明显效果。在采用分段档案管理的研究中，坚持 12 个月以上的心理治疗接受者其再犯率远低于半途放弃者和拒绝接受者。最后，针对先期接受过监禁矫正的管制、假释、暂予监外执行等类型罪犯，以及缓刑犯，认知行为治疗均有一定效果。因此，应当增强针对上述四类人员的认知行为治疗，在加大约束、监督的同时进行正面行为的激励，以此进一步降低其再犯率。

在循证矫正领域，遵循最佳证据的实践，重点在于针对社区服刑人员的犯因性需求，构建精准矫正机制，而干预技术是实现精准矫正的关键突破。通过对大样本 RCT 数据进行 Meta 分析产生的结果证实了认知行为治疗降低社区服刑人员再犯率的效果，肯定了建立科学"认知"的重要性。因此，建议心理矫正项目的负责人将认知行为治疗视作矫正项目的首要方法，在社区环境中进行心理治疗，使社区服刑人员学会自我强化、自我指导、自我排练、自我控制，重塑认知，改变动态因素，降低其重新犯罪的可能性[1]。同时，建立一套心理矫正定期回访机制，在认知行为治疗实施完毕后，进行定期（本次系统评价纳入的 5 篇原始文献，随访时间为 3 个月至 2 年）随访调查，了解其回归社会后的心理动态，进一步强化认知行为治疗方法的适用性及科学性。

呼吁司法社会工作研究者及相关研究者，运用本书研究证据在社区层面，针对不同类型的涉罪人群分别开展认知行为干预随机对照试验，特别是开展单一子项目的干预对照，以此判断何种干预子项目更为有效以及综合干预措施是否比单一干预更为有效。在中国情境下的对照试验又在客观层面为下一次系统评价提供了原始材料，通过系统评价反思中国社区矫正中心理矫正现状，着手进行心理矫正变革。当生成的科学证据足够之时，有望构建"中国循证矫正心理干预"证据库，为涉罪人群的心理矫正提供丰富的高质量证据。

本书研究的局限性主要集中在以下三个方面。其一，本书研究纳入的文献共 5 篇，主要语言限制在英语，地区限制在美国和英国，文献检索技术的局限可能会增加纳入偏移。其二，本次系统评价纳入了 2000 年之后发表的 5 项独立原始研究，经过 Crocharane 偏移风险工具测评后，证明了认知行为治疗能够有效地降低再犯率，但较为遗憾的是，这 5 项原始研究没有区分并展示认知行为治疗对降低不同类型社区服刑人员的不同效果，如缺少认知行为治疗对于女性社区服刑人员与男性社区服刑人员、暴力犯罪与非暴力犯罪等矫正效果的差异分析，同时由于纳入研究的数量有限，针对缓刑犯再犯率降低，认知行为治疗的有效性还需要进一步论证。其三，刑法将"累犯"作为一个重要的量刑情节，强调对"累犯"从重处罚，其理由主要在于罪犯在刑

---

〔1〕　参见吴宗宪：《社区矫正比较研究》（下），中国人民大学出版社 2011 年版，第 746 页。

罚执行完毕或者赦免以后的 5 年内重新犯罪的仍有相当比例，对于具有较大人身危险性和主观恶性的累犯有必要予以惩罚遏制。本书研究目前检索纳入的文献皆为英文文献，而大多数西方国家不区分"累犯"与"再犯"，因此本书研究在干预实施后的随访采样中，没有将 5 年重新犯罪率作为特别参考指标予以收集，所发表的数据未能有针对性地显示认知行为治疗对于罪犯在刑罚执行完毕或者赦免以后的 5 年内重新犯罪（累犯）的抑制作用。

（六）证据运用：社区服刑人员心理矫正的机制构建

循证系统评价结论可以增强社区矫正领域中决策的科学性与准确性，避免决策的主观性与盲目性。研究的目的是服务实践，如何将系统评价的证据结论向司法实践转化，是开展循证研究的关键问题，也是弥合研究与实践差距的重要手段。在循证矫正领域，遵循最佳证据的实践，重点在于针对社区服刑人员的犯因性需求，构建系统性的心理矫正机制，将这些有效的项目扩展到整个矫正系统中并加以执行。

1. 完善心理矫正法制构建

高层次、综合性的社区矫正立法能消除地区差异性和执行混乱性，网络更多社会资源，调动其他社会力量。首先，制定实施分类矫正的相关立法文件，按年龄、性别、犯罪类型、刑罚类型等对社区服刑人员进行划分，根据个体差异，制定矫正方案，落实矫正措施，做到有的放矢、因人施教。其次，在社区矫正中引入部分中间制裁（Intermediate Sanction）措施，在社区环境中，推广适用中途之家、日间治疗中心、矫正训练营等轻微惩罚性措施，帮助社区服刑人员恢复心理，健全人格，提高适应社会的能力。再次，进一步向法庭赋权，赋予法庭发出要求某些犯罪人接受治疗的命令——"治疗令"的权力，强制特定社区服刑人员（如未成年社区服刑人员）接受 1 年期及以上的团体式心理矫正，接受治疗、履行义务的过程也彰显出社区矫正制度所应当具有的制裁性质。最后，以立法的形式强化对矫正社区的评级与管理。在《社区矫正法》相关立法文件中制定矫正社区的量化评级标准和数据化评估方案，对社区中司法行政工作人员配备、社工及心理咨询师配备、相关人员的学历要求和能力水平、社区矫正硬件设施、居民的认同度和接受度等进行科学的评估，将评级结果与财政支持力度挂钩。

2. 探索心理矫正运行机制

(1) 科学的心理评估与精准矫正机制。

首先，准确评估是实现精准矫正的必要前提。司法行政机关可委托司法社工采取当面访谈、实地走访以及适时跟踪监督等方式，收集社区服刑人员悔罪表现、履行保证书等情况，就其再犯罪及改造可能性制作补充社会调查报告，心理专家结合补充社会调查报告对其个性特点、认知能力、情感状态等进行量表测试和综合评估，并通过与司法行政机关和司法社工密切合作，选择最恰当的心理矫正方式。

其次，详细方案是实现精准矫正的重要环节。结合犯因性需求与综合评估结论，为每一位社区服刑人员定制个体心理矫正方案，包括：具体的干预模型选择和课程设置，项目参与人员的培训情况，心理干预的频度与持续时间，对持续接受心理干预者的奖励措施，司法机关监管程序等信息。

再次，干预技术是实现精准矫正的关键突破。对大样本 RCT 数据进行 Meta 分析产生的结果显示，在社区矫正中，认知行为治疗对于降低再犯率的效用明显高于非行为疗法，认知行为治疗比单纯的教育培训课程、恢复性司法（Restorative Justice）的作用更积极，采取结构化的治疗方案，建立科学的"认知"至关重要。因此，心理矫正项目的负责人有必要将认知行为治疗看作矫正项目的首要方法，在社区环境中进行问题解决技能训练、集中学习、情绪管理训练等，通过心理治疗，使社区服刑人员学会自我强化、自我指导、自我排练、自我控制，重塑认知，改变动态因素，降低重新犯罪的可能性。[1]针对因家庭教育不良、监护人失职所造成的未成年人犯罪案件，可在亲职教育个案中，介入认知行为治疗。

最后，回访机制是实现精准矫正的有力保障。本次系统评价纳入的 4 篇原始文献，随访时间为 3 个月至 2 年。建立一套心理矫正回访机制，在认知行为治疗实施完毕后，对涉罪人员进行定期（可将最长随访时间确定为 2 年以上）随访调查，了解其回归社会后的心理动态，进一步强化认知行为治疗方法的适用性及科学性。同时，运用本书研究证据在中国情境下进行的试验在客观层面为下一次系统评价提供原始材料，通过系统评价反思中国社区服刑人员

---

[1] Aytes Ke et al., "Cognitive/Behavioral Treatment for Sexual Offenders: An Examination of Recidivism", *Sexual Abuse A Journal of Research & Treatment*, 223~231 (2001).

心理矫正现状，着手进行心理矫正变革。当生成的科学证据足够之时，有望构建"中国循证矫正心理干预"证据库，为心理矫正提供丰富的高质量证据。[1]

（2）持续性干预的经费激励机制。

一方面，做好国家层面的专项资金拨款及利好政策激励。国家财政应当适度加大对社区矫正的经费支持力度，丰富矫正社区的硬件和软件设施，同时，各地应建立专项矫正资金管理使用等配套机制，设立爱心资金专户，并根据社区评级结果给予倾斜性支持。另一方面，增强公共资源的支持力度。社区矫正是一项兼具专业化与社会化特点的工作，而心理矫正的持续运行，需要积极撬动社会资源，发挥社会主体的优势条件，对此可依托腾讯、淘宝、微信等众筹平台，通过群团组织以"社会买单"的方式公开向社会筹集公益基金用于社区矫正工作。

（3）多方社会力量协同的参与机制。

一方面，引导社会参与。积极落实相关刑事政策，发展司法社工服务机构，重点扶持社工心理工作室；建立爱心人员（企业）信息库，组建关爱志愿服务队，加强与高校智库等社会力量合作；密切联系教育部门、共青团、妇女联合会、未保委及居委会、村委会等部门。借助民间力量、调动民间智力、整合民间资源，实现疏导心理情绪、单纯心理咨询等简单服务项目的无偿委托。另一方面，创新合作方式。规范心理矫正机构和干预人员资质，建立权威心理矫正机构名录[2]，将认知行为治疗等专业性强的心理治疗服务向具有服务资质的社会组织购买，在政府采购协议中明确购买服务的数量、质量以及服务期限、资金支付方式、违约责任等，加强购买服务资金管理，指导督促服务承接机构履行合同义务。当然，在缺乏心理咨询师的地区，政府可发展专职社工队伍，社区矫正机构也可以公开招聘熟悉医学心理学、精神病学、社会心理学等相关学科知识，具有心理咨询师资格的社工，培养自己的心理矫正队伍，实施精准心理矫正[3]。

---

〔1〕 Morrel T M et al., "Cognitive Behavioral and Supportive Group Treatments for Partner - Violent Men", *Behavior Therapy*, 77~95（2003）.

〔2〕 Mcguire J et al., "Evaluation of structured cognitive-behavioural treatment programes in reducing criminal recidivism", *Journal of Experimental Criminology*, March, 21~40（2008）.

〔3〕 参见陈珊等：《认知行为治疗降低社区服刑人员再犯率有效性的系统评价》，载《中国心理卫生杂志》2018年第9期。

结语

本部分以认知行为治疗降低社区矫正对象再犯率为研究主题，采用系统评价方法并运用 Crocharane 偏移风险工具论证认知行为治疗降低社区服刑人员再犯率的有效性。本书虽努力克服现有研究存在的缺陷，但由于检索文献所对应的国家的刑法与中国刑法存在不同规定，同时受制于文献检索技术与方法自身的局限性，导致在条件允许时仍需进一步对认知行为治疗进行探索与研究，以期用最佳证据提升我国社区矫正效果，降低重新犯罪的概率。

第六章

社区矫正的社会力量参与机制

　　社区矫正是与监狱矫正相对的行刑方式，是将符合条件的犯罪人置于社区内，由专门的国家机关在社会团体和民间组织以及社会志愿者的协助下，于确定的期限内，矫正其犯罪心理和行为恶习，并促进其顺利回归社会的非监禁刑罚执行活动。社区矫正工作的成功开展需要社会力量的全面参与和社会资源的广泛调动。目前，我国社区矫正工作存在着公民参与度不足、社会力量参与保障不足、缺乏立法规制和社会力量管理机制的问题。因此，需要通过增强民众自治能力、完善社区矫正立法、加强社会力量参与保障、建立有效的管理机制等途径促进社区矫正工作的科学开展。社会力量参与其中既是社区矫正的基本要求，也是对社会治理的应有回应。为回应社会治理主体多元化的要求，司法部联合多个部门出台了《关于组织社会力量参与社区矫正工作的意见》，鼓励引导社会力量参与社区矫正工作，为多元社会主体共同参与社区矫正这一司法领域的社会治理活动提供了依据。

　　《社区矫正法》规定，社区矫正工作要坚持专门机关和社会力量相结合的工作模式，鼓励和引导多元社会力量参与社区矫正。社区矫正作为一项涉及社区力量（居委会、村委会、社区居民、社区矫正对象亲属等）、社会力量（公益组织、高校法律援助力量、志愿者、社工组织、第三方审计机关等）、国家力量（司法系统、监狱系统、公安机关、司法行政机关、基层司法所）以及社区矫正对象的系统工作，对应着不同的社区发展水平和矫正需求，也对社会治理提出更高的要求。目前社区矫正逐步形成了一个政府主导、社会参与、多方发力的基本格局。

一、社会力量参与社区矫正的主体与模式

《社区矫正法》将社会力量描述为："企业事业单位、社会组织和志愿者等"。《社区矫正法》第 3 条确立了"专门机关与社会力量相结合"的基本工作原则；并在第二至六章，明确了专门机关为人民政府设置的社区矫正机构以及受委托承担相关工作的司法所，社会力量包括社工、基层群众性自治组织、企业事业单位、群团组织等社会主体。专门机关可以在决定和接收、教育帮扶、解除和终止阶段寻求社会力量的协助。

（一）社会力量参与社区矫正的主体界定

社区矫正中所说的"社会力量"是指在社区矫正工作中可以利用的社会人力、组织和设施、技术、资金等的总称。社会力量也可以被称为"社会资源"，指可以用于社区矫正工作的社会资源。这些资源有：社会人员、社会机构、技术、资金。其主要任务是与国家专门成立的社区矫正组织合作，支持和协助全国的矫正工作。在我国，参与社区矫正的主体包括两大部分，一部分是社区矫正执法人员，他们是在社区矫正中承担执法职能的国家工作人员，我们称之为"社区矫正官员"，另一部分是在社区矫正中辅助执法人员开展社区矫正工作的人员，我们称之为"社区矫正辅助人员"。[1]

（二）社会力量参与社区矫正的模式

我国社区矫正工作自试点以来，在促进矫正对象回归社会等方面取得了较理想的成绩，各地区也探索出了具有明显地区特色的多种社会力量参与社区矫正工作的模式，较为典型的主要有三种，一是政府机关监管下的社会团体开展社区矫正工作的北京模式；二是通过政府购买专业机构提供的社区矫正服务的方式来引入社会力量的上海模式；三是在村民自治基础上以社区司法员为主体，吸纳本地村民作为社会力量参与社区矫正的浙江省枫桥镇模式。这几种模式都依托所在地区独有的经济文化资源，都取得了相对显著的效果。但是由于社会结构、立法滞后、传统观念以及缺乏可操作的社会力量引入机制等原因，社会力量目前在社区矫正中的参与程度有限，使得我国社区矫正工作的进一步发展受到了限制。

---

[1] 吴宗宪：《社会力量参与社区矫正的若干理论问题探讨》，载《法学评论》2008 年第 3 期。

二、社会力量参与社区矫正的必要性

社区矫正是融社区刑罚执行、行刑社会化等多方面内容为一体的制度，其目的是在开放的社区中对矫正对象进行再社会化的改造，并让其能够顺利回归社会。并且，通过开展社区矫正工作，能够增强社区居民的法治观念和法治意识，增强社区的凝聚力，进而促进社会的和谐安定。社区矫正的定义决定了它最显著的特点是行刑的开放性和广泛的社会参与性，因此，只有社会力量充分参与社区矫正工作，才能使社区矫正工作人员调动社会资源对社区矫正对象进行帮扶矫治，节省行刑成本，实现行刑社会化效果。[1]

（一）社会力量的参与能够促进服刑人员的再社会化

社会化是自然人转化为社会人的一个过程，而再社会化是指在社会化过程中失败了的自然人为了维持个人生计或基于社会的负面评价，强制地接受外界对其进行的重新社会化的进程。这种再社会化过程在传统方式上往往表现为一种强制的教化，如传统的监禁刑，需要专门机构强制从外部加以介入。然而，随着社会的不断进步和发展，在行刑社会化浪潮推动下，罪犯在再社会化过程中的参与性、主动性程度已经得到越来越多的体现。[2]为了克服监禁刑中罪犯脱离社会生活，难以重返社会这一缺陷，社区矫正制度应运而生，社区矫正主要采用再社会化手段对罪犯进行改造，使得罪犯在刑满之后仍能重新融入社会。将服刑人员置于社区中进行教育改造，一方面可以摆脱执行监禁刑过程中矫正对象与社会发展脱节等弊端，实现行刑社会化的目标；另一方面，参与社区矫正的社工、社会志愿者往往是以一种与矫正对象平等的姿态来帮助矫正对象进行改造，在引导方式上采取的是说教式而非强制性的，矫正对象能够更容易地接受和认可，从而减少了矫正对象的戒备、抵触心理，进一步消除了矫正对象因为"犯罪标签"而带来的耻辱感，帮助矫正对象消除犯罪动机，让其感受到社会的关心与接纳，最终得以重返社会。

（二）社会力量的参与能够弥补司法行政机关的人力不足

目前，基层的司法行政机关承担着社区矫正的日常工作，截至目前，我

---

〔1〕　李锟：《政府引导下的社区矫正社会力量参与模式探讨》，载《吉林工程技术师范学院学报》2015 年第 3 期。

〔2〕　范燕宁：《社区矫正的基本理念和适用意义》，载《中国青年研究》2004 年第 11 期。

国虽然已经建立了超过 4 万个司法所，社区矫正官员达到 10 万人，但一些地方的司法行政机关只有一名工作人员，而一些街道、乡镇的地域管辖范围又非常大，加上在大、中城市中的人口往往频繁流动，导致基层人员的管理任务繁重，要承担司法调解、信访、宣传等各项工作，这使得他们很难继续跟踪和全面实施对对象的监督和测评。如果司法行政机关积极引进社会力量参与社区矫正工作，将会减少他们的工作量，并且能提高社区矫正的质量。

（三）社会力量的参与能够满足矫正对象的不同需求

目前我国社区矫正官员基本都是兼职人员，半路出家的他们往往缺乏法学或心理学方面的专业知识，且在矫正过程中采用的方法、技能比较单一，无法满足矫正对象的多样性的需求。而社会力量中的专业社工一般拥有不同行业的知识背景和职业技能，能够运用其特殊的技能来弥补社区矫正官员在对矫正对象进行帮扶时的技能单一等问题。在社区矫正工作的开展中，基于矫正对象的不同特点理应采用不同的帮扶矫治方式，社会力量在职业技能、知识结构、引导方式等方面的多样性恰好能够满足不同矫正对象在接受矫正中的需求。无论矫正对象是需要心理咨询、职业技能培训或是回归社会后的就业指导，多元社会力量都能够一一满足。

（四）社会力量的参与能够实现社会治理的需要

社会力量参与社会事务，是解决社会问题的现实需要。社会力量参与社区矫正，会拉近与社区矫正对象的距离，使其敞开心扉，降低犯罪率的再发生，对于实现社会治理目的具有重要现实价值。

三、社会力量参与社区矫正面临的困境

如上所述，社会力量的广泛参与是区分传统的监禁刑和社区矫正的一个特质，然而目前我国社区矫正中社会力量参与不足，从而导致了社区矫正的实际效果并不理想。由于社区公民参与社区矫正积极性不高、相关法律法规缺失、社会力量的权益缺乏保障、缺少合理的社会力量引入机制等方面的制约，社会力量参与社区矫正困难重重。

（一）社会力量参与社区矫正的法律规定不明

《社区矫正法》提出"专业机关与社会力量相结合"的工作方针，要求"采取分类管理、个别化矫正，有针对性地消除社区矫正对象可能重新犯罪的因素"，强调社会组织在社区矫正工作中的作用，并明确政府在社区矫正工作

中应积极引导社会力量参加。但是我国现行社区矫正的法律没有明确规定社会力量的定义和种类，也没有规定社会力量参与社区矫正的程序、途径和权利义务。

（二）社区民众参与社区矫正的程度不足

第一，由于普法宣传工作的不足，导致目前群众对"社区矫正"的认知度仍然处于很低的水平，有些民众表示对"社区矫正"一词都没有听说过，仅有少部分的民众表示比较了解。由此可以看出，"社区矫正"的概念在社区公众中并没有得到普及，而公民的认知与认同是其积极参与社区矫正工作的基础。

第二，我国民众的重刑观念根深蒂固，认为罪犯就应当待在监狱里改造，对于将罪犯置于社区这一开放的环境中进行改造，大都表示不解甚至排斥。有学者调研指出，对于社区矫正工作，29.1%的受访者表示"不太能接受，感到不安全"；5.3%的受访者表示"完全不能接受，对于犯人感到恐惧"。安全感影响着社区居民对社区矫正的接受度。[1]社区矫正工作在实行中很难得到当地居民的支持与理解，当地民众对于参加社区矫正工作往往都表现得比较抗拒，也不愿接受矫正对象成为其社区中的一员。

第三，社区民众对社区公共事务的参与很有限，自治意识以及自治水平都处于较低的水平。有学者研究认为，目前我国的社区存在一种二元区隔现象，极少数的人属于"社区内群体"，关心社区的活动与事务，更多的人则属于"社区外群体"，对社区的活动与事务漠不关心，社区的凝聚力非常有限。[2]社区民众欠缺参与社区事务的意识，无论是在社区工作还是在社区活动中，都处于被动的地位，社区自治水平较低进而导致了社区民众在社区矫正工作中的参与度不高。

（三）社会力量参与社区矫正的保障不足

在英美等国家成熟的二元制社会结构下，各种社会力量发育良好，社会力量的非官方性质可以与国家刑罚权的强行性之间形成优势互补的关系，较好地联结了社区矫正对象与政府机构、社区公众之间的关系。但由于我国市

---

〔1〕　张济洲、苏春景：《公众认同、社会支持与教育矫正质量——基于山东省社区服刑青少年调查》，载《青少年犯罪问题》2015年第4期。

〔2〕　闵学勤：《社区自治主体的二元区隔及其演化》，载《社会学研究》2009年第1期。

民社会与政治国家之间的界限不明晰等多方面原因的制约，我国社会力量目前发展的现状是起步晚，力量弱小，缺乏明确的保障制度，实际参与社区矫正工作的积极性不高，主要体现在：

从社会志愿者方面来看，虽然近些年参与社区矫正工作的社会志愿者的人数不断增加，但是由于社会志愿者的工作往往是无偿的，而社会志愿者在工作时面对的矫正对象仍具有人身危险性，面临人身和财产遭受侵害的风险，所以社会志愿者在社区矫正工作中发挥的作用有限。[1]而在目前的社区矫正工作中，社区矫正工作经费紧张、政府监管不到位、风险管理制度不完备等导致了社会志愿者的风险保障薄弱，大多数的社区矫正机构甚或志愿者团体甚至都没有为社会志愿者购买人身意外保险。

从专业社工方面来看，相比社会志愿者，专业社工大多都接受过专业的社区矫正工作培训或是掌握着例如心理学、犯罪行为学、法学等学科的专业知识技能，在能力上可以很好地弥补社区矫正官员在专业技能方面的单一性。但是整个专业社工队伍在人数上比较稀缺，根据司法部发布的数据，目前从事社区矫正工作的社工有 7 万余人，而志愿者达到了 60 余万人，可见社工人手在整个社区矫正工作中仍非常紧缺。现阶段社区矫正工作中专业社工的工资都较低，所以大多数社工都是兼职，以上海市为例，矫正社工年收入仅仅为 3 万元到 4 万元人民币，且工作压力比较大，平均一人要负责数名矫正对象，所负责的矫正对象日后再次犯罪的话，相应的矫正社工还要承担责任。[2]然而仅仅凭这一点微薄的收入，很难养活一个人，更别说支撑起一个家庭，而现如今的制度对具备社区矫正专业技能的社工的保障还远远不够，难免导致社区矫正工作效果不理想。

（四）缺乏有效的社会力量介入机制

社区矫正同时具有社会工作性与专业服务性的特质，这就决定了社区矫正工作的顺利开展需要专业力量和社会力量的共同参与。为引入社会力量介入社区矫正，我们需要建立一套能够高效地调动社会力量、整合社会资源参与社区矫正的合理机制，这是社会力量参与社区矫正的关键之处。哪些社会

---

〔1〕 田兴洪：《我国社区矫正志愿服务风险防范的问题及对策研究》，载《社会科学家》2015 年第 1 期。

〔2〕 戴洁：《现阶段社区矫正的问题及完善》，华东政法大学 2014 年硕士学位论文。

力量应当进行引入？如何激励社会力量参与社区矫正？如何评价社会力量参与社区矫正的效果？如何对社会力量进行有序管理？这些问题都需要相应的机制来进行解决。

第一，我们应当对参与社区矫正的志愿者、社团组织进行有序的管理以达到理想的效果，对此需要有一套有效的管理机制。而我国目前缺少明确的社会力量参与社区矫正的准入和准出标准，缺乏统一的管理平台和机制，难以有效整合和利用社会资源。

第二，哪些人员、团体能够参与社区矫正，哪些人不能参与矫正工作，有哪些入职考量的标准，对此需要一套针对工作人员的选拔机制。

第三，如何给参加社区矫正工作的社会力量注入活力，促使更多更好的NGO、具备专业知识或技能的社工等参与社区矫正，对此需要一套激励制度。

第四，社会志愿者作为社会力量的重要构成部分，不同于社会团体和专业社工的地方是，其人员分布散，在组织中也很松散甚至没有组织。因此，为整合这部分资源，需要设立一套社会志愿者选拔、培训的机制。

第五，对于社会力量参与社区矫正的实际效果如何考量，对于那些参与矫正实际产出效果不佳的组织团体、人员，相关司法行政部门如何处理，是否应当重新整合、引入资源参与矫正，应当参照何种标准，对此也需要一套科学的考核评价机制。

四、社会力量参与社区矫正机制的完善建议

照搬西方"以市场、社区为主导"的开展社区矫正工作的经验是不理智的，笔者认为当前情况下，要在国家的引导、监管之下，通过向社会购买服务等方式积极吸纳社会力量、调动社会资源参与到社区矫正的工作之中，努力实现司法行政机关与社会组织间的优势互补、强强联合，既利用社会力量满足社区矫正工作的多样性需求，又体现政府在社区矫正中的主导作用，构建国家和社会同心协力的社区矫正新模式。

（一）完善社会力量参与社区矫正的配套法律法规

具体而言，一是明确社会力量的含义和参与条件。明确界定社会力量的含义及法定种类，分类详细阐明这些力量主体参与社区矫正应当具备的条件；二是界定社会力量在社区矫正中的法律义务；三是明确社会力量的法律保护措施和法律责任；四是建立健全准入准出机制；五是构建社会力量参与社区

矫正的评估机制。

（二）完善社区建设，增强社区居民自治能力

一个功能完备、成熟的社区是社区矫正工作得以顺利开展的社会基础。在现阶段，应当培育社区群众的自治精神和自治能力，提高其对公共事务的参与能力和参与意识。社区是社会生活的基本场所，连接着每一个家庭和整个社会，社区群众的理解与支持，将直接关系到矫正对象能否重新融入社会。对此，应继续完善基层民主制度，赋予基层群众自治组织在基层公共事务上更多的自由度，为其注入更多的活力，鼓励社区中的民众积极投身参与所在社区的公共事务管理事业，使社区民众、组织从中获得更多的"参与感"。只有社区民众愿意积极主动地参与社区公共事务的管理，才能为社区群众积极参与社区矫正在观念和能力层面奠定基础。

社区民众积极参与社区矫正工作的热情源于对社区矫正制度的认知和认可。由此应当加强社区矫正制度的宣传，重视社区矫正普法工作，向公众详细阐述社区矫正的含义及背后所体现的对罪犯的人文关怀，促使公众改变其传统的重刑观念。同时，也应让公众认识到，社区矫正工作的全面推进，不仅有利于降低行刑成本，而且有利于从根本上矫治罪犯先前的越轨行为，消除其再犯罪的动机，促使其顺利地再社会化，使其能重新融入社会，真正提高犯罪矫正、预防犯罪的有效性。另外，当作为社区成员的社会力量广泛参与社区矫正工作之中时，社区群众对社区矫正的认知度、认同度便能得到提升，矫正对象才能更好地得到群众的接纳，重新成为社区的一员，从而实现社区矫正的预期效果。

（三）加强对社会力量参与社区矫正的保障

社会力量现在仍处于数量稀缺、力量弱小的状态。近些年，社会志愿者、专业社工、社会组织虽然在数量上有所增长，但无论从数量上还是质量上都难以填补社区矫正所需人力、资源的空缺。目前的社区矫正实务中，由于对社会力量的权益保障不到位，进一步打压了社会力量参与社区矫正工作的积极性。

首先，应当加强对社会力量参与社区矫正工作的风险防范措施。前文已述，目前司法行政机关对于社会志愿者在参与社区矫正工作中面临的风险的防范工作不到位，而现实中志愿者在进行志愿服务时自身权益受到不法侵害的情况时有发生，但是由于参与社区矫正工作的志愿者没有固定的组织，没

有专业的指导和帮助，使得其维权变得很困难，最终导致了社会力量人才的流失。所以，应当加强对社会力量的风险防范工作，为参与社区矫正工作的各类主体按时购买人身意外保险、构建风险管理制度，通过事先进行风险评估或预先准备风险防范预案，来降低风险发生概率和损失，维护社会力量的正当权益。

其次，应当保障社会力量参与社区矫正工作的正当权益。根据部分省市出台的社区矫正工作实施细则可以看出，很多地区采取的是政府公开招聘社区矫正工作人员这类方式来引入拥有专业技能的社工这一社会力量参与社区矫正工作的，具体聘任的程序以及薪资报酬执行的标准都没有提及，且目前由于薪资水平较低的原因，大部分社工仍然是兼职工作。因此，各地区应当结合当地实际，完善地方社区矫正工作的实施细则，比如出台统一的薪资报酬标准，明确社工和志愿者等主体的待遇标准，完善政府向社会购买专业矫正服务的制度，提高他们的薪酬待遇，为这部分社会力量提供更好的物质保障，进而提升他们参与社区矫正工作的积极性。[1]

最后，充足的经费是社区矫正工作健康发展的重要条件。对于社区矫正经费短缺的局面，可以通过多种途径来改善。一是经费由中央和地方共同承担。财政部和省市财政局根据地方的经济发展情况，按照一定比例共同加大对社区矫正的资金支持，同时，完善审计检查制度，确保专款专用。此种方式的资金来源最为稳定，应该成为社区矫正经费来源的主要方式。二是借鉴西方发达国家的做法，接收来自社会捐助的款项。设立专门的账户，鼓励社会各界对社区矫正予以资金支持。[2]

（四）建立有效的管理机制，实现社会力量的有序引入

社会力量的深度参与和社会资源的广泛调动需要激发每一个社会成员的力量，由于我国目前社会力量具有弱小、稀缺、分散等特点，社会力量的有序管理和全面引入变得很困难，若想让社会成员的最大力量得以全部发挥，整合分散的社会资源，必须建立起合理的引导和管理机制，以促进社会力量在社区矫正中发挥作用。因此，合理的机制是社会力量有效参与社区矫正的关键之处。

---

〔1〕　王靖翔：《我国社会力量参与社区矫正问题研究》，北京林业大学 2015 年硕士学位论文。
〔2〕　魏宁：《我国社区矫正立法困境与实践问题研究》，西南政法大学 2014 年硕士学位论文。

第一，应当成立专门机关或委托相关机构对社会资源（包括社会团体、专业社工、社会志愿者）进行筛选、调度和培训，促进社会力量与司法行政部门之间的工作衔接。这种专门机构可以由社会上相关专业的资深人士、司法行政机关的职能部门、志愿者团体或是专业的第三方评测机构组成，成立这种中立的专门机构将有助于组织调度社会力量介入社区矫正工作，让司法行政部门的工作与社会力量的工作相互依托、功能互补，在管理层面也相对分离。

第二，建立社会志愿者选拔与培训机制。社区矫正对象具有一定特殊性，所以，要对社会志愿者包括心理素质、专业技能等方面的综合能力进行全面考量和筛选，对符合条件的志愿者进行岗前培训和在岗继续培训，培训的内容应当包括对有关法律以及心理学、行为学、法学等学科中涉及社区矫正工作的专门知识。明确社会力量在社区矫正工作中的任务、法律地位、权利义务，使其清楚认识到自己不是社区矫正的主导，而是社区矫正的辅助。并将培训后的成绩纳入矫正工作参与评价中，提高社会志愿者对培训的重视程度。

第三，建立社会力量科学分工、管理机制。由于社会力量所掌握的专业技能不同，因此它们在社区矫正工作中能够发挥的作用也不同，对此应当根据社会力量的性质、特点和专业技能，确定分工合理、职责明晰的工作内容。

第四，建立社会力量参与社区矫正效果的考核机制。对社会力量介入社区矫正的效果进行考核，并将考核结果纳入对其的绩效考量，有利于提升其参与社区矫正工作的主动性以及实现社区矫正的最终效果。法律规定社区矫正的日常工作应由基层司法行政机关负责，因此，对社会力量参与矫正工作的最终效果评价及绩效考核也应当由基层司法行政机关来进行。同时，应将社区矫正对象对社会力量矫正工作的反馈纳入评价的考量体系，因为社区矫正对象是社区矫正工作的直接承受者，社区矫正的效果一般也由他们直接表现出来，因此，在对社会力量进行评价时，社区矫正对象的反馈也是非常重要的一项参考因素。

（五）实行社会力量参与分类矫正

"对社区罪犯进行分类是实行个体化的管理与矫正的先决条件。"[1]在社

---

[1] 张学超、王宏玉：《我国社区服刑人员的分类实践及完善建议》，载《中国人民公安大学学报（社会科学版）》2013年第6期。

区矫正工作中，要有针对性地派出不同的社会力量，使其充分发挥自身的优势，为社区矫正工作提供有效的保障。社区矫正对象在性别、年龄、犯罪类型等方面存在差别，故采用单一的矫正方法对其进行矫正，是粗放式的手段。因此，对不同的社区矫正对象进行分类设计管理，是个性化、多样化矫正的必要前提。[1]根据社区矫正对象的犯罪特点、服刑的类型等进行系统区分，针对不同的对象采取不一样的社区矫正方法，实行差异化管理，社会力量因其专业知识、社会经验的不同，分类参与矫正工作，有利于提高矫正工作的精准性。当前我国社区矫正的特殊群体包括未成年人、女性、老年人等，针对他们实施差异化的监督管理，可以提高矫正的灵活性。

结语

社会力量在社区矫正工作中参与不足已成为制约我国社区矫正工作继续向前发展的障碍之一。在现在市民社会尚未成熟的社会结构下，只有尽可能地通过完善社区矫正立法、建立社会力量引入机制来进一步发掘社会资源，探索社会力量与行政力量共同合作共治参与社区矫正工作的模式，才能使社区矫正工作达到预期的效果。

---

〔1〕　张学超、王宏玉：《我国社区服刑人员的分类实践及完善建议》，载《中国人民公安大学学报（社会科学版）》2013 年第 6 期。

第七章

彝族传统法文化对四川彝区
社区矫正的影响与对策研究

　　随着少数民族地区社区矫正工作的开展，民族传统文化对社区矫正的影响日益凸显，特别是少数民族传统法文化对社区矫正的实施有着重要的影响。本章拟分别从家支文化、习惯法和德古文化三方面具体阐述彝族传统法文化对社区矫正的积极影响和消极影响，并结合彝区社区矫正实际情况，从重视彝族社会本土文化资源、探索民族化的社区矫正方式及加强社区矫正队伍建设等方面提出对策建议，力求探索在彝族地区实行社区矫正的有效路径。

　　彝族有着悠久的历史，对其传统文化的研究一直都是学界的热门，而在传统文化中的法文化则尤为引起学界的广泛关注。就社区矫正的开展而言，主要从彝族传统法文化中的家支文化、习惯法以及德古文化三个方面进行讨论研究。一为家支文化。在凉山彝族社会最主要的社会组织就是家支，它是一个以父系血缘为纽带而结成的社会集体。[1]"父系血缘纽带"就意味着彝族的家支体系可以追溯到同一个男性祖先，他们是以血缘关系为前提而结成的一个紧密的亲族群体，也就是说，家支实质是一个大家庭，他们是同宗后代。在彝族社会中，只要父系血缘家谱能被联结，那么就可以算是自家人，即被视为本家支的一员，也就需要履行家支的义务，当然同时也享有家支的权利。在彝族社会，同一家支就视为本家人，家支观念深入每个彝族人心中。二为彝族习惯法。彝族习惯法，彝语中称"简伟"，内容丰富翔实，涉及日常交往、社会活动等各个方面，包括土地买卖租赁、财产继承、债权债务、婚姻家庭纠纷、命案、盗窃等民法制度和刑法制度方面的规定，是彝族社会中

---

〔1〕　张晓辉、方慧主编：《彝族法律文化研究》，民族出版社 2005 年版，第 318 页。

人与人之间相处的行为规范准则，具有强制性。[1]彝族习惯法在维持彝族社会秩序、化解社会矛盾、促进社会和谐稳定方面发挥了举足轻重的作用。彝族习惯法无时无刻不呈现在彝族人的生活中，即使没有成文的记载，其道德准则、行为规范和法律约束也都渗入彝族人生活的每个细节，长此以往，习惯法就对他们的各类行为产生一种普遍约束，规范着整个彝族社会行为。三为德古文化。德古是专门的纠纷调解者，是德高望重的知名调解人，他具有一身正气，见多识广，处事公正，按习惯法调解的纠纷都是经得起历史的检验的，享有极高的声望，被人们所信服和拥戴。德古通常知识渊博、熟知习惯法条款、实践经验丰富，精通诉讼、审判等，并能够熟练运用相关知识进行有效的纠纷调解。在当今的彝族社会中，人们发生冲突和矛盾时，仍然习惯通过德古调解，而非向法院起诉。在当代司法体制下，德古在彝族社会里充当了人民陪审员、人民调解员等多种角色，客观上缓解了国家司法部门的工作压力，同时由于彝族人产生纠纷时习惯找德古进行调解，这样就可以预防矛盾继续加深，促进社会稳定。从这个角度来说，德古不仅是传统法文化的传递者，也是纠纷调解者，为整个彝族社会的有序运行作出了突出贡献。

一、彝族传统法文化与社区矫正理念的契合

任何一项制度或政策能够顺利执行，都得益于它有一片适宜扎根的土壤，外部的推动力固然起到重要作用，但内因才是事物发展的动力和源泉。在彝族社会里，社区矫正虽然是一个新兴的事物，但却与彝族传统法文化这个关键的内部要素紧密契合，这无疑为社区矫正在这片土地上生根发芽提供了得天独厚的优势。

（一）最终目的一致

社区矫正与彝族传统罪犯矫正的目的都是通过采取适当的矫正措施，改变罪犯不良的行为习惯和心理，使之达到重新回归和适应社会生活的良好状态。社区矫正是一种刑罚的执行方式，是对罪犯的一种惩罚形式，社区服刑人员必须在社区矫正过程中被施加思想教育、行为监督、活动范围受限等强制措施，最终在判决确定的期限内考察合格的，得以重新返回社会。而彝族

---

〔1〕　张邦铺：《凉山地区多元化纠纷解决机制研究——以彝族为例》，中国政法大学出版社2013年版，第48页。

法文化影响下的传统矫正模式，主要是通过以民族习惯法为规范准则的民族文化来影响犯罪者，纠正其不符合民族内部规范的行为，利用民族这个大的群体来施加舆论压力、精神压力，限制个体行为，从而迫使罪犯放弃不符合民族价值观的行为方式和思想观念，重新认同民族文化，回到本民族这个大群体之中。

（二）都追求宽松的社会环境

彝族人有着强烈的家支意识，每个彝族人都是生活在家支体系下的个体，都是群体的一员，在家支制度下，人们对本家支成员往往表现出来宽容、关怀和接纳，这一点恰好和社区矫正的工作理念是不谋而合的。在社区矫正过程中，社区服刑人员可能会因为自己所犯的罪行而感到慌张、自卑甚至自责，又加之正处于"被控制"的被动地位，害怕不被接受，担心遭到他人的唾弃，所以，此时的他们心理比较脆弱、敏感。而且，这个时候他们也往往容易被贴上标签，不被周围人接受，甚至会被当作危险人员而"隔离"开来。但在彝族社会里，家支成员是同宗族血亲，除非严重违反家支规范，大多数情况下，家支对其成员表现出来的都是宽容和接纳，这就有利于创造宽松的矫正环境，减小阻力，使社区服刑人员更容易感受到社会的关怀和家庭的温暖，促使其社会生活的正常化。

（三）需要多方力量共同参与矫正工作

社区矫正工作涉及社会生活的多方面内容，不是机械地执行，单靠国家司法工作人员的努力是远远不够的，还需要汇集多种社会力量，鼓励全社会共同参与，并从多方面做出努力，更好地为社区服刑人员提供矫正服务。这就需要相关民间社会组织、社会志愿者等多方协助。在彝族社会里，德古可谓是社会志愿者的最佳人选，一方面，德古本身精通彝族习惯法和彝族的风俗习惯，且能言善辩，是德才兼备之人；另一方面，德古在彝族享有较高的社会地位，被大众认可和敬仰，人们遇到纠纷，也通常找其调解。当然，家支头人也是不可多得的人选，家支等级制度影响深远，家支头人又拥有诸多事宜的决定权，自然有其影响力。因此，德古、家支头人等作为社会志愿者或民间团体力量加入社区矫正的大队伍中，正是满足了社区矫正对社会团体、民间组织和社会志愿者的需求。

总之，彝族社会的传统文化深厚，人们受其影响巨大，其中维系彝族社会稳定发展的传统法文化，是彝族传统文化的重要内容。在彝族传统法文化因素中，有多处与社区矫正的工作理念相吻合，在彝族社会里实施社区矫正，有诸多良好的本土文化资源可以利用。若能有效利用彝族传统社会的本土优势，最大限度地发挥其作用，不仅可以营造适宜的社区环境，还能促使社区服刑人员更易于被社区大众所接受，而且还能广泛吸纳社会力量参与其中，对矫正工作有促进作用。

二、彝族传统法文化对社区矫正的影响

社区矫正作为国家重要的刑事司法制度，如果在彝区推行，不免受到彝族传统法文化的影响，像任何事物都有利弊一样，这种影响既有积极的一面，也有消极的一面。

（一）彝族传统法文化对社区矫正的积极影响

在彝区推行社区矫正，离不开传统法文化等本土社会资源的影响。社区矫正理念与彝族传统道德价值观和家支群体意识存在一定的交融性。如果能充分挖掘彝族传统法文化中的合理内核，将有助于提高矫正效果，为彝区的社区矫正提供多元化路径。彝族传统法文化的存在，有利于社区矫正矫治、改造功能的实现。主要表现为以下方面：

1. 家支文化和谐包容的理念有利于社区矫正

家支体系是彝族社会的基本单位，同一家支内都亲如一家，成员之间不仅有血缘关系，也有共同遵守的行为准则和规范。因此，家支的内部环境体现的是和谐、友善和宽容。而社区矫正与社会紧密联系，社会环境、自然环境都是影响社会的重要因素，且不管是与犯罪行为本身还是与社区矫正，都有着千丝万缕的联系。就犯罪的起因而言，受外界环境的干扰已经越来越明显，他人的嘲讽、同学之间的口角之争、家庭矛盾都有可能诱发犯罪，特别是对于未成年人来说，他们的三观还不太成熟，行事易冲动，极其容易受外界的影响；而对于社区服刑人员来说，其犯罪情节较轻，投放入社区不至于对社区构成严重威胁，也不会影响社区内居民的生活，但是对于社区内的居民来说，他们却难以接受，毕竟是个罪犯，本来应该在监狱服刑的，现在却就在自己的身边，难免会产生一种危机感，自然会与其保持距离、心存芥蒂，而这种戒备心理不仅损害邻里关系，不利于和谐氛围的构建，还有可能引发社区服刑人员的反社会心理，导致其二次犯罪。

彝族社会里，在固有家支观念的渗入下，不被接纳的社区环境因素就要

少得多。本社区的居民可能大部分都是同一家支的成员，也就是说，大家都是一家人，是有血缘关系的亲人，对于犯罪的本家支成员，就相当于犯罪的亲人，人们往往更容易理解和宽容。所以，在彝族社会里，社区服刑人员更容易从这个本来就联系紧密的群体中得到关怀和宽容，而这种包容的大环境，就是对他们最好的心理慰藉，身边亲朋的谅解，无疑是一味优良的感化剂。只有在健康和谐的环境里面人们才能有正常的生活，社区服刑人员只有被他人所接受、尊重，得到亲人的包容，才能感受到社会对他的不弃和期待。

2. 彝族习惯法有利于创新社区矫正模式

彝族习惯法，本身是一种民间法律，是彝族传统社会处理罪犯的重要依据，而社区矫正也是处理罪犯的一种刑罚方式。我国社区矫正从开始试点到今天的全国范围推广已经有十多年了，一些开展较早的发达地区已经形成了独具特色的矫正模式，如北京以干警为主的"3+N"模式、上海以社工为主的"3+3"模式。任何一种矫正模式都是在长期实践的基础上总结发展而来的，各个地区根据本地区的文化、制度、风俗习惯等探索出最行之有效的特色矫正模式，从而推广应用。

在彝族地区实施社区矫正，可以参考彝族习惯法处理罪犯的方法和模式，着重考量社区矫正与习惯法处理罪犯存在的相同之处，把社区矫正过程同彝族习惯法相结合，创设有习惯法元素的现代矫正模式。彝族习惯法中所包含的罪犯处置，不仅体现了彝族地区得天独厚的法律文化优势，也是创新社区矫正模式的有益借鉴，况且如今在彝族地区流行的社区矫正已经与传统文化密不可分。虽然目前尚未形成成熟的社区矫正模式，但随着社区矫正工作在彝族地区的进一步开展，矫正工作一定会越来越多地融入民族元素，符合民族实际。彝族习惯法与社区矫正的碰撞，本身就是传统矫正与现代矫正的一种调和，彝区可以在现代社区矫正制度的基础上，以传统模式为背景，吸纳本土习惯法优势，创新社区矫正模式。

3. 德古的民间权威有利于提升社区矫正效果

德古是彝族社会公平正义的象征，是纠纷解决者。当今彝族社会的各类矛盾依然优先选择德古依照习惯法进行裁决的解决方式，德古在一定意义上相当于当今司法体制下的人民调解员、法官等，因此，德古这一身份本身就是一种法律权威的象征，对彝族社会的发展有着举足轻重的影响。德古备受族人的尊敬，也享有较高的社会地位。吸纳德古进入社区矫正队伍，不仅可消除语言、文化等方面的差异，更能够利用其本身的权威性让社区服刑人员配合矫正工作。德古是公平正义的代表，又能言善辩，且熟知彝族习惯法和社会规范，这一强大的民间法律力量足以让每个彝族人信服，即便是社区服刑人员出现逆反等不良情绪，德古也可以利用自身身份，给予其一定的安抚和威慑。

4. 家支头人和德古等加入有利于实现矫正队伍的多元化

社区矫正工作单靠国家机关工作人员的努力是不够的，还需社会各界伸出援手，社区矫正队伍应该有多种人才充斥其中，从多方面着手，对服刑人员进行矫治。

在彝区社区矫正工作中，家支头人和德古作为民间力量加入矫正过程中，不仅可以消除和彝族服刑人员的文化、语言、风俗习惯等的差异，还可以发挥他们本身的才智，为矫正工作注入新活力。同时，家支头人和德古等人的参与，可以扩大社区矫正在彝族社会的影响力，会带领更多彝族人加入其中，为壮大队伍打下基础。吸纳在彝族社会享有权威的两类人加入社区矫正工作中，既是彝族地区社区矫正的特色，也是必要措施，客观上增进了矫正工作与民间力量的联合。彝族德古、家支头人参与到矫正工作中，能够从实际层面丰富矫正力量，更重要的是，他们的加入还会扩大影响，吸纳优秀人才，促进不同领域、不同专长的人员进入社区矫正队伍中，有效实现工作团队的多元化建设。

（二）彝族传统法文化对社区矫正的消极影响

由于彝族传统法文化与主流法文化的冲突，直接导致彝区社区矫正的推行面临彝族习惯法与血缘家支等制度的干扰。主要表现在以下方面：

1. 血缘家支影响社区矫正环境

在家支体系下，对社区服刑人员可以提供宽容、关怀的社会环境，但也可能会因为与服刑人员是血亲，对其行为过于宽容，甚至是放纵。人的互动关系主要是通过血缘、地缘、业缘而结成的，地缘就是从位置上来讲的，业缘则是因为工作而结成的，而血缘则是以生理、血统联系为基础而建立的社会关系。业缘和地缘可能会因为工作和居住地的更换而疏远，甚至会因此而中断，但是血缘关系则是一种生理上的联系，不可能因为搬一次家、换一个工作就断了，俗话说血浓于水，所以，不管身处何方，血缘关系都是不可改变的事实，一家人始终是一家人。在家支环境下的社区矫正中，对于自己的亲人，往往表现出过度的宽容，对矫正期间出现的一些违规行为也不能及时加以制止，在日常生活中监督力度也不够，如此一来，服刑人员会一直处在一个比较随意的状态，社区矫正效果也可能会由于这种血缘制度的干扰而受影响。彝族人受其家支制度和社会生活的影响，有强烈的集体意识。同一家支体系就是一个内部小集体，本家支只考虑自身利益的最大化，且目光只聚集在本家支。

2. 习惯法在一定程度上影响国家制定法的普及

社区服刑人员普遍文化程度较低，法律意识淡薄，汉语水平较差，甚至不能使用汉语交流。有的并没有机会在学生阶段接受教育，学习国家法，在中小学阶段接触的大多是一些大是大非的原则问题，对国家法律并无系统的学习，加之从小身边的环境都是在普及和宣传习惯法，处理各项事务也都适用习惯法，家支集会、节日"赛说"题材、对青少年的教育也都适用习惯法，彝族人自然对国家法的熟悉程度要低得多。而彝族习惯法毕竟是民族法律化，虽然一定程度上可以作为国家法的补充，却与国家法存在一定的差异，对于彝族人来说，他们对国家法比较模糊，实质内容不太清楚，法律意识当然相对淡薄。这样一来，他们不仅容易受他人蛊惑，导致违法犯罪，而且在接受刑罚的过程中也有可能出现逆反心理，不遵守相关制度，意识不到自身行为所带来的严重后果。

3. 德古专业知识不足

虽然德古对习惯法了如指掌，但是并不是所有的德古都能够对国家法有很好的了解，他们当中的一部分，也仅仅只是熟悉彝族习惯法，对国家法知之甚少，专业知识缺乏，尤其是那些年纪偏大的长者，甚至不太会使用汉语。并不是所有的德古都熟悉国家法，更何况是对兴起不久的社区矫正呢？德古在国家法上的盲点，有可能影响社区矫正效果，仅在一开始邀请德古进行翻译，社区服刑人员可能只是在那一瞬间显示出惧怕德古的威严而已，而德古如果不了解国家法和社区矫正等知识，很有可能在翻译期间为服刑人员提出失之偏颇的意见。此外，德古在国家法上的盲点，也有可能影响其对社区矫正的接纳程度，毕竟从陌生到熟悉再到接受是一个漫长的过程，所以，部分德古在不熟悉国家法的情况下，又缺乏相关专业知识，极有可能导致出现适得其反的效果。

三、彝区推行社会矫正的对策及建议

在彝族的传统社会中，民间风俗习惯、宗教信仰、习惯法和家支制度等传统社会文化具有不可估量的影响力，这种影响力存在于任何想要在彝族社会里流行起来的新事物中，社区矫正要在彝族社会被广泛地实施和接受，就必须适应彝族传统社会规范，符合彝族传统社会习惯。

（一）重视家支制度力量

家支制度是彝族最重要的社会制度之一，在家支这个大集体中，群体意识是每个人与生俱来的，家支制度下的内部规范是整个家支成员的行为准则。家支就是每个彝族人的根，社区矫正的开展应该紧紧围绕他们的"根"进行。为此，要充分认识到家支制度的重要力量，既要利用家支制度的优势，也要尽可能地减少家支制度给社区矫正带来的负面影响。

第一，减少家支血缘关系对矫正工作的干扰。不管何时，我们都会毫不犹豫地维护和自己有血缘关系的亲人。在彝族地区，家支头人是矫正小组最主要的成员之一，社区矫正对象所居住的社区多是本家支成员。虽说这有利于营造轻松的社区环境，但是也极有可能因为他们之间的血缘关系而使得矫正小组本能地维护矫正对象，影响矫正效果。这就要求在矫正的过程，要合理配置矫正小组的成员，适当增加非本家支成员，同时，多做家支成员、家支头人等的思想工作，对他们进行社区矫正知识的普及，让他们明白矫正的真正含义，

第二，善于引导家支的集体意识。在家支这个稳定的体系下，每个彝族人都不是一个孤立的个体，而是家支组织的成员，他们有着强烈的群体意识，个体行为规范往往参照的也是家支这个大群体组织的内部规范。在社区矫正开展过程中，应该善于利用家支群体意识，及时关注家支整体动态，合理引导家支群体意识，尽量使家支约束与社区矫正产生共同目标，进而利用家支制度所产生的强烈的群体意识来约束个人行为。此外，还可以利用家支集会、家支会议等集体活动，带领家支成员学习相关文化知识，引导家支集体朝着积极、健康的方向发展，及时制止个别成员的不良行为。同时综合运用宗教信仰、民族心理等制定民族化的矫正方案，从而在传统社会力量和专业矫正的双重作用下提高矫正效果。

（二）注重习惯法与国家法的调适

彝族习惯法作为一种社会控制的手段，是彝族社会的行为规范和道德准则，也是彝族社会惩罚罪犯的依据。习惯法主张通过合理的方式惩处罪犯，改变其不良的行为方式，促使其顺利回归社会，且彝族社会有自己传统的矫正模式，得天独厚的彝族习惯法模式下的罪犯处遇，将减小社区矫正在彝族地区实施的阻力。

一方面，彝族习惯法与国家制定法存在断裂，对于某些罪行国家法已经追究责任了，但是在国家法并未得到良好普及的偏远地区，罪犯还是要面临习惯法的制裁，这就会使罪犯遭遇双重处罚。就社区矫正的执行而言，一定要重视此种现象，工作人员应多与罪犯所在家支沟通，保持联系，多做被害人的思想工作，对其进行安抚，以免罪犯遭受双重惩罚而产生不平衡心理，产生再次犯罪和报复社会的想法。

另一方面，彝族人大多对习惯法的熟悉程度高于国家法，大多数服刑人员都存在文化水平低、不懂法律，对国家法存在较多的盲点。[1]所以，必须重视对法律意识的提升，这不仅体现在对现有社区服刑人员的法律普及和教育上，更重要的是，普及和宣传国家法律要从对孩童的早期教育着手，要把国家普法工作有效地融入彝族人的日常生活之中，拓展宣传渠道、加大宣传力度，如学校可以丰富法制教育形式，通过开设校园模拟法庭、司法局（所）工作人员进校园或者组织学生到相应单位进行参观等，普及国家法律及政策，增强中小学生的法律意识，从源头上预防犯罪。此外，还可以利用彝族家支集会、节日"赛说"等集体活动场合宣传国家法，实施民族个性化的宣传方式。总而言之，社区矫正的实施过程中必须普及和宣传国家法，以尽可能地避免罪犯遭遇双重处罚，减少彝族习惯法对社区矫正所带来的负面影响。

（三）善于利用德古的权威性

德古是重要的人物，是彝区一切纠纷和矛盾的调解者，其本身在彝族社会就是一种法律权威的象征。社区矫正作为一种刑罚制度，也具有一定的权威性，但在彝区并没有得到良好的宣传，人们对它的认识也并不深入，这就需要发挥德古这一传统法文化传播者的权威作用。

---

〔1〕 严文强：《凉山彝族习惯法的历史流变——以案例分析为中心的研究》，西南政法大学 2008年博士学位论文。

第一，可以通过德古宣传社区矫正知识。德古本身肩负彝族传统法律文化的传播责任，会对青少年进行思想教育，传播社会道德、行为规范等。德古能言善辩又善于说理，口才极好，可以通过其的宣讲活动，来宣传社区矫正，这样不仅可以使得彝族人对社区矫正有一定的了解，还无形中增加了社区矫正在彝族社会的权威性，提高了社区矫正在彝族社会的法律地位。德古说出来的规范准则，就相当于彝族法律规范，人们普遍会遵循，所以，应该抓住这一有利因素，发挥德古宣传作用，强化宣传效果。

第二，利用德古本身的权威性给予矫正对象一定的威慑。由于德古本身在彝族社会地位较高，依照习惯法解决各类纠纷，其角色身份赋予他权威和强制性。矫正对象在矫正的开始阶段可能会出现一些逆反、不服从规定等过激情绪反应，对于不配合社区矫正工作、不遵守规定等的矫正对象，可以利用德古的角色地位进行一定威慑。如果矫正对象在矫正期间不服从管教，或者私自从事违反规定的活动，一来可以找德古进行劝说，二来可以利用德古的权威性，给矫正对象制定规定，宣读禁止令，迫使其服从管理。

第三，有意识培养新式德古。德古是彝族传统社会的法律权威，是纠纷调解员，也是公平正义的象征。故德古在社区矫正中充当重要角色，发挥着不可替代的促进作用，尽管德古在彝族社会地位较高，对彝族习惯法了如指掌，但并不是所有的德古都有较高的文化水平和扎实的社区矫正知识，对国家法也并不都是熟悉的。所以，吸纳德古加入社区矫正队伍只是工作的一部分，更重要的是要有意识、有目的地培养新式德古，所谓新就是要符合当前实际，德古不再单纯是传统意义上的德古，其不仅要熟知彝族社会规范，还需掌握国家法、社区矫正相关知识等。

（四）结合彝族传统法文化探索民族化社区矫正方式

1. 设立专门面向彝族人的矫正小组

彝族人有自身的特点，与汉族和其他民族都有所差异，故在开展社区矫正过程中，应该设立专门面向彝族人的矫正小组。在这个矫正小组中，组员自当有其特殊性，以下四个条件应该是必备的。

（1）懂得彝语。沟通交流是一切工作的桥梁和起点，倘若都不明白对方所表达的意思，又怎么能配合工作、听取意见？彝族是一个古老的民族，彝族人有自己的语言和文化，在平时的日常生活中多使用彝语，且大多数汉语水平较差，基本无法使用汉语进行交流。所以在这种情况下，工作人员必须懂得且能够熟练使用彝语，以确保与矫正对象的交流和沟通无障碍、意思传达无误，表述准确。

（2）彝族人优先。针对彝族社区矫正机构而言，接受的服刑人员都是彝族人，如果配备的工作人员也是彝族人，那么会给服刑人员以亲切感、熟悉感。共同的文化背景和民族习惯，造就了他们共同的民族心理，不会使服刑人员在矫正的早期阶段就产生"排外"的情绪。这将形成一个良好的开始，也有利于工作人员与服刑人员专业关系的建立。

（3）在彝族传统社会地位较高。彝族社会依旧遵循其古老而独特的社会管理方式，传统社会制度力量强大。在彝族社会地位较高的人，享有一定的社会威望，说话办事可信度较高，能够对彝族人产生较强的说服力，其进入矫正小组将有利于提高社区矫正的矫正效果。在彝族传统社会里，地位最高的莫过于家支头人和德古，如若社区矫正能够吸纳这两股力量参与其中，社区矫正的效果将大大提高。家支制度作为一种等级制度，对彝族人血缘关系的稳固影响重大，具有权威性，家支头人对家支成员的影响是绝对的；而德古作为民间调解的权威，代表着公平、正义，其社会地位较高；无论是从家支头人的影响还是德古的地位来说，这两类人对每个彝族人来说都是应该遵从的权威，这样一来，矫正队伍里的关键人物就是其传统社会里的重要人物。

（4）熟知彝族传统法文化与社区矫正相关知识。彝族传统法文化为社区矫正的开展提供了良好的本土文化资源，工作人员只有熟知彝族传统法文化和社区矫正的知识，才能较好地引导矫正对象，消除与其的差异，避开民族禁忌，结合社区矫正目标为其提供个性化的服务。

2. 参照彝族习惯法创新对矫正对象的处置方法

由于长期受自身民族文化、民族心理、民族素质等的影响，彝族具有不同于其他民族的特性，所以，在彝区开展的社区矫正也应该具有其特色，如果照搬一般的方法，恐难达到效果，甚至会适得其反。需配套设计符合彝族人需要的矫正机构，用他们更易于接受的方式来工作。专门面向彝族人的矫正机构，不仅在接受对象上仅限彝族社区服刑人员，在矫正方式上也应该有所不同，专为彝族社区服刑人员设计一套民族化的矫正方式。可以尝试将彝族的传统矫正模式和现代矫正模式相结合，并以彝族习惯法为载体，以社区矫正过程实施为切入点，在彝族习惯法中融入社区矫正元素，促进彝族社区服刑人员的自我约束和社会约束。

在彝族习惯法中，有很多关于不同罪犯的处置方式的规定，如赔礼道歉、经济赔偿、逐出家支等处罚。[1]而社区矫正同样是一种对罪犯的惩罚，对此我们可以寻找彝族传统罪犯处置和社区矫正罪犯处置的关联，并加强对此的研究，找准切入点，进而促进社区矫正在彝族地区的发展。

此外，可以融合彝族习惯法中的口头道歉、打酒道歉等较轻微的处罚，在社区矫正的过程中，邀请德古、家支头人出面带领社区服刑人员一起给被害人道歉，再进行劝说和讲理，调解双方关系。更重要的是，可以结合习惯法的某些方式，来执行社区矫正。比如，定期的思想汇报，可以结合彝族传统习惯法的宣传方式进行；对社区服刑人员的处置，也可通过德古来进行宣读等，特别是对从事某项具体的事务上，应该结合彝族习惯法的处罚模式，以彝族习惯法为载体，以社区矫正的实施过程为切入点，力求能在传统背景下进行创新，创设出既有彝族元素又符合当前实际的矫正手段。

3. 利用传统节日场合宣传社区矫正

社区矫正在彝族地区还处在初级的发展阶段，许多人还是不知道社区矫正到底是干什么的，甚至有可能连这个名词都没听过，所以对其的宣传还应该加强。只有在人们充分了解和认可了社区矫正相关知识的基础上，社区矫正才有可能获得认同和接纳，如果民众对社区矫正根本不了解，很难寻求他们对矫正工作的配合，而且他们也找不出重点，不知道应该怎么配合，所以要加强对社区矫正的宣传，这是工作的第一步。而民族地区与普通地区有比较大的差异，故应该采取与民族相符合的方式，用他们时常能够接触的、易于接受的方式来宣传。

彝族有自己的语言、特殊节日、集体活动等，所以前期可以利用彝族家支集会、节日"赛说"等集体活动场合宣传社区矫正，实施民族个性化的宣传方式。如彝族定期会有家支集会，可以对家支头人先行培训，让他们先认可和接受社区矫正，然后再由家支头人通过集会场合向家族内的其他成员宣传。当然，彝族的节日"赛说"也是极好的宣传渠道，平时"赛说"的题材大多是习惯法的内容，如果能够在其中加入社区矫正的相关知识，不仅可以丰富"赛说"内容，更是直接把矫正知识传播给了民众。此外，在各社区宣

---

〔1〕 张邦铺：《凉山地区多元化纠纷解决机制研究——以彝族为例》，中国政法大学出版社2013年版，第82页。

传栏、信息公示栏采用彝语和汉语双语对照的形式宣传社区矫正也是有效的途径之一。

结语

社区矫正作为一种刑罚方式，本身就是法实施的强制性后果之一，在彝族地区实施社区矫正应该重视彝族社会本土文化资源，结合其本土丰富的法文化资源，最大限度地利用其传统法文化中的优势，合理规避不良影响。在少数民族地区开展矫正工作，其独特的文化环境和社会风俗都决定了它将会有独特的工作方法和崭新的工作模式。只有通过不断的实践探索，才能发现问题总结规律，摸索出符合民族实际情况的个性化矫正方案，促进少数民族地区的社区矫正朝着规范化、标准化的方向前进。

第八章

少数民族地区社区服刑人员的异质性
及其分类矫正路径研究

分类矫正是将不同心理结构特征、不同行为模式、不同决策结果的社区服刑人员进行类型化区分，针对不同的类型施以不同的反馈机制，运用类型化的"一揽子"矫正方案和措施配合个性化辅导，在社区服刑人员、监管者、社区参与者多方互动的过程中，实现社区服刑人员心理矫正、行为矫正基础上的"再社会化"。少数民族地区分类矫正是社区矫正工作提高矫正质量和效率、科学矫正的必然选择，然而由于少数民族地区的社区服刑人员具有异质性，使得分类矫正转换成一个多层次多目标选择的激励共容问题。

分类矫正技术在北京、上海等地"先行先试"探索后逐步推广，形成了不少成熟经验，在提高社区服刑人员矫正质量的同时也推动了当地社区矫正工作的科学化进程。分类矫正是科学矫正、高质量矫正、高效率矫正的必然选择，少数民族地区在落实社区矫正制度过程中运用分类矫正技术自然是其社区矫正工作效率改进、质量提升的重要途径。那么，少数民族地区分类矫正是不是只需照搬先行地区的成熟经验和做法即可？少数民族地区社区服刑人员客观上具有异质性，异质性实质上给分类矫正提出了新的功利目标，使得少数民族地区的社区矫正工作成为一个多层次多元目标选择的任务，而与之相关的问题也就转化为如何使多元目标选择激励共容。

一、少数民族地区社区服刑人员的异质性分析

"民族是人们在社会复杂作用下通过历史渊源或现实利益等多元认同而形

成的有特定的族称和相应的文化模式的自组织系统。"〔1〕在长期的历史沉淀中，每个民族都形成了独特的集体心理特征并有强烈的民族偏好。分类矫正技术若想在少数民族地区得到充分有效的运用，首先需要分析少数民族地区服刑人员的异质性。

第一，我国是一个多民族和谐共融的国家，少数民族地区居住着大量的少数民族同胞，他们有着自己独特的语言体系。语言作为一套信号传递系统，是交流沟通的重要工具，少数民族人民日复一日、年复一年地使用这套信号传递系统进行思考和开展日常的社会、政治、经济活动，这使得一方面少数民族特征凝练为"标志"融入语言信号中；另一方面，少数民族语言本身又成为少数民族的重要特征。语言信号在内部系统及相同文化背景下能够顺利且准确地发送与接收，但在不同语言系统中又会出现转换和传递障碍。

第二，少数民族地区社区服刑人员在独特的风俗、文化传统环境中成长，他们在思想、行为、心理各方面都融入了本民族文化传统。荷兰文化协作研究所所长霍夫斯坦特（Hofstede）认为：文化不是一种个体特征，而是通过潜移默化的影响，引导着处于这个文化氛围中每个决策者的决策行为过程的发展，它是具有相同的教育和生活经验的许多人所共有的心理程序。〔2〕少数民族地区社区服刑人员在行为决策上打上了传统文化的烙印，他们在认知、判断、决策时会不自主地运用文化传统这一"视域"，不可避免地带着自己的文化色彩去认识所面临的问题，并倾向于选择传统文化策略集中的备选方案。比如，回族在解决纠纷时的"抱团"文化，一个人作为回族中的一分子，当看到"自己人"处于冲突之中时，会主动加入对抗以助长"自己人"的士气，一些社区服刑人员正是因为受"抱团"文化的影响而导致了"帮架"不当伤人的违法犯罪结果。

第三，文化水平普遍偏低。我国55个少数民族分布在占总面积64%的广袤的土地上，他们获取教育资源、接受教育的水平普遍弱于汉族地区。许多少数民族地区社区服刑人员的学历在初中及以下。教育在提高人类理性水平上起着至关重要的作用。少数民族地区教育水平低，社区服刑人员接受教育和专业化训练不足，导致他们感知信息、记忆信息、逻辑推导与逻辑判断的

---

〔1〕 龚永辉：《论和谐而有中国特色的民族概念》，载《广西民族研究》2005年第3期。

〔2〕 杨雷、席酉民：《群体决策的跨文化研究》，载《决策探索》1996年第7期。

能力得不到拓展，直接影响了其处理信息的能力、对问题的识别和分析能力，在具有冲突或潜在冲突的情境下更倾向于作出非理性甚至是违法的行为决策和行动。

第四，不少少数民族都有自己的宗教信仰，宗教形塑着人们的信念结构。"整个理智生活就是由信念以及我们凭借所谓的'推理'由之从一个信念前往另一个信念的通道所组成的。"[1]信念结构具有极高的稳定性，社区服刑人员在宗教信仰的深刻影响下一旦形成明确的信仰，其"再社会化"将面临新的挑战。宗教会让本民族成员有明确的崇拜对象、清晰的害怕事物，引导人们向善，不做违背本民族常识、常情、常理的行为。同时，宗教戒律可能会与我国《刑法》《刑事诉讼法》《民法典》等法律法规相冲突，社区服刑人员可能正是在宗教的鼓励下采取了类似"血亲复仇"的犯罪行为。

第五，有可能成为国家安定团结不稳定的因素。少数民族大多分布在边疆地区，他们与藏独、疆独等破坏国家统一的分裂分子结识和交往的机会较多。社区服刑人员是已经犯过罪的罪犯，他们中的不少人在犯罪心理结构上与社会非主流价值形态更容易契合，相对也更容易被破坏分子所吸引和控制，防止社区服刑人员成为破坏分子的工具也是少数民族地区分类矫正工作应当注意的问题。

二、分类矫正技术及少数民族地区社区服刑人员异质性对该技术的影响

分类矫正，是指根据罪犯不同的犯罪原因、犯罪类型、认罪悔罪态度、本人需求情况、其行为心理处于不同发展阶段等罪犯的不同类型而分别采取的对待、处理、惩罚、矫正、教育方式的总和。在监管资源有限的情况下，探寻差别化、类型化的分类矫正是科学矫正、高质量矫正、高效率矫正的必然选择。美国、加拿大、澳大利亚，我国的北京、上海等城市或地区都已经采用了分类矫正方法，并形成了成熟的做法。实务界通常采取的，也是最为广泛和最有效的是根据犯罪类型、人身危险性所进行的分类矫正方法。

（一）分类矫正技术

1. 根据犯罪类型所进行的分类矫正

同一犯罪原因和犯罪类型的社区服刑人员有着典型的类型化特征，他们

---

〔1〕　［英］伯特兰·罗素：《心的分析》，贾可春译，商务印书馆2010年版，第203页。

在心理结构、行为模式、决策结果上有着趋同性，对他们采取针对性、类型化的矫正方案和措施在提高矫正质量的同时也会提高矫正效率。从统计数据来看，暴力、侵财、交通违法和涉毒类犯罪的服刑人员所占比例很高。在此，以暴力犯罪服刑人员的典型特征和矫正措施来展示分类矫正技术。

关于暴力犯罪服刑人员，从其心理结构来分析，他们通常在人格方面表现出独有的高乐群性、高幻想性。在认识方面，认知水平和能力较低，解决问题的方式存在缺陷，道德观、价值观存在扭曲。他们通常具有消极的情绪反应和薄弱的意志控制力，常常不能控制和调节自己的情绪，行为易受情绪的控制和支配。在行为模式和决策结果上，常用暴力性、凶残性、冲动性和危险性的行为解决面临的问题。针对暴力犯罪服刑人员，分类矫正采取的具体举措为：一是加强其法律知识的学习，使其认识暴力行为的危险性、违法性；二是开展有关自信心培养方面的项目，增加其社会知识方面的培训，增强其表达能力和表达渠道，丰富其解决问题策略集中的备选方案，使其用非暴力方式替换暴力手段；三是加强其情绪控制训练，防止其在"激情"状态下因情绪失控而引发犯罪。

2. 根据人身危险性所进行的分类矫正

人身危险性分类是现代分类体系的重要组成之一，着重关注服刑人员客观存在的、潜在的继续实施危害社会、本人或他人行为的现实可能性。[1]服刑人员的人身危险性是监管机构、社区和社会公众最为关注的问题。人身危险性等级分类建立在调查和定量评价技术上。调查的过程是监管机构主动发掘服刑人员信息的过程，通常需要知道犯罪人的生活史、社会化情况、违法犯罪史、涉及成瘾物等情况。除了依据调查信息展开主观评价，对犯罪人也需要作量化评定，通过测评量表将服刑人员的生活事件等转化为与人身危险性相关的信息，在主客观综合评定的基础上，对服刑人员的人身危险性进行等级分类，进而合理配置行刑和矫正资源。如，北京依据社区服刑人员的人身危害大小及回归趋向度将服刑人员分为 A、B、C 三类，对应低、中、高三种强度的监管措施。

（二）少数民族地区社区服刑人员的异质性对分类矫正的影响

我国既有的分类矫正技术是建立在汉族聚居区域的经验和方法之上的，

---

〔1〕 宋行主编：《服刑人员个案矫正技术》，法律出版社 2006 年版，第 90 页。

分类矫正是运用监管力量、社区资源等外力激发服刑人员内心从而诱导其在自觉或无意识的状态下改变自身行为策略的过程，既有的成熟的分类矫正方案和对应的矫正措施是在北京、上海等地凭借经验累积形成的，对于汉族地区社区服刑人员具有有效性，但是少数民族地区社区服刑人员存在异质性，这些异质性会直接改变既有分类矫正经验适用的前提，分类矫正欲在少数民族地区发挥其应有的功效，需研究异质性对分类矫正技术的影响。

分类矫正实质是服刑人员、监管者传递"再社会化"一系列信号的双向互动过程。服刑人员作为社区矫正对象向监管者发送其类型化以及个性化特征信息；监管者根据服刑人员的具体情况制作矫正方案和措施，向服刑人员发送矫正信号，信号的内容包括心理健康、行为规范等主流的社会规范和标准。服刑人员接收到信号后，会根据自身需求筛选有用的信息，如他们会启动自身的分析模式"筛选、观察和解释"信号，并在对信号进行处理后，作出相关决策。服刑人员将对信号处理后的信息又以信号的方式反馈给信号的发送者即通常是监管部门，监管部门根据反馈评估矫正信息是否起到以及何种程度上起到"再社会化"的作用。分类矫正"再社会化"信号双向互动的过程如下图所示：

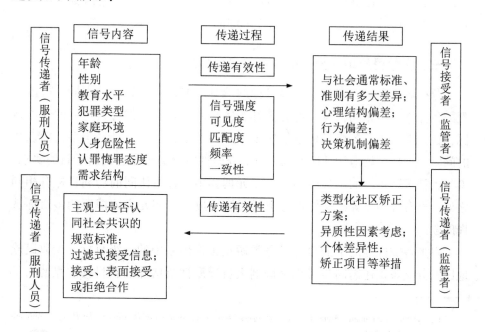

　　社区服刑人员语言的异质性增加了分类矫正在矫正理念、矫正措施所依托的信号载体有效传递的障碍。语言作为人们认知客观世界的媒介必然会内化到主体的思维习惯和方式中去。德国语言学家洪堡特（Humboldt）曾说："每一种语言都在使用该语言的民族周围划出一道魔圈，任何人都无法逃出这道魔圈，他只能从一道魔圈跳入另一道魔圈。"少数民族地区语言的差异性直接会影响服刑人员特征信息的发送和矫正信息的接收与处理。具体而言：一是对以汉语为载体的信息的获取和理解存在困难，并不是所有的法律法规以及规范性文件等都能及时地翻译成各少数民族语言，不能熟练掌握汉语的社区服刑人员对我国的法律法规、社会科学文化知识的掌握呈现出比较差的状况；二是少数民族地区相对独立甚至封闭地使用自己的语言，与外界交流、沟通存在一定的障碍，专业的社区矫正工作人员和专家不能真实、准确地了解服刑人员的情况，在制作社区矫正方案和实施该方案时存在困难。社区服刑人员对外表达不畅，不利于矫正工作人员对他们的监督、教育矫正和帮扶。另外，少数民族地区特殊的传统文化、习俗、宗教等非正式制度内容是分类矫正信号双向传递的情景因素。独特的情景不仅会影响服刑人员、监管者信号的双向传递，还会影响服刑人员的行为决策。每个人在决策时都是镶嵌在某个特定的情景之中的，个体决策在不同的情景下差异显著。[1]

三、少数民族地区分类矫正中的多目标选择

　　分类矫正是一个多标准、多目标的工具体系，分类标准的不同，所欲实现的目标亦不尽相同，每一种分类都有关注的侧重点，都有其追寻的价值目标，让分类矫正的各个目标都能实现预期的效果，实际上是一个多目标选择的问题。少数民族地区社区服刑人员的异质性对分类矫正也提出了新的要求。参与到社区矫正中的主体较多，在多元博弈中，各主体间的功利目标有相同之处，也有许多差异，这使得分类矫正演变成一个多元主体博弈的多目标选择问题。

　　以上各类标准之下的目标是分类矫正工作体系中的一级目标，少数民族地区的分类矫正还需同步考虑因服刑人员异质性所增加的新目标。服刑人员

---

　　〔1〕 Daniel Kahneman, Amos Tversky, *Prospect Theory: An Analysis of Decision under Risk*, Econometrica, 1979, pp. 263~292.

的异质性会影响分类矫正双向信号的传递过程及效果，因此，因异质性而产生的新目标将成为实现一级目标的中介目标。在分类矫正目标追求中，公共利益目标的实现是通过委托代理机制完成的，作为主要的监管部门，社区矫正司法行政机关接受国家的委托代表社会公共利益，司法行政机关中从事社区矫正工作的工作人员接受机关的委托具体从事监管工作。分类矫正中所欲实现的社会公共利益大体通过双重委托代理来实现。每一层代理人除了需要代表公共利益还有自身的利益追求，司法行政机关有本部门的利益目标，司法行政工作人员作为自然人同样免不了生活、晋升等个人的功利目标追求。从总体上看，少数民族地区的分类矫正工作目标就演变为三级多元目标选择体系。下面详细分析多元目标体系中的多目标选择。

（一）一级目标选择

社会危险性标准，重点站在社会公共群体的角度，以防止服刑人员重新犯罪，再次损害社会公共利益为目的；不同犯罪原因、犯罪类型标准，重点站在监管者的角度，从侵犯不同利益客体的服刑人员的不同行为、心理特征和规律出发，达到更好地监管和教育服刑人员的目的；罪犯需要标准，重点从罪犯需求结构入手，站在服刑人员角度，通过调整和满足服刑人员的需求，来达到减少犯罪行为的结果。三类标准下的一级目标从根本上看具有一致性，但监管者在处理满足服刑人员需求与刑法执行、帮扶救助与严格执法上会出现把握不了界限，监管目标与满足服刑人员需求目标不易平衡的状况。

（二）中介目标选择

少数民族地区的分类矫正工作以尊重少数民族语言、风俗、文化、宗教传统作为前提，但服刑人员的异质性会与一级目标的实现产生冲突。独特的少数民族语言作为分类矫正一级目标信号的传递符号会出现遗漏、失真的情况。独特的风俗文化宗教传统直接决定着服刑人员甚至包括少数民族同胞的社区矫正工作人员对事物的基本态度、认识、理解等"前见"，他们对某些问题的判断和观点与社区矫正所蕴含的法律理念及制度等在汉族区域已经形成的社会共识存在不同甚至是有巨大差异，风俗文化宗教传统所造成的异质性会从根本上影响服刑人员接收和处理分类矫正所传递的信息以及与社区矫正工作人员等社区矫正资源的双向互动过程及效果。服刑人员的异质性对分类矫正工作产生了"负的外部性"，少数民族地区分类矫正工作一级目标欲得以实现，必须重视中介目标，注重改善服刑人员异质性对分类矫正工作产生的障碍性影响的环境。

（三）三级目标选择及之间存在的潜在冲突

少数民族地区分类矫正的三级目标选择是社区矫正司法行政机关、社区矫正工作人员、社区服刑人员的功利目标选择。三级目标中，各主体间的目标冲突明显：

第一，社区矫正工作人员是司法行政机关开展社区矫正工作的具体执法人员。从委托代理理论来看，司法行政机关与其工作人员之间存在着委托代理关系。分类矫正是对司法行政社区矫正执法机构提出的更高的质量要求，工作人员作为理性的"经济人"有自己的利益考量和目标追求。当前社区矫正工作人员少、任务重、责任大，工作人员会为了自身利益和职业风险的考虑而选择避免自己承担责任的工作方式，他们会将更多精力、工作重点放在防止服刑人员"脱逃"和"重新犯罪"的监管上，对于分类矫正中的重点工作教育矫正要么无暇顾及，要么分配较少精力和资源。教育矫正所产生的工作效果是使服刑人员从内向外地发生变化从而实现服刑人员的"再社会化"，这样的工作效果是社区矫正的最终目标但是却难以评价和衡量。因而，工作人员在具体的工作方向选择上会主攻"硬指标"而避开"软目标"。这样的一种制度安排会形成作为委托人司法行政社区矫正执法机构与作为受托人的工作人员在目标上的偏差。

第二，服刑人员在社区服刑期间，要接受监管和教育，其最直接的功利目标是成本最小化地完成监管部门规定的"基本动作"，顺利"解矫"。绝大多数服刑人员通常不喜欢社区矫正工作人员太过关心和了解他们的日常生活状态。对待许多日常监管措施和"苦口婆心"的"说服式"教育，服刑人员"应付"居多，只是尽可能地从行为外观上配合以符合监管要求。然而，不管是有效的监管，还是力图从行为模式、心理结构上对服刑人员进行改造使之"再社会化"的教育矫正，都需要服刑人员的充分信任、主动配合与积极投入。可见，服刑人员的直接目标与社区矫正目标不可避免地存在冲突。

四、分类矫正多目标选择下的激励共容机制设计

那如何在多目标选择的情形下，使各类目标均能较好完成？哈维茨（Hurwiez）创立的激励共容理论为解决这个问题提供了思路。该理论指出：在市场经济中，每个理性经济人都会有自利的一面，其个人行为会按自利的

规则行动；如果能有一种制度安排，使行为人追求个人利益的行为，正好与集体价值最大化的目标相吻合，这样的制度安排，就是激励共容。管理学激励理论进一步指出：个体由自身需要引起内部紧张，产生行为动机，并进行行为选择，以实现个体目标、满足需要，之后又产生新的动机和行为。[1]因此，在少数民族地区分类矫正多目标选择中，设计出一套既能为少数民族地区的服刑人员、工作人员提供适度激励，又能有利于实现社会公共利益最大化的机制，才能最大限度地实现各个目标。利益共容机制的实现需要在各方目标差异的基础之上设计制度让各个主体都有行为动力，并将行为的方向调整到与公共利益相符的方向上，具体而言，可以考虑以下策略或举措：

第一，细化研究各少数民族风俗宗教文化传统与分类矫正的关系，掌握各少数民族地区地方文化资源的特征，理清有利于分类矫正的积极因素；梳理与分类矫正相冲突的因素，在民族平等、团结、相互尊重的基础上，与服刑人员作深层次的沟通，将其引导到符合社会通常的行为准则上来。

第二，运用专业手段增进激励共容。监督、教育、帮扶中的信息不对称会加剧各目标之间的冲突，激励共容理论指出：改善各主体之间信息不对称的状况有助于激励共容机制的构建。社区矫正中的信息不对称体现在两个维度：一是社区矫正执法机构与工作人员之间的信息不对称，少数民族地区的多语言环境会加剧这种信息不对称；二是社区矫正机构与工作人员之间的信息不对称。改善第一种信息不对称，需要增加分类矫正信息从汉语向少数民族语言的转化质量和数量。同时引入客观、主观测评和专家辅导，对于社会危险性高的服刑人员，需要通过测评量表类型化诊断和专家介入，从而更全面地了解服刑人员的真实信息。改善第二种信息不对称，需要构建社区矫正机构与工作人员的信息沟通平台，通过平台加强对工作人员的专业化培训以及工作人员所掌握信息向平台的传递、整理和分析。

第三，调整社区矫正工作人员的权责利，形成合理的激励机制使其与司法行政机构的目标"共容"起来。司法行政社区矫正执法机构与其工作人员在委托代理关系中出现的目标偏移问题，可以通过调整制度予以修改，比如明确社区矫正工作人员认真履职、完成规定的监管动作后即尽到审慎职责，划清与玩忽职守罪的清晰界限，保护工作人员的合法权益，让工作人员处于

---

〔1〕　傅英略：《激励相容：中国有效银行监管机制构建研究》，吉林大学 2007 年博士学位论文。

一种安全的职业状态以"投入""尽力"地工作。

第四，增加对分类矫正中教育矫正工作的考核，虽然教育矫正的效果不容易体现和衡量，但是可以要求完成经过科学设计的专业矫正项目，潜移默化地改变服刑人员，逐步推进其再社会化进程。服刑人员的目标与监管、矫正目标的差异性是最大的，但服刑人员却是监管和矫正的作用对象，将他的行为引导到公共利益目标上来是分类矫正共容机制中最为核心的问题。将服刑人员行为标准调整到与通行标准一致，是改变服刑人员目标偏差冲突的根本路径，服刑人员自我调整行为、心理等各方面适应模式的动力源需要分类矫正技术着重挖掘。一方面让服刑人员感知偏离社会一般社会规范所带来的不便、负面和不受肯定的影响和评价；另一方面让服刑人员体验遵守社会行为准则所带来的愉快的、被予以肯定的行为评价和情感体验，服刑人员"再社会化"会引导其逐步摆脱负面影响、减少阴暗面，逐步朝向积极向上的人生道路。这一点从根本上讲是符合服刑人员的根本利益的，因此在该点上是可以找到监管矫正与服刑人员的利益共容点的，具体在分类矫正思路上可以从打动服刑人员、"感化"和"教化"并行入手。

第五，运用"互联网+"思维和技术为"激励共容"创造信息化条件。网络本身就是一个信息共享平台，可以有效解决信息不对称问题，服刑人员的定位、测评、培训、专家辅导与后台支持、语言翻译、少数民族风俗传统文化相融合的方案、措施和各类项目等都可以归集和整合到网络工作平台，多目标在一个系统平台上可以"一站式"地被予以分类推进。

第九章

美国社区矫正风险评估机制及其启示

美国社区矫正风险评估机制旨在追求维护公共安全、维护评估对象个人权益、执行社区矫正治理策略这三大目标的平衡以及遵守"风险—需求—回应"（RNR）模式中的风险原则、需求原则、回应原则。美国社区矫正风险评估的实践遵循循证矫正的工作理念，形成了以借助工具的精算评估为主，临床诊断评估为辅的工作方法。风险预评工具不断完善，风险评估与矫正措施的关联性不断加强，个人评估与社区评估相互结合。我国社区矫正风险评估审前调查评估工作权责与步骤尚需明晰，风险评估方法和标准尚需明确。但我国与美国相较，风险评估的类别和目的不同、风险评估工作的发展阶段不同。完善我国社区矫正风险评估工作，需坚持循证矫正的工作理念，实现审前调查评估与分类处遇评估有机结合，重视评估工具的研发，加强临床诊断式评估方法的运用，并研发适合我国情况的评估工具。

风险评估（Risk Assessment）在社区矫正中起着重要作用。在我国，风险评估包括审前调查评估和分类处遇评估。审前调查评估，即《社区矫正法》第18条、《社区矫正实施办法》（已失效）第4条所规定的，人民法院等裁决机关对被告人、罪犯作出实施社区矫正的决定以前委托相关机关开展的对拟矫正对象再犯罪风险性、对居住社区影响度的评估。分类处遇评估，即《社区矫正实施办法》（已失效）第9条规定的司法所在制定矫正措施之前对矫正对象悔罪表现等要素进行的评估，以及第21条规定的为检验和调整矫正措施的日常考核评估。审前调查评估，对社区矫正决定的作出有着重要影响；分类处遇评估，对分类处遇的开展和矫正措施的选择有重要影响。而实践中，风险评估机制并不完善，立法上的规定模糊[1]，实施机关在操作中困惑重重[2]，评估主要依靠个人判断易致草率敷衍[3]。这对社区矫正决定的正确作出和社区矫正的有效开展非常不利。如何完善我国社区矫正风险评估机制也成为当前学界和实务界的讨论热点。

美国社区矫正风险评估以 RNR 模式为指引，其评估结果可作为审判前报告的核心内容即实施假释等决定的重要依据，也可作为社区矫正命令和矫正方案的重要依据。[4]风险评估在美国社区矫正中发挥着重要作用，其以评估拟矫正者的危险性，降低矫正者的再犯可能性为目标，遵循理论指引和严谨的实证研究，通过风险评估工具（risk assessment instrument）的运用，有效提高了社区矫正的效率并降低了再犯率。美国社区矫正风险评估机制较为完善，相关理论研究和实证研究也非常丰富，值得加以研究。美国社区矫正风险评估机制对我国相关工作的完善也有启发，可立足我国实践需求，选择性地进行借鉴。下文对美国社区矫正风险评估理论、制度设计、实践状况进行归纳，在比较中美社区矫正风险评估机制的基础上，立足我国实践，分析美国社区矫正风险评估机制带来的启示。

一、美国社区矫正风险评估的指导原则与工作开展

（一）美国社区矫正风险评估的目标和原则

1. 三项目标的平衡

维护公共安全、维护评估对象个人权益、执行社区矫正治理策略，是实施风险评估的三项目标。美国刑事司法制度追求"犯罪控制"和"正当程序"两项目标的平衡。[5]犯罪控制，实则维护公共安全，旨在稳定社会秩序、减少犯罪率，以社会治理效率为导向，有时甚至牺牲对个人权益的维护。

---

〔1〕 林珺：《我国社区矫正风险评估立法的若干问题研究》，载《福建师范大学学报（哲学社会科学版）》2017 年第 6 期。

〔2〕 申心刚：《我国社区矫正制度的确立与完善》，载《天津师范大学学报（社会科学版）》2015 年第 3 期。

〔3〕 顾顺生：《社区影响调查评估中的问题与对策》，载《人民检察》2015 年第 17 期。

〔4〕 Maurutto, P., & Hannah-Moffat, K., "Understanding risk in the context of the Youth Criminal Justice Act", *Canadian Journal of Criminology and Criminal Justice*, 2007, 49（4）：465~401.

〔5〕 Packer, Herbert L., *The Limits of the Criminal Sanction*, Stanford, CA: Stanford University Press, 1968.

犯罪控制与公共安全维护是刑事司法制度的首要目标，也是社区矫正的首要目标。美国明尼苏达州矫正部的价值追求为：为更安全的明尼苏达州作出贡献。[1]正当程序，实则维护被告人或罪犯的个人权益，通过程序正义维护个人权益，平衡单纯追求犯罪控制导致的个人权益牺牲。社区矫正的价值追求除了维护公共安全、维护评估对象个人权益，还包括执行社区矫正治理策略。[2]较监禁刑而言，社区矫正的经济花费更少，矫正效率更高，是很多国家倾向选择的治理策略。社区矫正风险评估也追求这三项目标的平衡，以维护公共安全，正确评估危险性为目的，在法定程序中通过一系列科学严密的评估方法，得出评估结论，助力社区矫正的决定作出和方案开展。

若单纯追求"公共安全的维护"，则风险评估标准可能过于严格，可能导致审判裁决机关更多选择监禁刑，而牺牲评估对象的个人权益和放弃社区矫正策略的执行；若单纯追求"个人权益维护"，则风险评估标准可能过于宽松，可能导致审判裁决机关作出过多的社区矫正决定而忽略了公共安全的维护，以及弱化了治理策略的执行标准；若单纯追求"治理策略的执行"，则风险评估标准可能过于模糊，可能导致审判裁决机关忽视公共安全，以及对被告人或罪犯的个人权益的维护。所以，要实现这三大目标的平衡，就要突出风险评估的科学性，确保风险评估结果的严谨性，以帮助审判裁决机关作出正确的决定。

2. 三大原则的执行

美国的社区矫正风险评估以 RNR 模式为指引，旨在实现上述三项目标的平衡。此模式由安德鲁斯等学者共同提出[3]，已在国外取得了大量的实践和实证回应，成了风险评估的经典思路。此模式的运行遵守风险原则、需求原则、回应原则。

风险原则包含两个方面的目标：预测再犯与合适矫正，即预测评估对象再犯罪可能性和建议与评估对象再犯风险度相当的矫正措施。通过评估对象的个性和所处环境等风险因素，预测其将来的行为可能。风险因素可分为静

---

〔1〕 Minnesota Department of Corrections, "Vision, Mission, Values and Goals", in https://mn.gov/doc/about/agency-background-history/vision-mission-values/20240807.

〔2〕 Douglas, K. S., Yeomans, M. & Boer, D. P., "Comparative validity analysis of multiple measures of violence risk in a sample of criminal offenders", *Criminal Justice and Behavior*, 2005, 32 (5): 479~510.

〔3〕 Andrews et al., *The Psychology of Criminal Conduct*, Cincinnati, OH: Anderson, 2010.

态因素和动态因素。前者指评估对象不可改变的个人信息，后者指评估对象的就业情况、受教育程度等可以改变的个人信息。对评估对象的风险因素进行评估，可以得出其是否适合接受社区矫正，以及适合何种级别的矫正措施。

需求原则认为，评估对象的某些需求会增加其实施犯罪行为的可能。[1]这些危险需求可归纳为八个方面，包括"核心四项"：反社会行为史、反社会人格模式、反社会认知、反社会交往，和"辅助四项"：家庭或婚姻环境、学校或工作环境、休闲环境、药物滥用情况。对评估对象的危险需求进行评估，可以揭示其是否有通过社区矫正得到行为纠正的可能，以及社区矫正项目需要从哪些方面进行着手。

回应原则认为，应考察评估对象对社区矫正项目的回应是否存在障碍以及存在哪些方面的障碍。影响评估对象正常回应的因素包括：认知能力、学习风格、与治疗机构的关系、拟实施的项目内容。[2]对评估对象的回应因素进行评估，可以得出其是否有矫正可能以及应对其采取哪些内容的矫正项目。

（二）美国明尼苏达州社区矫正风险评估的工作开展

在美国，各州社区矫正工作的开展都有所不同。以明尼苏达州为例，在此介绍一下该州的风险评估机构及其职能。

明尼苏达州最早颁布社区矫正法，对社区矫正及风险评估工作非常重视，也取得了丰富的经验。美国明尼苏达州设有矫正部（Department of Correction），下设监禁机构矫正委员会和社区矫正委员会，社区矫正委员会中设有风险评估与社区通知办公室（Risk Assessment/Community Notification）。矫正部负责的社区矫正对象有两类，即在监狱中完成 2/3 刑期并已被释放的重罪罪犯和居住在无法实施当地矫正计划地区的未被收押的缓刑犯。该部对风险评估工作比较重视，其在 2018 年至 2020 年的工作计划中，列举了五项工作目标，其中"提供有效的矫正服务"为首要目标，完成这一目标需对社区矫正对象提供高效的以研究成果为基础的监督以及对监禁对象提供安全可靠且人性化的

---

〔1〕 Andrews, D. A., Bonta, J. & Hoge, R. D, "Classification for effective rehabilitation: rediscovering psychology", *Criminal Justice and Behavior*, 1990, 17（1）: 19~52.

〔2〕 Ogloff, J. R. P. & Davis, M. R, "Advances in offender assessment and rehabilitation: contributions of the risk-needs-responsivity approach", *Psychology, Crime and Law*, 2004, 10（3）: 229~242.

环境，而首要措施则为"确保风险评估的准确性"。[1] 2018 年的财政预算中，社区服务项目中风险评估和社区通知的预算为 2 217 000 美元，占所有社区服务项目预算的 1.7%，占明尼苏达州矫正部所有预算的 0.04%。[2] 风险评估预算的占比不多，总体预算主要用于各监狱矫正工作的开展和社区矫正中具体矫正项目的实施，该部负责的社区矫正对象总人数为 4 万人左右，人均风险评估的预算约为 60 美元。

风险评估由矫正官（Corrections Agent）负责，矫正官会应法院、矫正机构的要求开展风险评估，以助力社区矫正决定、矫正计划、矫正解除决定的作出。法院判决前，矫正官对被告实施风险评估，以制作审判前调查报告（pre-sentence investigation reports，PSI reports），社区矫正决定开始执行后，矫正官作为个案管理者负责开展风险评估。根据明尼苏达州公布的相关文件，该州的社区矫正实行个案管理制（Case Management Process），即由个案管理者作为矫正对象与矫正机构之间的纽带，负责矫正项目的执行。个案管理者与矫正对象组成项目审查小组（Program Review Team），开展风险评估、健康服务、矫正项目任务安排等一系列的活动。

风险评估工作标准明确、过程严谨且风险评估结果直接关系矫正措施的选择。自 1990 年起，明尼苏达州立法要求再犯风险高的矫正对象要接受严格监管。为此，矫正对象的风险评估工作就需尤为谨慎。根据该州立法及对应文件，进行风险评估时需运用经过许可和授权的工具，且成年矫正对象在进入矫正管理系统（Correctional Offender Management System）时需运用的风险评估工具为 MnSTARR，矫正部门运用的日常考核风险评估工具为 LS/CMI，针对未成年矫正对象需运用的风险评估工具为 YLS/CMI 2.0。若通过 MnSTARR 工具的风险评估，矫正对象显示为高再犯风险，则其在矫正过程中需接受更为严格的综合案例管理（Integrated Case Management）。但风险评估工具的结论也不是决定矫正措施的唯一依据，若相关工作人员认为确有必要，虽然评估结果为低再犯风险，矫正对象也要接受严格监督。

---

〔1〕　Minnesota Department of Corrections, "Strategic Plan 2018", in https://mn. gov/doc/assets/Strategic% 20Plan%202018_ final_ tcm1089-324996. pdf/20240807.

〔2〕　Minnesota Department of Corrections, "Minnesota DOC Budget Fiscal Year 2018", in https://mn. gov/doc/about/budget/20240807.

二、美国社区矫正风险评估的实践特点

近十多年来，美国社区矫正风险评估工作的变化巨大，计算机技术的应用、新型风险评估工具的诞生带来了个案管理制的革新和矫正官职责的变化。以科学技术为基础的评估和分类机制的运用不断扩大，并使风险评估更合理、更高效、更公正。目前美国社区矫正风险评估工作有以下特点：

（一）遵循循证矫正的工作理念

循证矫正是基于科学研究，以矫正对象的相关特征证据为基础而开展的，旨在减少再犯率，实施有效矫正措施和受害者、社区恢复措施的矫正工作开展策略。美国社区矫正对循证矫正策略的贯彻非常重视。2009 年明尼苏达州立法要求该州矫正部的循证矫正政策小组评估社区矫正中循证矫正工作的落实，并且《2009 年明尼苏达州法律汇编》第 59 章第 4 条第 8 款专门列明了评估工作应包含的五个具体方面。在明尼苏达州矫正部的工作计划中，也多次出现循证工作（evidence-based）的要求。

贯彻循证矫正策略有三方面的原因：道德原因、实证原因、财政原因。首先，循证矫正充分维护矫正对象的权益。就风险评估而言，贯彻 RNR 模式，考察评估对象的风险因素、需求因素、回应因素，遵循实证材料得出评估结论，减少了依据矫正官的个人经验带来的评估随意性。其次，循证矫正的效果已被大量实证研究证明。研究证实，加拿大实施循证矫正后的 30 年，再犯率降低 30%甚至更多。[1]最后，成熟有效的循证矫正策略实施也为社区矫正节约了成本。就风险评估而言，风险评估工具的运用使评估过程更为高效且人力成本、调查成本更低。

循证矫正在风险评估中的运用体现为：以借助工具的精算评估为主，以临床诊断式评估为辅。矫正对象的再犯风险程度由一系列影响因素进行测量，评估结果有可能颠覆通常经验预测。比如，一个成年重罪罪犯的再犯罪可能性可能低于一个未成年被矫正者。

（二）风险评估愈加全面、高效

首先，风险评估方式愈加具体全面。美国风险评估方式发展迅速，从定

---

〔1〕 Andrews, D. A., "Principles of effective correctional programs", in www.csc-scc.gc.ca/text/rsrch/compendium/2000/index-eng.shtml/20240807.

性的、临床诊断式评估为主逐渐过渡到定量的借助标准化工具的评估为主。第一代风险评估方法是典型的临床诊断式评估，借助评估者的个人经验得出结论，但由于缺乏严格的评估标准，其结论有不确定性。从 20 世纪 70 年代开始，第二代风险评估方法开始运用。此方法借助量表，通过静态因素的统计得到结论。此方法的标准化程度有所增强，但基于静态因素的考察难以对评估对象的未来行为进行预测。第三代风险评估方法基于 RNR 模式对相关静态、动态因素进行综合考量，使评估对象的未来行为预测成为可能。该方法适用伊始，不同种族、不同性别的评估对象适用的考察因素都是一致的，但以大量实证研究为基础，学者们发现同一工具对不同性别评估对象的评估准确性是不同的，比如某些工具对男性评估对象有较高准确性，但对女性评估对象的准确性较弱。这些研究也推动了风险评估工具的完善。第四代风险评估方法在第三代的基础上增加了对拟适用的矫正措施的推荐。美国风险评估工具运用广泛。在明尼苏达州，93%的成年矫正机构和 96%的未成年矫正机构都使用了风险评估工具，且工具的选取范围有立法规定。[1] 评估工具种类繁多且其有效性不断经受着实证考察，目前至少有 19 种广泛使用的评估工具成了学术研究的对象。[2]

其次，风险预评工具不断完善。为了提高评估效率，风险预评工具不断开发。评估对象须先通过预评工具的评估，若评估结果为低再犯风险就不必进行冗长的完整评估。若预评结果为高再犯风险，则需通过完整评估工具的再次考察。预评工具的运用节约了评估成本，缩短了评估时间，主要用于辨别可实施低监管程度的低再犯风险矫正对象。预评工具的认证和授权，以及适格预评工具的限定，是近年来美国社区矫正风险评估工作的重点。

（三）风险评估与矫正措施的结合度愈来愈强

首先，风险评估与矫正措施的关联性不断加强。美国早期的风险评估方法缺乏实证支撑，风险评估与降低再犯率的矫正措施之间缺乏科学联系。相应再

---

〔1〕　Minnesota Department of Corrections, "2011 Report to the Legislature Study of Evidence - Based Practices in Minnesota", in https://mn. gov/doc/assets/12-10EBPreport_ tcm1089-271698. pdf/20240807.

〔2〕　Desmarais, Sarah L. & Singh, Jay P. , "Risk Assessment Instruments Validated and Implemented in Correctional Settings in the United States", in csgjusticecenter. org/wp - content/uploads/2014/07/Risk - Assessment-Instruments - Validated - and - Implemented-in - Correctional - Settings - in - the - United - States. pdf/20240807.

犯风险度的矫正对象适用何种相应的矫正措施，缺乏严密论证。这使得风险评估结果因存在随意性而缺乏科学性。这一现象也引起了学者的关注和质疑。[1]后续研究揭示，风险评估的随意性将带来不利后果。某一矫正项目，适用于高再犯风险度矫正对象，则可将其再犯率降低 30%；但若适用于低再犯风险度矫正对象，则会将其再犯率由 7%升高至 29%。[2]近年来，美国风险评估工具不断完善，矫正措施的设计也愈加科学，第四代风险评估方法中评估结果与矫正措施相关联，提高了矫正效率。

其次，个人评估与社区评估相结合，能够在风险评估中考察矫正措施的成功可能性。美国早期的风险评估关注评估对象的再犯风险认定，根据评估对象的再犯风险度即可完成报告，以建议是否适合接受社区矫正和拟实施的矫正措施。但居住社区会对矫正对象产生影响，且社区环境与其能提供的矫正措施密切相关，高风险的社区环境能给矫正对象提供的矫正措施非常有限。[3]因此，有学者提出，风险评估还应考虑评估对象所居住的社区是否适合执行矫正措施，并应评估居住社区中存在的风险，即对评估对象的再犯罪风险性进行评估的同时，对所居住社区的风险性也一并进行评估。[4]目前的实践回应了这一主张。在明尼苏达州，风险评估时会考察评估对象在当地接受矫正措施的可能性，若评估对象无法在当地接受矫正则其归属该州矫正部直接管理。

三、中美社区矫正风险评估工作比较

(一) 风险评估的类别和目的不同

从法规政策上看，我国风险评估分为两类，一类在作出社区矫正决定以前实施，另一类在制定、调整或解除矫正措施前实施。第一类风险评估针对

---

[1] Byrne, James M. & Pattavina, "Assessing the Role of Clinical and Actuarial Risk Assessment in an Evidence-Based Community Corrections System: Issues to Consider", *Federal Probation*, 2006, 70 (2): 64~67.

[2] Lowenkamp et al., "Understanding the risk principle: How and why correctional interventions can harm low-risk offenders", in National Institute of Corrections, *Topics in Community Corrections Annual Issue*, 2004, pp. 3~8.

[3] Jacobson, Jerry O, "Do Drug Treatment Facilities Increase Clients' Exposure to Potential Neighborhood-Level Triggers for Relapse? A Small Area Assessment of a Large Public Treatment System", *Journal of Urban Health*, 2006, 80 (2): 1~13.

[4] Byrne, James & Taxman, "Crime Control Strategies and Community Change", *Federal Probation*, 2006, 70 (1): 3~12.

评估对象的再犯罪风险性和对居住社区的影响度进行评估，目的是判断评估对象是否适合接受社区矫正。第二类风险评估主要针对矫正措施的实施条件进行评估，目的是判断评估对象的矫正难度，以方便开展分类处遇。我国法规政策对审前调查评估着墨较多。《社区矫正法》规定了审前调查评估，但对分类处遇评估没有规定。《四川省社区矫正实施细则（试行）》第四章"调查评估"共12条，对审前调查评估的权责步骤进行了规定，但对分类处遇评估仅规定在第56条和第112条。实践中，为实施分类处遇，分类处遇评估受到重视，大多数的风险评估工具都是为分类处遇设计的，如浙江省杭州市余杭区司法局使用的"社区矫正对象再犯风险评估系统"（CIRAI）就是针对入矫初期、服刑中、解矫前的矫正对象进行评估。

美国的风险评估则同时实现再犯罪风险性预测和矫正措施建议两项目的，风险原则、需求原则、回应原则的运用同时回答了评估对象是否适合接受矫正和适合接受哪些矫正措施两方面的问题。实际上，这两方面的问题是相互联系的，为回答这两个问题而要评估的因素也是有重合的。可见，美国风险评估更为高效。

（二）风险评估工作的发展阶段不同

我国社区矫正风险评估工作还处于摸索阶段。审前调查评估的权责分配和实施步骤还在逐步明晰之中，风险评估的标准和工具还在不断完善之中。由于风险评估工具的完善需要基于实证研究，而就已进行的探索实践看，其完善难以在短短几年之内完成。

美国社区矫正风险评估已经经历了相当长的时间，处于成熟运行阶段。2006年，曾有一篇文章指出了当时美国社区矫正风险评估工作的三大亟待解决问题：风险评估与矫正措施的联系度较低、迷信评估工具的运用而过于忽视工作人员的主观判断、个人评估与社区评估的联系度低。[1]如今十多年后，这三个问题在风险评估中都有了很好的解决。对于评估工具的开发经历了从20世纪70年代至今的40多年，至今评估工具都还在不断接受验证和完善。但总体而言，风险评估的方法运用已经趋于成熟，风险评估的效果也已

---

〔1〕 Byrne, James M. & Pattavina, "Assessing the Role of Clinical and Actuarial Risk Assessment in an Evidence-Based Community Corrections System: Issues to Consider", *Federal Probation*, 2006, 70 (2): 64~67.

得到了检验。

四、我国社区矫正风险评估工作的完善需求

（一）审前调查评估工作权责与步骤尚需明晰

在很长一段时间，我国审前调查评估的工作权责与步骤不甚明晰。根据《刑法》第 72 条、第 81 条，适用缓刑和假释的条件为"没有再犯罪的危险"以及对所居住社区没有重大不良影响。在 2011 年《刑法修正案（八）》之前，适用缓刑和假释的条件为"不致再危害社会"。但对于社会危害性或再犯罪风险性、对所居住社区影响程度的评估由谁负责、如何开展，都缺乏细致的规定。虽然各地根据自身的实际情况出台了一些具体办法，如《四川省社区矫正实施细则（试行）》规定县级司法行政机关根据人民法院、人民检察院、公安机关、监狱的委托，提出对适用社区矫正的评估意见；司法所根据社区矫正机构的授权，对拟适用社区服刑人员进行调查评估。《浙江省社区矫正审前社会调查实施办法（试行）》（已失效）规定了审前社会调查由县级司法行政机关指派给司法所；司法所调查人员不足 2 人时，县级司法机关应当派员或指派其他司法所的工作人员参与调查。《合肥市社区矫正审前调查评估实施办法》规定了司法所根据县（市、区）社区矫正机构的委托，进行调查评估并给出初步意见，人民检察院也可以委托社区矫正机构或者有关社会组织开展调查评估。但是各地的规定有所差异，所涉及的部门广泛，没有一个明确的标准，且各部门之间的工作开展需要多方协调，相关单位由于对社区矫正不了解、对司法行政机关的职能不清楚，往往不予配合，司法行政机关也没有任何可以制约上述单位的法律依据或执法手段。对于被调查人员没有犯罪前科或不属于本辖区派出所办理的案件，派出所因为完全不了解被调查人员，通常会随意出具不同意被调查人员纳入社区矫正的意见。上述情形中，多元行动主体间相互不存在从属关系，各个行动主体之间所行使的权力相互间也无对应关系。这种非闭合的组织关系涉及部门较多，联系松散，组织运行成本较高，缺乏全国性的统一规范。

首先，审前调查评估责任机构不明确。2012 年《社区矫正实施办法》（已失效）第 4 条规定，风险评估"可以"委托县级司法行政机关开展。2016 年《社区矫正法（征求意见稿）》第 10 条变更了受委托机构，但仍然沿用了"可以"一词，规定社区矫正决定机关可以委托"社区矫正机构或者居民委员

会、村民委员会"开展风险评估。《社区矫正法》第18条再次调整了委托机构，但"可以"一词未改变，规定"社区矫正机构或者有关社会组织""可以"受委托开展调查评估。而"可以"一词在实践中会引起困惑。是否可以理解为相应机构就是风险评估的责任机构，抑或理解为风险评估还可另寻其他机构？这给实践操作带来了困扰。关于接受委托的社会组织，司法部等六部门发布了《关于组织社会力量参与社区矫正工作的意见》，提到进一步鼓励村（居）委会协助社区矫正机构，基层群众性自治组织依法参与社区矫正对象社会调查、入矫宣告、日常监管、教育帮扶、解除矫正等具体的环节当中。《社区矫正法》也规定了社区矫正对象所居住的村（居）委会工作人员作为矫正小组成员，对社区矫正对象承担着管理责任。同时《关于组织社会力量参与社区矫正工作的意见》还提到切实加强社区矫正志愿者队伍建设。但是无论是以前的《司法行政机关社区矫正工作暂行办法》（已失效），还是现行的《社区矫正法实施办法》，对社区矫正志愿者身份与权责的表述都非常模糊。关于社区矫正机构，四川省规定，县级司法行政机关社区矫正机构负责执行社区矫正，提出适用社区矫正的评估意见，人民检察院依法对社区矫正前进行的调查评估进行监督，评估工作由社区矫正执法人员、社区矫正工作人员承担，但对调查评估的责任承担问题没有进行特别的规定。浙江省规定县级司法行政机关在审查司法所提交的调查报告和相关材料后，认为无异议的，签署意见（盖章），送达委托机关，并明确调查评估的责任由进行调查的相关人员承担。安徽省规定，基层司法所受社区矫正机构的委托，参与调查评估，但只是提出初步的意见，且并未明确调查评估的责任该由谁来承担，导致实践中出现权责不清的情况。

其次，审前调查评估的开展步骤与评估结论的价值规定不明。例如，《四川省社区矫正社会调查评估办法》第14条规定："人民法院、公安机关、监狱管理机关在对被告人、罪犯作出判决、裁决或决定是否适用社区矫正时参酌社会调查评估意见。"对于此处的"参酌"应如何理解，该办法没有明确规定。这会导致产生未接受评估即已判处社区矫正的案例，或风险评估结果为不适合接受社区矫正但仍被决定实施社区矫正的案例，比如一些暴力犯罪、性犯罪、毒品犯罪等，社区往往倾向于将这些犯罪人视为洪水猛兽且唯恐避之不及。司法行政机关可能会对这类社区矫正的执行产生抵触情绪，影响社区矫正的实施[1]。

（二）风险评估方法和标准尚需明确

我国对于审前调查评估的范围，规定在 2012 年《社区矫正实施办法》（已失效）第 4 条，即拟矫正对象的"居所情况、家庭和社会关系、一贯表现、犯罪行为的后果和影响、居住地村（居）民委员会和被害人意见、拟禁止的事项等"。《社区矫正法》第 18 条不再列举调查事项，而将调查范围概括为"被告人或者罪犯的社会危险性和对所居住社区的影响"。对于分类处遇评估的范围，规定在 2012 年《社区矫正实施办法》（已失效）第 9 条，即矫正对象"被判处的刑罚种类、犯罪情况、悔罪表现、个性特征和生活环境等情况"，但有关评估方法和标准没有统一规定。

各地在实施风险评估时，进行了一系列的探索，也开发了一些评估工具。比如，北京市使用的《北京市社区服刑人员综合状态指标体系》就是先通过三种问卷形式对社区矫正对象的基本情况、家庭情况、犯罪与刑罚历史以及接受社区矫正的态度和心理状态进行整体的评估调查，再通过 SPSS（统计产品与服务解决方案）软件程序对有关样本进行统计学分析得出结论；上海市使用的《社区矫正服刑人员风险测评表》则是先通过对社区矫正对象的基本因素、个性及心理因素、社会因素、综合因素四个方面进行总体的调查评分，再通过评分将社区矫正对象划分为稳定、重点关注、高危控制三个等级；江苏省使用"江苏省社区矫正风险评估系统"先对社区矫正对象进行一个综合性的风险评估，再根据风险评估的报告对适用社区矫正的人员进行总体的评价，在实施过程中，还借助了电子定位、APP 签到等一系列的辅助手段来保障风险评估的准确性。但各地的评估工具还在进一步研究完善之中，其准确性还有待大量的实证研究来验证。未使用评估工具的地区，还依赖于定性的、临床诊断式的评估方法，或者静态因素简单统计的评估方法，此类方法对于实际上从事调查评估的工作人员的专业素养要求较高，在进行实地调查时，司法所自身力量较为薄弱，需要借助基层群众性自治组织以及其他社会组织的力量掌握对象的情况，其评估结果的准确性易受较多因素的影响。

---

[1] 任文启：《完善我国社区矫正审前调查评估制度的思考——基于文本和现实的比较分析》，载《甘肃政法学院学报》2016 年第 2 期。

五、美国社区矫正风险评估工作的启示

美国社区矫正风险评估工作对我国社区矫正风险评估工作的完善有所启示。我国社区矫正风险评估机制的完善需立足我国实践需求，从以下方面展开。

（一）坚持循证矫正的工作理念

近年来，循证矫正的工作理念受到重视，各地实践与科研活动广泛开展并取得了一定的成效。2012 年司法部成立循证矫正研究与实践科研项目领导小组，推动了我国循证矫正的研究与实践。2013 年，9 所监狱作为试点，开始监狱系统循证矫正的实践。2013 年下半年起，江苏省苏州市开展社区矫正循证矫正实践的试点。通过实践，对循证矫正客观、高效的特点，形成了普遍共识。社区矫正风险评估也应坚持这一工作思路，确保评估工作客观、高效开展。

（二）探寻适合我国情况的评估方法

首先，审前调查评估与分类处遇评估有机结合。我国法规政策及实践都将两类评估分离开来。二者的负责机构不同，前者主要由县级司法行政部门负责，后者由实施矫正监督的司法所负责；评估范围和评估方法不尽相同，前者针对再犯罪风险性评估的机制尚在完善之中，后者针对矫正难度的评估机制已经有了大量的实践。如果能将两类风险评估的范围和方法有机结合，即在评估工具的研发中，兼顾两类评估，在分类处遇评估工具的基础上进行评估工具的完善，使之亦能服务于审前调查评估。同时，在分类处遇评估时，对审前调查评估的结果充分利用，并在此基础上开展进一步的分类评估，有利于提高风险评估的效率。

其次，重视评估工具研发的同时，不可忽视临床诊断式评估方法的运用。我国目前的实践中，临床诊断式评估仍然占据了相当大的比例。该方法的运用，对工作人员的专业技能和个人素质要求较高，若一味追求评估工具的研究而忽视临床诊断评估方法，忽略对评估工作人员专业技能的培训，则不利于我国风险评估工作的开展。同时，临床诊断式评估可根据具体情况弥补借助评估工具的精算评估的不足，目前美国明尼苏达州就是遵循的精算评估结果优先、临床诊断结果补充的原则。精算评估结果为低再犯风险时，工作人员仍可通过临床诊断调整其风险级别。完善的评估方法应该是精算评估与临

床诊断的结合，所以不可忽视临床诊断。

（三）研发适合我国情况的评估工具

首先，评估因素要符合我国评估对象的具体情况。风险评估工具选取的评估因素需要以实证为依据，针对我国具体地区、具体人群的特点进行总结。国外成熟的风险评估工具选取的评估因素，可能不适合我国情况。在研发我国评估工具时，应该进行取舍。比如，"已接受刑罚情况"，对已释放的重罪罪犯、拟假释、拟实施监外执行的罪犯进行再犯罪风险评估时，这一因素非常重要。但若对我国判决前的被告人进行风险评估，这一因素就不太合适。

其次，评估因素要适合我国评估人员理解把握。若评估因素包含大量的精神病诊断要素，则需评估人员具有较高的专业水平。但我国大多数评估人员未接受相应的培训，专业水平和评估程序都达不到相应要求，对这些因素评估的准确性将大打折扣。[1] 因此，设计评估工具时需要考虑我国评估人员的运用能力和评估程序的严谨程度。

---

[1] 冯卫国、王超：《中外社区矫正风险评估因素结构差异研究》，载《法学杂志》2014 年第 7 期。

第十章

社区智慧矫正的困境与出路研究

社区矫正作为一种新型的刑罚执行措施，就是将被判处管制、暂予监外执行、宣告缓刑、假释的四种罪犯置于社区之中，并依法对其进行监督管理和教育帮扶等活动，[1]最终帮助其重新回归社会的刑罚执行方式。社区智慧矫正是大数据背景下信息化技术逐步应用于传统社区矫正工作发展而来的，即在传统社区矫正工作中使用人工智能、大数据等现代化技术，实现社区矫正效率的提升，达到智慧化矫正的目标。近年来我国智慧矫正建设发展取得了阶段性成果，但同时也面临着如工作人员数量少、数据壁垒和信息鸿沟凸显、地区发展严重失衡、未成年矫正对象保护不足等困境。本章在阐述目前面临的困境以及分析原因的基础上，提出解决方案和措施，以期对未来社区智慧矫正的持续发展贡献微薄力量。

一、问题的提出

社区矫正是指将符合法律规定条件的罪犯置于社区中，由专门的执法人员和社工人员对其进行监督管理和教育帮扶，帮助其进行改造，最后重新回归社会的制度。相较于传统的刑罚执行方式，社区矫正作为一种新的刑罚执行替代方式，其目的不仅在于执行刑罚，还在于帮助服刑人员重新融入社会。按照中央部署，2003 年，我国部分地区如北京市、浙江省等地区进行了社区矫正制度试点。而社区矫正制度在全国范围内得以施行的标志即为最高人民

---

〔1〕 张浩若：《社区矫正工作存在的问题及对策——以河南省 X 县社区矫正中心为例》，载《中共郑州市委党校学报》2022 年第 1 期。

法院、最高人民检察院、公安部、司法部（以下简称"两高两部"）在 2009 年联合发布《关于在全国试行社区矫正工作的意见》（已失效）。[1]2011 年，备受关注的《刑法修正案（八）》出台，其第 13 条、第 17 条等对社区矫正制度进行了初步的规定，我国的社区矫正制度由此发端。一年后，两高两部又联合印发了《社区矫正实施办法》（已失效），该办法规定了社区矫正的矫正措施和法律监督等相关问题。《社区矫正法》的正式施行标志着全面规范社区矫正工作的专门性法律诞生，[2]这也为我国社区矫正制度的完善和进一步发展提供了切实法律依据和宏观制度指引。司法部发布的数据显示，从 2003 年社区矫正制度试点至 2021 年的时间，全国累计接收矫正对象 537 万人，累计解除矫正 473 万人，矫正期间再犯率一直处于 0.2% 的较低水平。[3]可见，社区矫正作为非监禁刑的刑罚执行方式，对于服刑人员的教育改造、预防犯罪有着积极影响，同时对于维护社会稳定有着重要影响。司法部在 2021 年制定的《社区矫正中心建设规范》（SF/T 0087—2021），正是矫正中心建设落地的一大推手，截至 2023 年，全国已经建成将近三千个县（区）社会矫正中心，基本实现了"一县一中心"，[4]这对于现在和未来很长一个阶段的矫正工作的开展实施具有举足轻重的意义。

社区智慧矫正通过实现信息技术与传统社区矫正工作的结合，对人力、数据资源等要素进行高效配置和深度优化，从而降低成本、整合数据，构建起多功能聚集的智能化社区矫正信息化系统，该系统包含数据采集自动化系统、大数据研判分析系统与智能指挥调度和管理决策系统等子系统。[5]近年来，随着人工智能、大数据、区块链等现代信息技术的飞速发展，国家也开始高度重视"数字法治、智慧司法"信息化体系建设。2015 年，国务院印发《促进大数据发展行动纲要》，提出要用五到十年的时间以大数据应用为抓手

---

[1] 孙静琴：《试论社会工作介入社区矫正的方式和途径》，载《行政与法》2010 年第 1 期。

[2] 王顺安：《刍议创建社区矫正法学》，载《中国监狱学刊》2020 年第 5 期。

[3] 参见《学习贯彻习近平总书记"七一"重要讲话精神 深入推进社区矫正工作规范化精细化智能化——专访司法部社区矫正管理局党支部书记、局长姜爱东》，载 https://www.moj.gov.cn/pub/sfbgw/fzgz/fzgzqt/fzgzdjgz/202108/t20210826_436141.html，最后访问日期：2023 年 12 月 2 日。

[4] 参见《司法部有关负责人就〈中华人民共和国社区矫正法〉施行三周年回答记者的提问》，载 https://www.moj.gov.cn/pub/sfbgw/zcjd/202306/t20230629_481685.html，最后访问日期：2023 年 12 月 1 日。

[5] 参见《智慧矫正 总体技术规范》（SF/T 0081—2020）。

打造精准社会治理新模式，在此基础上，社区矫正工作也呈现出新的变化，逐渐向智能化方向发展。2017 年，司法部发布《全国社区矫正管理信息系统技术规范》（已失效），对社区矫正工作中的信息搜集、数据交换等流程作出细化规定，强调在各部门之间预留信息交换接口，以实现数据互换，满足社区矫正信息化、智能化发展的技术要求。2019 年，司法部办公厅印发了《关于加快推进全国"智慧矫正"建设的实施意见》，决定于全国范围内全面推进智慧矫正建设。2021 年，司法部办公厅又下发《关于开展"智慧矫正中心"创建工作的通知》，明确推进落实全国范围内的"智慧矫正中心"建设工作，第一批就有 13 个省市申报创建部级"智慧矫正中心"。[1]现阶段社区智慧矫正中心的建设也如火如荼，许多地区已经初步建成了智慧矫正中心，东部发达地区如浙江省、上海市等地区社区智慧矫正中心建设成果显著。我国已经初步建成了智慧矫正建设总体框架、上下贯通的五级信息化体系——"部、省、市、县、乡"以及全国社区矫正数据库，推动社区矫正从人工管理向网上管理、从数字管理向智能化管理转变。[2]但是，由于理念转变较慢、有关法律法规不健全等，智慧矫正建设和运用也面临了一些困境，本章梳理了目前社区智慧矫正发展过程中面临的几点问题，并提出一些可供参考的解决措施。

二、当前我国社区智慧矫正面临的困境

（一）工作人员数量不足、专业技能较弱

社区智慧矫正工作队伍力量薄弱是我国目前社区智慧矫正建设和发展面临的首要问题。与其他国家社区矫正现状相比，我国社区矫正对象基数大，人员结构复杂多样，但是社区智慧矫正工作人员数量少，并且工作人员的理论专业水平和实务技能也参差不齐。正逢《社区矫正法》实施三周年之际，2023 年 6 月底，司法部有关责任人在回答记者的提问中指出，目前全国省、市、县三级设置社区矫正机构的建成率分别达到 78%、73%、68%。[3]司法

---

〔1〕　参见《智慧矫正看浙里｜浙江交出创建全国首批部级"智慧矫正中心"高分答卷》，载 https://www.thepaper.cn/newsDetail_ forward_ 13780109，最后访问日期：2023 年 12 月 3 日。

〔2〕　王爱立、姜爱东主编：《中华人民共和国社区矫正法释义》，中国民主法制出版社 2020 年版，第 43 页。

〔3〕　参见《司法部有关负责人就〈中华人民共和国社区矫正法〉施行三周年回答记者的提问》，载 https://www.moj.gov.cn/pub/sfbgw/zcjd/202306/t20230629_ 481685.html，最后访问日期：2023 年 12 月 5 日。

部社区矫正管理局局长姜爱东在某次专访中提到，近年每年新接收社区矫正对象约 50 万人，每年列管约 120 万人。[1]根据 2018 年的全国司法所工作会议披露的信息，我国只有 3 名及更少工作人员的司法所约占 75%。[2]根据《法治日报》的报道和司法部官网公布的数据，目前全国共有司法所约 4 万个，全国司法所工作人员达到 14 万余人，所均 3.6 人。社区矫正工作的执行主体是司法行政机关，但事实上司法行政机关负责的工作内容不限于对于社区矫正对象进行监督管理、帮扶教育，还要负责诸如法律咨询、法律援助、法律宣传、人民调解等工作。据《法治日报》报道，司法所平均每年为基层政府依法开展行政工作和依法决策提供法律建议 21 万条，协助制定规范性文件 6.5 万件。[3]显而易见，一个司法所平均 3 人至 4 人，却要负责内容如此繁重的工作任务，若还想设置专职专岗安排人员负责开展社区智慧矫正工作，会让仅有的几位工作人员不堪重负。

此外，社区智慧矫正工作人员的专业技能缺乏也是现阶段智慧矫正中心建设和运行不得不应对的难题。相较于传统社区矫正，社区智慧矫正最大的特点就在于采用了信息化技术和智能设备设施，社区智慧矫正工作的具体落实离不开这些信息化设备的引入和高效运用。然而，不管是已经参与实践工作的工作人员还是新招聘的工作人员，绝大多数都是缺乏计算机、信息技术等专业知识的。因此，社区智慧矫正工作人员在实际工作中存在大量不会使用新设备的情况，或者只会最简单的操作，稍微复杂一点便会摸不着头脑，这不但没有提升矫正工作效率，反而严重影响了其积极性和主动性。诚然，实现智慧化的目标不是一蹴而就的，这必然经历一个过渡的过程，我国目前也正处于智慧矫正建设和发展的探索阶段，许多社区矫正中心仍然保留传统的人工登记信息表、纸质签到表以及纸质档案归档的工作方式。因此，要想从传统的矫正方式直接转变成智慧矫正，对于技能较弱的工作人员来说是使得其学习内容和工作量大幅增长。因此，人员数量的不充足和专业技能的薄

---

〔1〕 参见《学习贯彻习近平总书记"七一"重要讲话精神 深入推进社区矫正工作规范化精细化智能化—— 专访司法部社区矫正管理局党支部书记、局长姜爱东》，载 https://www.moj.gov.cn/pub/sfbgw/fzgz/fzgzqt/fzgzdjgz/202108/t20210826_ 436141.html，最后访问日期：2023 年 12 月 5 日。

〔2〕 吴宗宪、张锡君、钟卫东：《社区矫正机构探讨》，载《中国司法》2020 年第 6 期。

〔3〕 张晨：《用法治护航全面建成小康社会：国新办发布会介绍司法行政服务保障全面建成小康社会情况》，载《法治日报》2021 年 9 月 25 日。

弱是实现智慧矫正的巨大掣肘力量。

（二）地区发展不平衡

社区智慧矫正建设和发展还面临着发展不平衡的问题，这主要体现在以下两个方面：东西部地区的发展差距，城市和农村地区的发展差距。由于经济发展水平差异、区域发展战略等，东部发达地区和西部欠发达地区在智慧化进程中有着较大的鸿沟。东部发达地区的某些省市作为社区矫正先行试点城市，近年来的建设和实践取得了可圈可点的成果，如浙江省早在 2003 年开始了社区矫正制度的试点，2012 年 2 月开始创建、2012 年 7 月建成智慧矫正中心，浙江省社区矫正系统以"干在实处，走在前列"的使命和"勇立潮头、再谋新篇"的担当，形成了具有特色的创建模式。[1]然而，较之于东部发达地区，西部地区的社区智慧矫正建设则要缓慢得多。2009 年之际，社区矫正制度开始在全国范围内实行，西部地区由此开始建设社区矫正相关制度机制。而创建社区智慧矫正，更是要到 2021 年司法部办公厅下发《关于开展"智慧矫正中心"创建工作的通知》等文件之后了，由此可知，东西部地区社区智慧矫正发展水平不可一概而论。

地区发展的不平衡还体现在城市和农村的发展水平上。农村地区开展社区智慧矫正工作面临着许多亟待解决的问题，首先就是农村地区对于智慧矫正的接受度问题。费孝通认为，农村的基层社区是"熟人社会"，在这种社区内生活的都是熟人，一旦有人犯罪往往引得社区内人尽皆知。农村地区的村民思想相对传统，根据传统朴素的正义观，普遍认为对于罪犯的刑罚执行就等同于剥夺生命或者在监狱服刑等。而社区矫正并非剥夺犯罪人员的自由，只是限制其自由，并且还将其置于社区范围内，监督其进行改造，并且使其继续与邻里一起在社区共同生活，这往往会使村民产生不安全感，可能引发社区的不稳定情绪。而且，由于服刑人员本身的文化程度不高等问题，服刑人员本人在使用网络平台进行矫正学习方面的接受度较低，[2]实施智慧矫正的效果难以达到预期。其次，由于智慧矫正具有信息化、智能化等特点，其建设必然依托于信息技术和网络的支持，城市地区的基础设施建设水平高于

---

〔1〕　浙江省司法厅社区矫正管理局：《"智慧矫正中心"创建的浙江实践》，载《中国司法》2021 年第 12 期。

〔2〕　刘鸿宇：《社会工作视角下智慧社区矫正在农村地区发展的路径分析》，载《现代商贸工业》2021 年第 13 期。

农村地区，直接导致了农村地区社区智慧矫正的建设水平远不如城市。建立智慧矫正中心，以基础设施的建设为前提，比如通电、通网、通路等，这些建设的成本可能是基层政府财政力量无法承受的。况且，即便是通过省级或者中央财政拨款的方式建立起智慧矫正中心，引入先进的智能终端和执法仪器设备等，由于农村社区的社区矫正工作人员缺乏专业知识和技能，也无法使智慧化设备充分发挥作用。然而，城市地区的景象则完全不一样，城市地区经济发展迅速，网络、基站等基础设施完善，在此基础上建立智慧矫正中心，引入和使用智慧矫正智能终端设备容易得多。并且，根据实践经验来看，由于城市的经济和教育水平等因素影响，城市里面社区矫正工作人员的素质相较农村会更高一些，智慧矫正工作开展也相对要容易一些。然而，截至 2017 年 12 月，全国农村社区已收纳矫正对象 49 万余人，占同时期全国社区所有矫正对象 70 万人中的 71%。[1]可见，农村是社区矫正工作的重点地区，而智慧矫正能够高效利用农村基层有限的司法资源，提高工作效率和水平，从而使全国范围的社区智慧矫正发展呈现高质量的新面貌。因此，如何缩小东西部地区社区智慧矫正的差距，弥合城市和农村社区智慧矫正发展的鸿沟是我们未来一段时期内社区智慧矫正工作的建设重点。

（三）社会力量参与不足

社区矫正的首要目标不是惩罚，而是将矫正作为最终的价值追求。[2]社区矫正是帮助罪犯再社会化的润滑剂，社区矫正的目的就在于通过对服刑人员完成改造、进行教育帮扶，帮助其重新塑造形象、回归社会。在不断的探索中，我国目前形成了三种比较典型的社区矫正模式，第一种是以北京市为代表的"司法行政模式"，该种模式的主要方式就是司法行政机关为社区矫正监管的主导力量；第二种是以上海市为代表的"社会化模式"，该种模式将监管工作和日常矫正工作进行了适度分离，由司法行政部门主要负责监管，吸引社会力量参与负责日常矫正工作；第三种是以深圳市为典型的"购买模式"，即由司法系统负责出钱向社会专业服务机构购买社会力量参与社区

---

〔1〕 董邦俊、黄清昱：《"互联网+虚拟社区"模式下农村社区矫正问题研究》，载《中国刑警学院学报》2019 年第 4 期。

〔2〕 但未丽：《社区矫正：立论基础与制度构建》，中国人民公安大学出版社 2008 年版，第 6 页。

矫正。[1]这三种模式都是结合当地具体实际情况和实践经验不断探索和总结出来的地方模式，但是不管哪种模式都离不开社会力量的参与。

社区矫正本身就是为了帮助服刑人员完成教育和劳动改造从而重新融入社会的制度设计，社区矫正和其他监禁刑最大的区别就在于社会力量的参与性，特别强调多元化主体的协同治理。[2]但是就实际情况来看，目前我国社区矫正管理主要是依靠司法行政机关，数量庞大的矫正对象和繁重的工作内容，对司法行政机关工作人员来说是巨大的挑战。我国社区矫正机构队伍人员按身份可以大致分为社区矫正协管员、矫正警察、司法助理员以及社区矫正志愿者四类。[3]刘强等学者对某地进行的问卷调查和实证研究显示，社区矫正专职人员是社区矫正工作的主要力量，其他社会力量参与不多，[4]这一情况其实普遍存在。社区智慧矫正的开展同样离不开社会力量的广泛参与，司法部官网提供的数据显示，全国共有将近6万名社工参与社区矫正工作，[5]但是就实际情况来看，其中大部分社工没有计算机、信息技术等相关背景知识，这与实现智慧矫正的目标差距较大。智慧化社区矫正的开展对于社会组织和社会志愿者的参与也提出了比之前更高的要求，这会使得某些志愿者由于缺乏知识而降低参与积极性和主动性。人是社会的产物，社区矫正对象已经被贴上了"罪犯"的标签，社区矫正的目标就在于去标签化，缺少社会力量的参与，服刑人员就不能真实地接触社会、修复社群关系从而回归社会，甚至还可能产生脱离社会轨道的严重后果。

（四）数据孤岛和信息壁垒问题凸显

目前我国智慧矫正面临的另一大困境在于尚未打通与公、检、法及民政、房管、社保等社区矫正相关部门的信息壁垒。社区矫正工作是一项多部门多

---

〔1〕　袁建涛：《区块链在社区矫正中的运用：探索实践和政策建议》，载《邵阳学院学报（社会科学版）》2020年第4期。

〔2〕　吴立志、李景晖：《未成年人社区智慧矫正的困境与突破》，载《犯罪与改造研究》2021年第11期。

〔3〕　唐淑臣：《〈社区矫正法〉的过渡：我国社区矫正机构队伍建设现状探析》，载《司法警官职业教育研究》2020年第4期。

〔4〕　刘强等：《社区矫正专业队伍工作现状的调查与思考》，载《河南司法警官职业学院学报》2019年第2期。

〔5〕　参见《司法部有关负责人就〈中华人民共和国社区矫正法〉施行三周年回答记者的提问》，载 https://www.moj.gov.cn/pub/sfbgw/zcjd/202306/t20230629_481685.html，最后访问日期：2023年12月5日。

主体协同参与的综合工程，部门之间的衔接、协作沟通十分重要，每一个环节都离不开信息交换、数据共享。但是目前某些地区存在的情况是，由于条块分割、垂直运行式的行政管理架构，各部门隶属于不同的管辖机关，其内部均有一套自己独立的信息管理、案件办理系统，同时出于安全的考虑，部分信息还是停留在需要由人工送达的阶段。[1]例如，入矫前这一阶段，通常需要在服刑人员所在社区进行社会调查和信息采集，了解服刑人员的社会关系、经济状况、教育背景、社区环境等内容，据此帮助工作人员更具针对性地制定该名服刑人员的社区矫正具体方案。工作人员去到社区找到服刑人员的家人、邻居、老师、同学等人员了解其过往表现、是否有犯罪前科等情况，以此初步形成社会调查报告。但光凭借这些人员的陈述我们无法确定信息真假情况，所作的社会调查报告的可信度很难评估，因此还需要拿着一些证明材料到公安部门、学校或者工作单位等去进行核实，这其实并没有提高工作人员的效率。再如，矫正期间，矫正对象是在划定好的一定区域内活动，其要离开原区域必须进行报告并获得批准，智慧化的矫正设备如手机定位追踪、电子手环等可以帮助工作人员定位服刑人员所在位置，若超出区域就会出现报警等提示。但是被普遍忽视的问题在于，本地区的社区矫正中心往往只对本辖区内的信息有访问权限，可以看到服刑对象在本辖区内的活动轨迹和次数范围，如若服刑人员离开本辖区进行跨区域的流动，对其在其他辖区内的信息无从获取，也就无法监控服刑人员在别处的活动路线，无法及时监管到托管或者再次犯罪等情形，这不利于对于矫正对象进行监督管理。由此出现的情形是，借助了大数据等智慧化平台的社区矫正在不同地区呈现出信息孤岛、无法联通的情形，这也很难从整体上提升智慧矫正的实施效果。

曾经优先开始试点的部分地区在近年来取得了一些示范性成果。浙江省将社区矫正系统联结到移动端，开发了分别服务于社区矫正工作人员、社会力量、矫正对象的"浙里矫""之矫汇""浙帮教"三类移动端 APP 和微信小程序。[2]江苏省也积极建设智慧矫正中心，开发了针对社区矫正工作人员

〔1〕 高玉婷：《Y 市智慧社区矫正建设问题及对策研究》，扬州大学 2023 年硕士学位论文。

〔2〕 劳泓：《浙江数字化改革背景下深化"智慧矫正"的探索与实践》，载《中国司法》2021年第 6 期。

的"矫务通"，针对社区矫正对象的"在矫通"，以及针对社会志愿者或家庭成员的"协矫通"，同时还开发了蓝信 APP 作为补充，以上主体都有权限使用，但是仍然存在的问题是移动端 APP 与社区智慧矫正管理平台的融合和协同问题。智慧管理平台作为官方平台，并未与移动端软件或者小程序完成数据通路，这就造成了信息壁垒。不同地区针对地区特殊情况建立本地区使用的移动端 APP 或辅助矫正的软件系统，整体来看，目前存在的移动端软件种类繁多且带有较强的地域性，其也更适合在当地使用。但是，现代交通工具和经济的长足发展带来了人员的频繁流动和迁移，跨区域的案件数量增多，若是某区域的社会工作人员流动到其他区域从事社区矫正工作，抑或是某地区的服刑人员在获得批准后搬迁到其他地区进行矫正，由于数据通路尚未建立，不可避免会产生数据上的遗漏和错乱等问题，这就很难顺利实现工作交接，发生脱管、漏管现象也就在所难免。

（五）数据安全面临挑战

数字化飞速发展带来周期短、频率快的信息迭代和产品升级，使现代社会从中受益颇丰，智慧矫正也正是信息化长足发展背景下的产物。事实上，这对于社区矫正工作来说既是机遇也是挑战。传统的社区矫正工作普遍采用人工登记、纸质文书传递和纸质档案归档等方式，虽然工作效率相对来说比较低并且所花费时间较多，但是数据被泄露、档案被篡改或者丢失的概率确实较低，除去人为干涉的因素，相对来说其数据安全性和可靠性较高。智慧矫正是基于云计算、大数据平台、区块链等技术而发挥作用，智慧矫正的信息平台涉及服刑人员从入矫前、矫正中期和解矫后的一系列活动，涵盖了公、法、检、监等公共部门、社会组织和合作企业事业单位的部分内容。毫无疑问，搭载信息平台统一管理，对于服刑人员的信息收集更加便利，但是这些数据可能包含大量个人或组织隐私信息或敏感信息数据，在收集、整理、清洗、分类和归档的过程中面临着数据泄露、数据丢失的巨大风险。这些数据不仅仅涉及公民个人的隐私问题，还涉及社会公共利益甚至是国家信息安全的问题，信息遭到泄露的后果不堪设想。在现代移动互联网技术的不断发展下，不管是纸质档案的信息化管理，还是各个部门之间的信息交流与数据共享的进程，都极有可能导致信息的泄漏，而智慧矫正本身所依托的计算机信息系统，无疑也给网络入侵者带来了方便，比如，增大了其恶意侵入系统的概率，如修改数据、盗取数据、破坏数据等。[1]以服刑人员和工作人员都在使用的矫正 APP 来说，不管是服刑人员还是工作人员乃至第三方的社会志愿者都可以通过下载安装指定的 APP 或者小程序来在移动智能终端上进行矫正信息登记、人员管理、轨迹跟踪、教育学习等，但是某些 APP 或小程序由于技术限制或者运营不规范，难免会存在安全性较低等问题。此外，某些地区目前也尚未建立起统一的移动终端官方软件，而是倾向于采用 QQ、微信、钉钉等社会第三方软件来进行矫正管理和监督，比如通过钉钉定时签到和定位打卡、上传社区服务视频资料、通过软件定位和行动轨迹记录出行情况等。第三方软件本身可能存在违法收集使用个人信息、违法定位和违法跟踪等情形，并且还会出现数据丢失和数据被篡改等情形，其安全性可想而知。

（六）对未成年人保护不足

虽然社区矫正由传统工作方式转变为智慧化的矫正模式，但还是难以避免的问题是对于未成年矫正对象的保护不足。这里所说的未成年人范畴指的是由于违法犯罪行为而须进行社区矫正的未成年人。而在新型的智慧矫正工作中，对于未成年矫正对象保护之不足主要体现在以下两个方面，具体来说，第一个方面是未成年人隐私信息泄露问题，由于未成年群体本身比较特殊，绝大多数甚至几乎所有都处于接受学校教育阶段和思想心理逐步发育阶段，可能由于种种原因会实施违法犯罪行为。对于未成年矫正对象而言，其更希望这种隐私身份和信息得到保密。但由于其所处的社会生活环境相对固定，其所实施的越轨行为往往会迅速受到许多关注，很快便暴露于学校、社区之中，从而难免被打上"罪犯"的标签。在矫正过程中，其接受矫正很难不被身边的同学、老师发现，比如其需要定期进行思想汇报，或者工作人员会去其学校进行监督管理，即便是通过智慧矫正的信息技术平台实现远程管理和远程教育，也难以避免这一情况。这一问题不同于前文所说的信息数据泄露问题，而是目前未成年矫正对象面临的现实处境。第二个方面是未成年人因违法犯罪行为而面临被开除学籍的问题。众所周知，学校的校规都规定了对于在该校就读学生实施违规行为的处理决定，通常来讲，包括警告、记过、留校察看和开除学籍等处理方式。而针对因违法犯罪而接受社区矫正的未成年人，绝大多数学校都会作出顶格处罚——开除学籍。目前也有学者指出此

---

〔1〕 李旭霞、郭文高：《社区矫正信息化建设发展的研究》，载《通信与信息技术》2022 年第 5 期。

现象存在的一些问题，比如，学校因为学生实施违法犯罪行为就开除其学籍剥夺其接受教育的权利，学校校规关于开除学籍的规定与上位法存在冲突，[1] 从社会实际层面来看，普遍的做法都是如此。即便是现阶段我们大力建设社区智慧矫正，也无法完全解决这一现实问题。

三、社区智慧矫正面临困境的原因分析

（一）重视程度不够、理念未实现转变

社区智慧矫正作为一种新生事物，在构建"共享、共治、慧治"的新格局时，不仅仅需要政府部门的公共管理，还需要进行理念的培养。[2] 制度的转变可能会在顷刻间完成，但是观念的改变却需要经历较长时间。尽管我国开展智慧矫正建设已有一段时间，但是许多社区智慧矫正工作人员对信息技术的认知不足，学习和落实信息化管理技术的主动性较低，在思想观念相对陈旧的情形下，工作理念仍然没有跳脱出传统社区矫正的思维模式。以档案登记为例，传统社区矫正都是采用纸笔登记、人工手工记录的方式来填写信息和进行存档，而智慧矫正是通过使用专门的手机软件或小程序来进行信息填写和电子存档，这样既节省了时间、提高了效率，也在一定程度上对信息进行了锁定。但是某些地区的社区矫正工作人员仍然难以从传统的工作方法中转变过来，还是倾向于采取纸笔登记的习惯。再如，远程签到系统的推行，服刑人员通过系统定位和电子监控等设备，可以在特定的范围内进行签到，完成相应的社会服务任务等，然而社区矫正工作人员基于对远程签到系统的不信任等原因，还是倾向于采取实地走访监督管理的工作方式。

基层社会治理需要多元力量的合作与协商共治，但是长期的社会实践情形表明，地方司法局为社区矫正的主要力量，其他社会如社区居民、社会组织和社会志愿者等对于社区矫正了解较少甚至完全不了解，也就逐渐形成了一种固有理念，认为社区矫正工作的开展仅仅是司法行政机关的工作而与其无关。这种理念认知的不足导致了社会力量参与的数量较少、积极性不够。加之我国传统的重刑主义思想的影响，大多数人都认为应当将罪犯关进监狱

---

〔1〕 闫志开：《学校参与未成年人社区矫正的制度困境及突破路径》，载《青少年犯罪问题》2023 年第 6 期。

〔2〕 侯冉冉：《B 市试点区"智慧矫正"实施现状调查研究》，济南大学 2021 年硕士学位论文。

里，这样既减少了社会危害性，又增加了其违法的成本。而如果将服刑人员置于社区之中，对社区居民来说有一定的社会危险性，并且也可能使其再次犯罪。[1]

（二）法律法规不健全

我国社区矫正制度发展速度较快，从最初的试点到扩大试点再到全面推进，如今已经进入了智慧化建设的阶段。回顾发展过程，我国自开始试点到全面推行社区矫正已经走过十几个年头，但是截至目前，专门针对社区矫正制度出台的法律只有《社区矫正法》。此外，司法部联合多个部门印发了《社区矫正法实施办法》，某些省份如江苏省、河北省还制定了一些地方性法规，这些法律文件虽然对社区矫正作了较为全面的规定，但是针对智慧矫正而言，很多问题仍无法从中找到答案。[2]《社区矫正法》第5条表明了国家对于支持社区矫正机构提高信息化水平建设，运用现代信息技术开展监督管理和教育帮扶的内容。该条规定虽然为社区矫正工作的信息化建设提供了一些思路和方向，但是属于原则性规范，没有与之相对应的具体实施措施和规范指导。根据中央部署，全国在2019年全面开展"智慧矫正"建设，司法部办公厅印发《关于加快推进全国"智慧矫正"建设的实施意见》，决定运用区块链、人工智能等现代信息技术对传统社区矫正工作进行全方位改革，实现社区矫正工作从人工管理到网上管理的转变，从数字管理到智能化管理的升级，全面提升社区矫正工作现代化水平。并且，司法部在2020年制定和发布了《智慧矫正 总体技术规范（SF/T 0081—2020）》和《智慧矫正 远程视频督察系统规范（SF/T 0082—2020）》，这两个标准对于智慧矫正建设问题作出规定和指引，一定程度上对于全国范围内建设智慧矫正中心具有指导意义。但是智慧矫正涉及政府部门、社会组织以及公民个人各领域，需要有明确的、具体的、充分的规范指引，显然现有的法律法规是不完备的。就拿交付接收这一环节来说，司法行政部门接收服刑人员时，需要对其基本个人信息、家庭情况、社会信息以及是否有前科等问题进行登记，而这些个人档案信息由公安机关掌握，司法行政部门要想获取必须出具正式函文，并且出于安全性、

---

〔1〕 刘玮：《协同治理视域下社区矫正管理研究——以P县为例》，山西大学2023年硕士学位论文。

〔2〕 孙常习：《东营市智慧社区矫正建设问题与对策研究》，山东师范大学2022年硕士学位论文。

程序性等问题的考虑，通常采用直接送达或者邮寄送达的方式，毕竟没有法律依据，其他部门的工作人员也不敢直接将信息直接共享，这就逐渐筑成了不同系统部门之间的信息壁垒。

（三）信息化应用水平不高

目前，全国范围内大部分地区已经完成了"智慧矫正中心"初步建设，并且配置了如 LED 大屏幕、高清监控摄像头、录音录像执法设备等信息化设备。有些地区的社区智慧矫正信息化体系已基本完成信息平台系统、数据库中心等基础架构，建成了覆盖全区域的社区矫正远程视频督察系统、电子定位监管系统、远程教育帮扶平台等。[1]就智慧化设备的应用领域来看，目前已经涵盖了电子签到、电子监控、在线学习、犯罪预测、智能研判等，很大程度上提升了社区矫正的效率，但整体信息化应用水平仍然不足。以普遍存在的电子档案为例，目前"智慧矫正中心"都配备了电脑、移动执法记录仪等设备，也建成了电子档案系统，但事实上并没有实现真正的电子化管理，因为矫正对象信息的录入、分类、整理、归档等工作仍然是靠人工完成，而过程中难以避免信息的录入错误、丢失、档案损坏等情况。[2]这一工作内容还会占用工作人员不少时间，在传统纸质档案向电子档案的过渡时期，甚至还需要既保留纸质档案又要将纸质档案内容录入系统建立电子档案的重复工作内容。此外，电子签章技术作为电子档案中广泛应用的信息化技术，在建立保存电子档案时必不可少，但是由于我国目前不存在电子签章的规范标准，不同地区、不同部门使用电子签章的标准、格式以及验章流程存在差异，难以实现互验互认，这也阻碍了电子档案的进一步运用。[3]

此外，电子监控的准确性不高也能从侧面反映信息化应用水平低下。电子监控的定位方法主要是手机定位跟踪，通过 GPS 定位技术实现对于社区矫正对象的实时监控。但是，不可否认的是这种监控方式容易受到其他因素的干扰，比如手机信息弱、人机分离、恶劣天气等。当然，与此类似的定位方式就是采用电子手环的方式，这种方式虽然解决了人机分离的问题，但是其

〔1〕 哈洪颖：《智慧社区矫正模式的引入及其对传统模式的修正》，载《市场调查信息（综合版）》2021 年第 22 期。

〔2〕 尚甜甜：《我国社区矫正信息化监管体系研究》，中国人民公安大学 2022 年硕士学位论文。

〔3〕 宋庆蓉、吴勇华、周文卓：《构建电子印章一体化管理体系初探》，载《网络安全技术与应用》2021 年第 1 期。

他因素的影响仍然存在。

四、社区智慧矫正发展困境的出路研究

运用现代信息技术手段优化传统社区矫正管理模式，通过坚持数字赋能，深入推进数字化改革与社区矫正业务融合发展，形成"智慧矫正"，大幅提高社区矫正工作的科学化、效能化水平，助推促进社会治理能力现代化。数字赋能"智慧矫正"工作突破传统社区矫正工作依赖于人工、受制于时空的局限，紧跟时代发展步伐，转化运用科技发展成果，依托信息化的管理技术、先进的管理设备、科学的管理手段，全面提升社会治理现代化水平。全面监管、教育、帮扶社区矫正对象，引导他们平稳度过缓刑考验期、顺利回归社会。深化智慧应用，完善设施设备，提升管理教育效能，加强重点人群、重点风险点安全防范，加强队伍培训提升干部队伍智慧化管理能力，筑牢"智慧矫正"社会治理智能化向末端延伸基础，提升智慧矫正精细化水平。

（一）完善顶层设计，转变治理理念

1.完善法律法规，建立制度保障

不管是社区矫正制度的发展和完善，还是现阶段智慧矫正中心的建设，都需要相关法律法规来提供制度保障和法律指引。智慧矫正是发展迅速的新制度，社会信息化建设的脚步也从未放缓，针对社会新情况和新问题，我们需要从完善顶层设计入手，对原来的法律法规制度进行解释、修改，或者制定新的法律法规来应对新情况、解决新问题。因此，必须要根据社区智慧矫正的实践需求，对相关的各环节进行专业化、规范化、精细化的程序性设计，使其工作方式更加完善，业务流程更加标准，制度规则更加规范，完成由科技导向向规则导向的转型，在社区智慧矫正的建设中，实现规则与制度的共同创新。[1]

智慧矫正是基于信息技术而开展的，自然需要有针对信息技术如何运用于社区矫正的规则设计和制度建构。具体来说，在调查评估、交付接收、矫正执行、监督考核、教育帮扶、解除矫正等各个具体环节如何深入应用和安全应用信息技术支持社区矫正建设，加强法律法规的立改废释。例如，针对

---

〔1〕 哈洪颖：《贵州社区智慧矫正建设：成效、问题及完善路径》，载《理论与当代》2022年第1期。

《社区矫正法》第5条规定的利用现代信息技术开展矫正工作，可以通过下位法具体化其实施措施，结合信息化、智慧化实际发展的情况进行细化规定。再如，针对部门协同的问题，可以通过对各个部门有关智慧矫正的衔接问题进行针对性规定，采用特别规定的形式，加强部门衔接机制建设，实现部门协同共治的社会治理目标。为加强社区矫正工作的衔接配合，2016年两高两部联合制定了《关于进一步加强社区矫正工作衔接配合管理的意见》，该意见重点对社区矫正工作中涉及司法行政机关、公安机关、法院、检察院衔接配合的问题作了细化规定，进一步明晰了工作流程，明确了工作责任。但是此意见的制定时间早于全国全面实施智慧矫正建设的时间，因此对于智慧矫正建设和发展中，各部门如何衔接和协同治理没有作出详细具体的规定。在现阶段，可以考虑在原来的基础上将智慧矫正融入衔接机制，完善之前的部门分工，进一步明确部门之间的协同要求，为智慧矫正的具体实施提供制度保障和法律支撑。

2. 转变治理理念，实现智慧治理

智慧矫正中心的工作人员应利用信息技术来建立智能评估和智慧研判体系，同时树立信息化思维，以便作出更为科学、更加合理的矫正决策。[1]对于司法所的工作人员来说，传统的工作方式如手工录入、纸质归档虽然效率不算高，但是难度较低、操作简单，也符合惯常的理念和方式。若要推广使用新的技术和设备，面临的首要难题就是转变工作人员一直以来保留的传统工作理念和工作方法。

社区矫正作为刑罚执行的方式之一，也是社会治理的重要内容。国家近年来对于智慧矫正中心的建设一直是鼓励支持的态度，但是具体实施过程中，到了基层社区，还是存在以传统的治理理念为导向、以传统的工作方式为模板的情况。比如，在有的社区，虽然已经初步建成了智慧矫正系统，但是工作人员并不重视，缺乏智慧化实践的理念和思维，思维理念没有实现转变，就更谈不上改变传统的工作方式，采用更为科学更有效率的工作方式。因此，必须推动思维理念的转变，以逐步实现从传统工作方式到智慧化管理方式的转变。随着社区智慧矫正工作的不断向前推进，发达地区逐步积累了相对丰富的建设经验，实现了从工作原则、指导理念、工作方式、相关配套制度体

---

〔1〕　吴尧：《浅论智慧矫正中心之建设》，载《泰州职业技术学院学报》2021年第5期。

系及软硬件建设等诸多方面的跨越式发展。[1]其他地区在学习发展经验之时，应当首先注重理念和思维方式的学习。

（二）加强队伍保障和物质保障

1. 加强社区智慧矫正队伍建设

在人力资源开发和管理方面，针对现有的社区智慧矫正工作人员加强培训和考核管理，开展关于智慧化设备使用的一系列宣传和培训，帮助工作人员转变工作理念和工作方式，从传统的工作方式逐步向智慧化工作方式过渡。特别是针对不会使用智慧化设备的工作人员开展定期专项培训，加强沟通学习机制，邀请上级部门中有经验的专业人员到基层分享经验，交流学习。在进行理论考核的同时对实际工作情况进行考核，将考核结果与绩效挂钩，增强其学习的积极性和主动性。在人员开发层面，优先选取计算机专业、社会学专业、心理学专业、教育学专业和法学专业等具有相关专业知识的人员或者具有交叉学科背景的复合型人才加入智慧矫正的工作队伍，建立完善的激励和考核制度，建立一支既懂信息技术，又懂社区矫正的高素质专业队伍。同时做好人才资源储备工作，以满足未来一段时期内快速发展智慧矫正的人才供应需要。

2. 建立社会面人才智库

传统社区矫正工作和社区智慧矫正工作不仅需要专职执法队伍，也需要社会组织、社工、志愿者以及矫正对象所在单位、学校、家庭成员等各种社会力量一同参与。2014 年，司法部等六部门制定出台《关于组织社会力量参与社区矫正工作的意见》，鼓励社会力量参与社区矫正工作；《社区矫正法》第 13 条也明文规定国家鼓励、支持企业事业单位、社会组织以及志愿者等社会力量依法参与社区矫正工作。智慧矫正工作是一个涉及多部门多组织多方面的综合性工作，离不开不同部门的协同和不同主体的共同参与，对此应当重视社会面社区矫正人才智库的建立和维护，吸引社会组织、社会志愿者等多元主体的参与。

在社会力量参与方面，可以通过以下几种方式吸引社会力量参与，形成智慧矫正合力。第一，通过引导政府向某些专业的社会机构采购社会工作服

---

[1] 梅义征：《社区矫正制度的移植、嵌入与重构：中国特色社区矫正制度研究》，中国民主法制出版社 2015 年版，第 24 页。

务的方式，提前确定购买的服务周期、数量和质量要求以及违约责任承担等事项，通过招投标的形式择优购买。如针对某个时期某个地区矫正对象较多，工作人员需求量较大的情况，向社会购买社工服务，在完成阶段性工作任务后，就解除服务合同。这样一来可以化解系统内部工作人员短缺的问题，二来节约了人力开发培训的时间成本和资金成本。第二，加强与基金会、慈善组织等社会公益组织的合作，社会公益组织可以通过为经济困难的服刑人员提供物质帮助和一些基本生活保障，帮助其度过回归社会的过渡时期。第三，加强与企业、高校等组织的合作，企业通过提供就业岗位、就业指导和创业帮助等方式来帮助服刑人员重新就业或创业，高校作为社会智力支持的资源宝库，可以联动进行教育帮扶，将其开设的网络课程同步到智慧矫正的用户端 APP，服刑人员可以自主选择感兴趣的课程进行学习，完成思想学习等内容。建立包含社会专家、高校人才的咨询库，当智慧矫正工作面临比较疑难复杂的问题时，可以邀请社会专家、高校学者等具有专业知识的人提供智力支持和技术支持。第四，重视社会志愿者对于社区智慧矫正工作开展的重要作用。根据《民主与法制周刊》的报道，我国的社区矫正工作队伍，大体上由执法者、社工和志愿者三部分人员组成。[1]可见，志愿者是社区矫正工作队伍的重要组成部分。我们可以通过设立志愿者协会，来统一协调志愿者资源，开展统一的培训和设置激励机制，对于工作能力强、实际矫正效果较好的志愿者提供奖励，进一步激发志愿者的参与热情。第五，充分发挥基层群众性自治组织的作用，通过吸引村委会和居委会成员加入矫正工作，将村委会、居委会这些前线队伍与社区矫正机构衔接起来，引导群众身份转变，从以往的"被动协助者"转变为现在的"主动参与者"，提高其参与程度，[2]帮助服刑人员修复家庭关系和社区关系，促进服刑人员融入社区、回归社会，达到"去标签化"的目的。

3. 保障财政投入，完善硬件设施建设

2020 年 9 月，为了响应上级部署和推进智慧矫正建设，司法部制定并发布了《智慧矫正 总体技术规范》（SF/T 0081—2020），该规范在很多方面都

---

〔1〕 参见李天琪：《"社区矫正工作 20 年"系列报道之六：中国特色社区矫正制度的路径探索》，载《民主与法制周刊》2023 年第 23 期。

〔2〕 李旭霞、郭文高：《社区矫正信息化建设发展的研究》，载《通信与信息技术》2022 年第 5 期。

作出了较为详细的规定，包含总体架构、基础设施建设、数据资源信息安全保障、信息化运营维护等方面。单从硬件方面来看，要求建立社区矫正指挥中心，搭建网络设施、物联网感知设施，包括大屏幕和音视频会议等基础设施。[1]目前，虽然大部分地区已经完成了智慧矫正中心的初步建设，也引入了一些智慧化设备，但是由于地方财政支持力度不同、地方经济发展水平差异和基础设施建设等差异化因素，部分地区的硬件设施建设有待加强。社区智慧矫正是社会治理的重要内容，中央和地方政府应当根据实际情况制定财政预算和补贴计划，尽力协调和充分调动资源，提升智慧矫正中心的整体建设水平。

（三）加强信息化平台建设，促进数据共享，保障信息安全

1. 打破数据壁垒，实现数据共享

司法部发布的《智慧矫正 总体技术规范》（SF/T 0081—2020）提到，大数据服务的内涵十分广泛，包括对社区矫正数据中心的基础信息库、内部业务数据库、外部共享数据库等进行挖掘、分类、清洗和展示等服务，构建大数据管理和预警模型，建立"部、省、市、县"四级分析研判体系，满足信息比对、综合查询、决策分析、数据研究和风险预警等业务应用的需要。[2]智慧矫正的建设和实际发挥作用都十分依赖信息数据的互联互通互换互用，可以考虑从横向和纵向来构建社区智慧矫正的资源和信息整合平台，充分实现数据共享和信息沟通。具体来说，包括以下几点：

第一，社区矫正系统内部实现上下互联互通，不同层级的智慧矫正中心整合在一起，实现数据同步更新、线上转接。以省级智慧矫正中心数据库为核心，上至中央下至基层智慧矫正中心，省内各矫正中心同步上传数据，由省级进行统一数据监测和系统维护，实现上传下达，实时监控。

第二，基于大数据、云计算等技术打造信息化平台，实现司法行政机关和公安、检察院、法院、监狱、看守所、戒毒所等部门的信息传递和数据共享，实现数据自动交互、业务自动流转，打破数据壁垒、弥合信息鸿沟，尽力消除数据歧视。相较于传统社区矫正，智慧矫正的一大优势就在于能节约

---

〔1〕 赵青：《P市司法行政机关智慧矫正建设问题研究》，长春工业大学2022年硕士学位论文。

〔2〕 付立华：《大数据推动社会治理迈向"社会智理"——以社区矫正领域为例》，载《山东师范大学学报（社会科学版）》2022年第4期。

资源提高效率，各部门之间建立联动和信息共享机制可以很大程度上节约部门之间信息交换、文书送达的人力成本和时间成本。以省级智慧矫正中心数据库为核心，横向联动"智慧监狱""智慧戒毒"和"智慧法院"等政法跨部门办案平台来打通数据交换渠道。笔者认为，可以开发专门的信息化平台，按照不同部门划分数据模块，不同政务部门对应不同的数据模块，每个部门对于自己模块有完全的访问权限，可以对信息进行采集、分类、整理、修改和删除，但是对于其他部门的数据，没有完全的访问权限。这一做法是将数据进行不同层级的划分，对于一些基本信息各部门可以直接访问，但是涉及个人隐私或者安全的一些重要信息，只对相应部门开放，其他部门在平台提交公函后才能进行访问。比如，在调查矫正对象是否有犯罪记录、是否存在民事纠纷、刑事案件记录时，就通过平台向公安系统、法院系统发函申请调取信息，相关部门接到申请审核通过后，直接上传相关信息或者法律文书到共享平台。这样一来，不同部门之间的信息交换和文书传递效率就得到提升，权限划分也得以明确。

第三，针对社会面的横向系统搭建，可以通过链接社区智慧矫正系统和社会法律志愿服务机构、社会服务机构等系统实现信息沟通和矫正信息传递，比如追踪服刑人员的学习情况、工作情况、社会服务活动等，反馈矫正效果和回归社区情况。在对其他社会组织、基层群众自治组织或者企业、高校有信息收集的需求时，直接通过平台向基层居委会发函，调查服刑人员的生活日常、人际交往等，居委会将采集的情况直接上传，不需要社会工作人员去具体的社区进行回访统计，既节约时间，也防止信息在传递过程中被篡改。此外，针对教育帮扶，其他社会单位可以在移动端 APP 上发布学校课程资源、就业培训信息、企业招聘信息等实现教育帮扶和就业帮扶，社区矫正对象根据实际情况进行选择，执法民警和工作人员可以通过访问记录来查询和监督，实现精准帮扶的效果。

2. 加强系统安全建设，保障信息安全

数据安全是国家安全的重要组成部分。云计算、区块链、大数据等信息化发展为智慧矫正提供了可行路径，是实现社会治理向社会智理转变的重要工具，但是不可忽视的是数据安全问题也面临巨大挑战。社区矫正过程中对于服刑人员以及与其相关的其他人员的信息进行收集、分类和使用时，个人信息面临泄露的风险，而这些大体量的信息泄露极有可能影响整个社会的稳定。因此在智慧矫正建设过程中，处于关键地位的毫无疑问是数据安全建设，应高度重视和加强数据安全保障建设，根据国家信息安全可控要求和安全保护制度，配备专门人员、配齐防护设备，及时开展内外网信息系统的安全整改和等级测评等工作，确保系统安全、网络安全、数据安全。[1]具体来说，第一，在原始数据上传之后就对个人信息作匿名化处理，防止信息泄露造成个人隐私的泄露，建立及时预警和泄露后的格式化处理机制，及时应对信息泄露的情形。第二，对数据进行分级管理，基本信息和敏感信息的保密级别应有所差异，不同级别的部门单位可以根据具体级别和情况访问不同保密层级的数据，通过访问权限的区分、访问时间的限制等来保护信息安全。第三，在省级智慧矫正中心配备专业的数据监测安全员和系统维护专业技术人员，负责本辖区内的数据安全系统运行和维护工作。可见，只有保障了数据和信息的安全，才能实现智慧矫正的进一步发展，才能实现社会治理的进步。

（四）加强对于未成年矫正对象的保护

针对未成年矫正对象身份信息和隐私泄露的问题，相应的解决措施是从发现该未成年矫正对象实施违法犯罪行为时起，直至社区矫正全阶段结束，都要加强对于其身份信息的保密。譬如，在向社工公布信息时要注意隐去其个人信息、就读学校、家庭信息等可以识别其身份的信息，在审理时采取不向社会公开的方式，在服刑阶段进行社区矫正时采用合适的监管和教育方式，根据其身心成熟度进行分类管理，对于某些具有特殊心理或者特殊生理特征的未成年人进行个性化的矫正，防止该未成年人的身份和隐私信息直接暴露于社会中。此外，当矫正信息在不同的司法部门和社会机构之间流动时，也要提前进行匿名化等加密处理，防止在流动的过程中发生信息泄露或者篡改的情形。再回应前文所说的学籍开除问题，学校因为未成年人违法犯罪而开除其学籍，将其退学的行为，虽然可以说是学校校规基于维护学校声誉或者其他学生利益而采取的惯常做法，但是却和《预防未成年人犯罪法》《未成年人保护法》等上位法相冲突，目前的解决办法是对不符合上位法理念和规定的校规进行修改，从而把未成年人被社区矫正这一情形排除在开除学籍的处罚情形之外，保障其在社区矫正之后依然享有学籍和在本校受教育的

---

〔1〕 卢银：《关于"智慧矫正"平台建设的探讨》，载《长江信息通信》2022 年第 6 期。

权利。[1]

结语

社区矫正制度是刑罚执行制度的一种创新运用，社区智慧矫正是在此基础上融合信息化技术，实现效率更高、参与更广、研判更精准等目标的新模式。该模式对于刑事一体化背景下的非监禁刑罚执行制度建构，推动政法工作与社会治理能力现代化均具有重要作用，对于促进社会和谐稳定具有现实意义，[2]也为我们未来的社区矫正发展提供了方案和指引。近年来，随着现代信息技术的飞速发展，其成果在智慧矫正领域不断发挥重要作用，我国社区智慧矫正建设和发展都取得了不菲成就。但是，不可否认的是现阶段我们仍然处于探索期，这一过程充满了机遇，当然也会出现一些难题。

---

〔1〕　闫志开：《学校参与未成年人社区矫正的制度困境及突破路径》，载《青少年犯罪问题》2023年第6期。

〔2〕　哈洪颖：《智慧社区矫正模式的引入及其对传统模式的修正》，载《市场调查信息（综合版）》2021年第22期。

第十一章

社区矫正检察监督研究

对社区矫正开展检察监督既是检察机关的法定职责，也是促进社区矫正工作规范化开展的必要手段。然而，从当下的司法实践来看，社区矫正检察监督制度存在监督理念落后、监督力量薄弱、监督机制缺乏、监督介入滞后等四个方面的问题，严重阻碍检察监督在社区矫正中的实效发挥。因此，如何针对具体问题进行各个击破成为现阶段的重要课题。立足于我国现实国情及信息化飞速发展的大背景，检察机关首先要牢固树立满足时代需求的工作理念，其次从优化资源配置和完善相关机制入手去增强监督力量，最后引入智慧技术，提高监督质效，以此来不断优化和完善社区矫正检察监督制度，实现我国社区矫正的法治化发展目标。

一、社区矫正检察监督的基本理论

（一）社区矫正检察监督的内涵与特点

1. 社区矫正检察监督的内涵

社区矫正是指将符合条件的罪犯放置于社区内，由相关国家机关及社会组织在法定期限内对罪犯进行矫正，改变其犯罪心理和行为恶习，帮助其尽快顺利回归社会的一种方式。社区矫正最早诞生于英美法系国家，是一种非监禁的行刑方式，与传统的监禁矫正方式相比，具有改造效率高、成本低等独特优势，因而受到了世界各国的广泛关注。随着社会经济发展，作为"舶来品"的社区矫正制度因迎合了人道主义理念，受到了我国社会各界的大力欢迎和重视[1]。目前，我国的刑罚执行模式正从"监禁为主"转变为"监禁矫治与社区矫正并重"，社区矫正逐渐成为刑罚发展中的主流[2]。

孟德斯鸠（Montesquieu）曾说过："一切有权力的人都容易滥用权力，这是万古不变的一条经验。有权力的人使用权力直到遇有界限的地方才会休止。"[3]社区矫正的施行也是一个权力的适用过程，这就要求我们必须为其设限，通过监督来实现制度的健康运行。我国宪法赋予人民检察院法律监督权，随着社区矫正相关法律的出台，社区矫正检察监督制度理所当然地被确定下来。社区矫正检察监督制度，从狭义上进行解读就是指人民检察院要对社区矫正机构的工作人员进行法律监督；广义上则是将监督范围进行扩大化解释，即人民检察院要监督与社区矫正活动相关的所有国家工作人员，而我们通常采取后一种解读方式。具体而言，社区矫正检察监督是指人民检察院严格依照法律法规监督与社区矫正活动有关的人民法院、司法行政机关、公安机关以及监狱的司法工作人员等国家工作人员在对被告人、犯罪人判决、裁定依法实行社区矫正的过程中是否存在违法行为，以此来保障社区矫正活动的依法依规进行，促使罪犯正常地回归社会。

2. 社区矫正检察监督的特点

我国在借鉴西方国家法治优秀成果的基础上，结合本国实际特点，初步确立了社区矫正检察监督制度。经过多年的司法实践，社区矫正检察监督呈现出以下特点：

（1）监督主体具有唯一性。人民检察院的法律监督地位是由我国宪法赋予的，其主体地位具有唯一性。在社区矫正活动中，人民检察院也是监督国家机关工作人员的行为是否符合法律要求的专门机关。当下，"整体趋轻、轻轻重重"成为刑事政策的发展趋势[4]。在此趋势的主导下，我国将社区矫正确定为刑罚执行的一项重要手段，作为社区矫正活动中唯一一个担当监督职责的国家机关，人民检察院自然要承担起法律监督机关的职能和义务，加强

---

〔1〕董史统、蓝文权：《电子监管替代性措施的实务应用探讨——以社区矫正监督为视角》，载《第二届新时代优秀检察成果·智慧检务建设论文集（二）》2021年，第22~31页。

〔2〕匡旭东：《掣肘与突破：我国社区矫正检察监督的制度省思》，载《华南理工大学学报（社会科学版）》2022年第4期。

〔3〕[法]孟德斯鸠：《论法的精神》（上册），张雁深译，商务印书馆1961年版，第154页。

〔4〕张东平：《监禁行刑与社区矫正的互动衔接研究》，中国法制出版社2017年版，第31页。

对社区矫正检察监督工作的重视，同时多措并举来促进此项工作的完善和发展，增强监督工作实效，充分发挥监督作用。

（2）监督对象具有多元性。社区矫正检察监督所针对的对象并非接受社区矫正的监外服刑人员，而是应当在社区矫正期间依法履职的国家机关工作人员。具体而言，人民检察院要依照法律法规对人民法院、公安机关、监狱机关、司法矫正机关等一切与社区矫正活动有关的国家机关工作人员在裁决、交付、管理、执行、解矫等社区矫正环节中的行为进行法律监督。不难发现，社区矫正检察监督所涉及的监督对象多元、监督环节多样，并且负责每一个环节的国家机关的职责和部门都有变化，这就要求人民检察院在进行法律监督时，必须对社区矫正活动进行整体把握、紧盯细节，从而做到无缝监督、有效监督。

（3）监督内容具有广泛性。社区矫正检察监督工作所涵盖的内容具有广泛性。首先，从社区矫正的适用情形来看，社区矫正适用于被判处管制、宣告缓刑、假释和暂予监外执行的罪犯，那么检察机关在行使法律监督权时，也必然要辐射到以上四类矫正活动，分门别类地做好检察监督工作。其次，从社区矫正的活动过程来看，检察机关会从交付到执行，一以贯之地对社区矫正进行法律监督，不仅对社区矫正裁判过程中的证据材料及职务行为进行审查，还会时刻关注社区矫正对象在整个社区矫正期间的各方面落实情况，以此来确保社区矫正工作的规范运行。最后，检察机关在对社区矫正进行监督的过程中，除了会对实体性的违法行为进行规范，还会对程序性的违法行为进行打击。毕竟要实现真正的正义，程序正义与实体正义都是不可偏废的。

（二）社区矫正检察监督的存在价值

权力的运行必然要伴随着监督，否则腐败的滋生轻而易举，由此可见，对社区矫正进行检察监督是十分有必要的。社区矫正检察监督制度的存在，一方面可以推动《社区矫正法》的司法落地与规范执行，另一方面还可以保障社区矫正活动在法律的轨道上运行，促进非监禁刑罚工作的高质量发展。具体来说，社区矫正检察监督的存在价值可以归纳为以下三点：

1. 实现对权力的制约

社区矫正是一种创新性的非监禁的刑罚执行方式，在我国设立的时间比较短，不管是在立法还是司法实践中，都存在需要完善的地方。与传统的监禁刑罚相比，社区矫正中的犯罪人与工作人员都处于相对宽松的环境之中，此时若缺乏了对权力的外部管束，则极易滋生腐败与滥权，阻碍社区矫正活动的正常进行。同时，社区矫正具有刑事制裁性，接受社区矫正的人员的权利会受到限制，并要承担一定的法定义务[1]。虽然社区矫正面对的是轻刑犯，但若不对其加以管教改变，其日后也可能产生不可估量的危害。若此时监督缺位，权力放纵，导致犯罪人逃脱了法律的制裁，不仅会严重降低司法公信力，还会使机关内部的腐败愈演愈烈，法律的权威屡遭质疑。因此，将社区矫正置于检察机关的法律监督之下是非常有必要的，不仅可以在一定程度上对国家机关工作人员的权力进行有效制约，避免权力的非法骄横，还使社区矫正的功能得以正常发挥，让一切事物都在法律的轨道上有序运行，最终助力国家司法体制改革的顺利完成。

2. 落实对人权的保障

随着社会文明的发展与法治思维的普及，人权理念深入人心，如何实现对人权的保障也成为刑事领域的重点研究课题。在社区矫正活动中，犯罪人的权利和自由受到限制，并要接受矫正机关的管理和监督，此时的犯罪人与矫正机关之间的法律地位是不平等的，这就导致相较于一般人，社区矫正对象的合法权益更易受到伤害，若缺乏检察机关的全过程监督与约束，罪犯的合法人权将面临重大威胁。因此，社区矫正检察监督制度的存在是必然的。人权保障问题映射到社区矫正活动中，我们便需要重点关注罪犯在刑罚执行过程中的合法权利是否得到了有效保障与实现？当他们的合法权益受到不法侵害时，是否能够保证得到及时的救济？所以，检察机关在对社区矫正活动进行法律监督时，一方面要督促社区矫正机构依法行使职权，注重对矫正对象的尊重和保护；另一方面还应当主动作为，当矫正对象具有减刑表现时，在坚持客观公正的基本立场上，帮助矫正对象获得合理权益。在检察机关全过程的严格监督下，社区矫正工作人员势必会做到依法执法、严格执法，社区矫正对象的合法权益将会得到有效保障，惩罚犯罪与保障人权的基本原则也会得到有力贯彻。

3. 维护社会的稳定和谐

社区矫正的目的，就是通过对矫正对象进行教育和管理，使犯罪人重新变成守法公民，并且顺利回归社会，从而遏制犯罪的再次发生。具体来说，

---

[1]　陈冠宇：《我国社区矫正检察监督研究》，广西师范大学 2019 年硕士学位论文。

也就是将犯罪人放置于一个较为宽松的外部环境中，让犯罪人在接受改造的同时，还能获得与外界进行接触交流的机会。这样一来，在社区矫正成功后，犯罪人也可以尽快地融入社会。检察机关对整个矫正过程进行检察监督，通过监管和督促，保证矫正活动的依法规范进行，在维护矫正对象合法权益不受侵害的同时，帮助矫正对象成功改造，预防犯罪再次发生，从而维护社会的安定和谐。社区矫正检察监督制度的设立，助力实现以低成本的方式清除矛盾隐患，夯实社会维稳根基。

二、社区矫正检察监督的现状检视

（一）我国社区矫正检察监督的设立与发展

追溯起来，我国的社区矫正检察监督制度可以从清末开始研究。在引进西方先进制度的基础上，清王朝赋予了检察厅以法律执行监督权的权力。1908 年，中国历史上第一部近代刑法典《大清新刑律》完成，创新设立了缓刑制度。但由于该法公布后不久，清王朝即被推翻，所以该法并未来得及正式施行便成为历史。中华民国建立之后，效仿日本设立了一系列改良制度，监外执行登上历史舞台〔1〕。但由于当时战乱频繁、发展落后，所谓的监外执行并不能被划入社区矫正的范畴。新民主主义革命时期，解放区开始建立劳动矫正机构。延安时期，各抗日民主根据地的司法机关探索形成了"回村服役"的刑事执行制度，制度运用效果十分显著，约80%以上的犯罪人获得了有效转变，甚至有的比在看守所内改造得还好〔2〕。20 世纪 50 年代中期开始，各种未成年人矫正制度开始在我国广泛施行，但由于时代原因，不久即遭遇停滞。2003 年 7 月两高两部《关于开展社区矫正试点工作的通知》的颁布标志着我国正式开展对社区矫正的试点工作。同年，检察机关开始积极关注并对社区矫正开展法律监督工作。2005 年，最高人民检察院针对监外执行专门成立检察处，地方检察机关也安排专人负责开展对社区矫正的法律监督工作。为了实现社区矫正检察监督工作的更规范推行，最高人民检察院印发了一系列指导性文件，如 2005 年的《关于加强监外执行检察工作的意见》，2006 年的《关于在社区矫正试点工作中加强法律监督的通知》，2007 年的

---

〔1〕 孙谦主编：《中国检察制度论纲》，人民出版社 2004 年版，第 5 页。
〔2〕 薛永毅：《延安时期刑事执行中的"回村执行"制度》，载《人民法院报》2021 年 7 月 23 日。

《关于加强对监外执行罪犯脱管、漏管检察监督的意见》等。2009 年，随着两高两部《关于在全国试行社区矫正工作的意见》的出台，社区矫正工作开始在全国铺开。同年，最高人民检察院联合多个部门针对社区矫正开展专项行动，并发布《关于加强和规范监外执行工作的意见》，对相关各级机关如何做好社区矫正的监督和管理工作出详细规定，努力激发社区矫正制度的重要潜能和作用。2011 年，《刑法修正案（八）》正式施行，社区矫正概念第一次出现在我国的刑法文本中。2012 年，《社区矫正实施办法》（已失效）出台。2012 年修正的《刑事诉讼法》首次明确了社区矫正制度的执行主体及对象。自此，社区矫正制度在我国正式确立，检察机关对社区矫正开展法律监督工作有了完整的法律依据。2015 年，最高人民检察院将负责社区矫正的部门更名为刑罚执行二处，标志着社区矫正检察监督工作逐渐走向常态化与规范化。2019 年 12 月，《社区矫正法》出台，对我国社区矫正工作落地以来的成果进行了总结，开启了社区矫正的法治化发展新时代。2021 年 6 月，中共中央《关于加强新时代检察机关法律监督工作的意见》出台，明确了检察机关要加强对社区矫正的法律监督工作。2023 年 7 月，最高人民检察院召开"贯彻落实社区矫正法推进社区矫正教育管理和法律监督"新闻发布会，对《社区矫正法》施行三年来的教育管理和法律监督工作进行通报总结，并强调社区矫正法律监督是检察机关应当依法行使的一项重要职能。

（二）我国社区矫正检察监督的实施现状

自《社区矫正法》落地实施以来，社区矫正工作在规模及成效上都取得了亮眼成绩。据相关数据统计，截至 2023 年 7 月，全国已建成 2922 个县（区）社区矫正中心，基本实现"一县一中心"的愿景，在队伍建设方面，全国省、市、县三级在人民政府设置专门社区矫正机构的建成率分别高达78%、73%、68%。在实践中，各地充分借助基层组织及社会组织来充实社区矫正的人员力量，截至目前，全国共有 5.8 万名社工参与社区矫正工作，与立法前相比增长 29.1%[1]，司法行政机关对社区矫正对象指导就业或就学58 万人次。依据以上数据不难看出，经过近二十年的司法探索，尤其是《社区矫正法》的出台，社区矫正在我国的发展从无到有、从有到优，社区矫正

---

[1]《社区矫正法施行 3 年来全国建成 2922 个县（区）社矫中心》，载 https://baijiahao.baidu.com/s？id=1770122370673794818&wfr=spider&for=pc，最后访问日期：2024 年 5 月 12 日。

机构不断增加，社区矫正力量不断增强。执法机关和司法机关对社区矫正工作愈加重视，社区矫正对象的矫正环境不断被优化改善，社区矫正的作用和潜力逐渐被激发出来。与此同时，检察机关对社区矫正的法律监督工作也卓有成效。据最高人民检察院在发布会上所作的报告可知，检察机关对社区矫正实行的是全过程的法律监督，截至2023年7月，《社区矫正法》落地施行已三年，检察机关共提出书面纠正意见26万余人，书面监督意见采纳率近100%，其中2023年上半年提出书面意见近5万人，同比上升26.8%。三年共监督有关机关办理收监执行9000余人，其中2023年上半年监督有关机关办理收监执行1300余人，同比上升2.6%。其次，检察机关循序推进社区矫正巡回检察工作，截至2023年上半年，全国共有1500多个检察院开展社区矫正巡回检察3000多次，辐射范围包括1800多个社区矫正机构和14 000多个司法所〔1〕。由此可见，检察机关从未放松对社区矫正的法律监督工作，工作成果令人信服。

然而，从司法实践现状来看，社区矫正检察监督工作还存在一些不足之处。这里举个例子来详细说明，罪犯陈某德因犯盗窃罪被判处有期徒刑，厦门市中级人民法院在服刑期间对其裁定减刑，之后又裁定假释。于是，陈某德假释后回到原户籍所在地司法所接受社区矫正。但是自2015年3月30日起，尚处社区矫正期的陈某德既未参加矫正活动，更是处于失联状态，当地司法局对其发出两次警告，并派出专人进行多渠道寻找，均未果〔2〕。这是一起社区矫正的脱管漏管事故。社区矫正期间，检察机关主要通过线上联系、书面审查等方式进行监督，在发现陈某德未及时上交思想汇报等问题时，迅速对当地司法所提出了纠正意见。之后，厦门市中级人民法院对陈某德作出了撤销假释、予以收监执行未执行完毕的刑罚的处理。上述事件的发生，不难发现社区矫正检察监督工作还存在一些漏洞，对此可以在后续工作中进行针对性的完善。首先，法律监督的方式不合理。案例中的陈某德身处交通比较落后的偏僻农村，而县里的检察机关主要采用电话联系等书面方式进行审查和监督，监督手段单一落后，特别是针对具有开放性的社区矫正对象，这

---

〔1〕《这部法律实施三周年！最高检召开发布会通报法律监督工作情况》，载 https://www.spp.gov.cn/zdgz/202307/t20230705_ 620820. shtml，最后访问日期：2024年5月12日。

〔2〕魏小涵：《论社区矫正的检察监督》，黑龙江大学2022年硕士学位论文。

样的监督方式难以对矫正对象的改造情况进行全面了解，也很难完全覆盖社区矫正的整个环节，导致检察监督浮于表面，无法产生实效。其次，法律监督的力量未跟上。从上述案例可以看出，身处农村的矫正对象比较分散，很难进行统一管理。检察机关欲对社区矫正进行法律监督，但由于人手和时间等客观条件的限制，难以对基层社区矫正的执行情况进行全面监督，检察监督力量较为薄弱，无法满足当下的实践需要。最后，法律监督的实效较滞后。从上述案例可以看出，陈某德之所以脱管，一是因为负责社区矫正的各个机关之间缺少及时的沟通联络及数据共享，二是检察监督权的刚性缺失，难以震慑住社区矫正的实际负责机构。最终导致问题已经出现了，不好的后果已经发生了，检察机关才开始发挥作用，对社区矫正事项进行事后监督，监督实效严重滞后。

不可否认，社区矫正制度自设立以来，不仅契合了新时代的人权理念，还实现了低成本的改造和减少犯罪，对于铲除犯罪土壤、维护社会稳定起到了举足轻重的作用。而对社会矫正进行法律监督，则是将社区矫正工作置于名为法律的笼子里，保证社区矫正工作在法律的轨道上平稳运行，实现永不"脱轨"。从以上数据也可以看出，当下的社区矫正检察监督工作呈现良好发展态势，对于提高社区矫正工作质量起到了推动作用。然而，任何制度都有完善和进步的空间，对于司法实践中所发现的社区矫正检察监督问题，我们也不能轻视，而应当有的放矢，及时对实践困境进行梳理和解决。

三、社区矫正检察监督的困境梳理

在《社区矫正法》颁布之后，社区矫正检察监督工作得到了很大程度的优化和完善。然而法律总是具有滞后性的，相关规范虽然一直在回应实践中的新变化和新难题，但也难以做到滴水不漏。通过对社区矫正检察监督的现状进行观察和总结，可以发现目前仍然存在以下困境待解决。

（一）检察监督理念落后

1. 监督缺乏协同性

社区矫正检察监督，不仅仅是单方面地监督对方，而是要与被监督者形成互动交流，共同形成协作合力，推动社区矫正工作的成功完成。检察机关是对社区矫正进行全环节的法律监督，由于监督事项多元、监督内容繁杂，如果各部门之间缺乏沟通交流，单靠检察机关的独家监督是难以实现社区矫正工作的公正与规范运行的。但是从当下的司法实践来看，一些检察人员还是习惯以往的单线思维模式，更加倾向于单打独斗、各自为政，甚至有的检察人员可能是因为思维已经固化、难以转变或是其他原因，对于协同的工作方式感到不适应和抵触。长此以往，将会对检察机关法律监督职能的释放效果产生不利影响。比如，社区矫正对象脱管漏管的现象尚未被彻底铲除的原因之一就是有关部门之间未及时进行数据交流与工作交接，导致本该接受改造的犯罪分子逍遥法外，逃脱法律的制裁。所以，改变检察监督理念势在必行。当下已有不少检察官逐渐意识到了监督协同、沟通合作的重要性，从最高人民检察院工作报告中，我们也常常能看见联合执法与监管的相关做法，这足以说明树立"协同性理念"具有必要性和可行性，检察机关必须及时摒弃以往的单线思考与工作方式，逐步向联合监管靠近。

2. 监督缺乏主动性

受传统法律监督思维的禁锢，检察机关在对社区矫正进行监督时往往缺乏主动性，在进行检察监督时的形式工作多于实质工作，问题出现的原因及后果表现主要有以下几个方面：首先，部分检察机关对社区矫正工作不够重视，导致检察监督缺乏主动性。检察机关是国家的"公诉人"，社区矫正法律监督工作往往被视为检察机关的附带业务，而此工作的执行部门则被认为是检察机关的"养老"部门。这就导致检察机关在对社区矫正实行法律监督时，人员不足、准备欠缺，在司法实践中常常处在被动地位，难以有效地开展工作。其次，一些检察人员对于社区矫正工作的认识不够准确，也导致检察监督缺乏主动性。他们认为只要矫正对象在矫正期间没有触犯法律所规定的底线和错误，未来也没有再犯罪的可能，即可以视为矫正成功。这就导致了在工作开展的过程中，检察机关在法律监督时很少会主动出击，总是处于滞后状态，常常在问题已经产生时才进行事后监督，检察监督具有被动性。最后，从以往的司法实践来看，检察机关仅对社区矫正的有关机关进行底线监督。只要执行机关未出现漏管脱管等比较大的错误，就属于达到了依法履职的基本要求。而有关机关是否对社区矫正的方式及效果进行创新思考，是否对社区矫正对象实施了人性关怀以及是否在社区矫正对象社会融入方面付出了努力，则大多时候未被列入检察监督的范围之中。运用底线思维进行法律监督，必然会导致监督缺乏主动性。基于当前的社区矫正检察监督的发展现状及现实需要，传统的被动监督思维早已落伍，树立新的主动监督理念迫在眉睫。

(二) 检察监督力量薄弱

1. 监督人员数量欠缺

检察监督力量薄弱的首要原因就是监督人员的数量不足。具体表现在：首先，对社区矫正进行法律监督，对工作时间和人员数量的要求是很高的，尤其是基层检察院所面对的矫正对象数量庞大，且往往散落在各个乡村，覆盖范围比较广，这给社区矫正工作带来了极大困难，作为法律监督主体的检察机关，随之要承担的工作也变得复杂及繁重。其次，随着社会经济的发展及社会形势的变化，检察院业务部门的工作职能持续增加，包括但不限于羁押必要性审查、强制医疗执行监督、法律援助等，这些工作在实际开展过程中十分耗费时间，还需要深入走访调查才可以完成，业务量大、工作内容繁重复杂、工作要求高成为检察机关的工作常态。最后，在实践中，人们对检察机关工作的关注点往往停留在对罪犯提起公诉以及对诉讼活动开展法律监督等方面，这也确实是目前检察机关的主要工作内容，所以在进行检察人员的工作分配时，检察机关往往会选择优先满足诉讼活动的需求。而由于检察人员的数量是有限的，为社区矫正工作确定法律监督的人员时，就自然不尽如人意。由此可知，繁重的社区矫正工作与检察业务的增加、人员配备的不足产生了矛盾，导致检察机关在对社区矫正进行法律监督时的人员数量欠缺，难以满足监督工作的需要，无法实现对社区矫正工作的良好保障。

2. 监督人员专业性不足

在社区矫正检察监督工作中，最突出的特点就是监督对象的多元及监督环节的多样，这也意味着检察监督的责任是很繁重的。检察机关是对社区矫正进行全过程的监督，每个环节的监督对象及监督内容都有变化，尤其随着社区矫正相关法律的出台与完善，监督内容有所增加，监督程序不断优化。这对检察机关提出了更高的要求，若检察人员未及时关注相关立法及司法现状的变化，缺乏专业性，则很难做好社区矫正法律监督工作。但是在实务中，一些检察机关尤其是基层检察机关，在进行社区矫正的法律监督时，不仅未成立专业的办案团队，甚至缺乏专业的检察人员[1]，其工作人员根本达不到社区矫正制度所要求的业务知识与实践能力，实在难以胜任检察监督工作。

---

[1]　匡旭东：《社区矫正检察监督的实践检视与优化路向》，载《时代法学》2022年第3期。

3. 监督人员稳定性差

社区矫正是一种非监禁的刑罚执行方式，相较于传统监禁刑，具有比较开放自由的特点；同时社区矫正又是一个较长的连续过程，每个环节都有新的任务和责任，每个环节所出现的责任机关都有所改变，这给检察监督带来了比较大的挑战。因此，为了实现法律监督实效的最大化，就要求检察机关必须跟随社区矫正的工作进度开展全过程的实时监督，保持与被监督者的沟通交流，及时掌握全面的社区矫正信息。这也就意味着负责法律监督的检察人员不仅要配备充足，还应当足够稳定，可以进行连续性的法律监督工作，若期间频繁更换工作人员，监督效果将大打折扣。然而，从目前的实践情况来看，负责社区矫正法律监督的检察人员本就不足，当需要开展法律监督的专项或不定期等活动时，还须从别的部门进行人员借调；工作完成以后，就要将借调的人员及时归还原部门。在矫正过程中常常因为现实需要更换负责工作的检察人员，这不仅无法对社区矫正工作情况进行全面实时的掌握，还可能因为工作交接不当等导致监督遗漏等情况出现。监督人员的稳定性差将会对监督实效产生不利影响，难以满足当下社区矫正工作的实际需求。

（三）检察监督机制缺乏

1. 缺乏调查评估监督机制

根据《社区矫正法》的规定，调查评估工作是指在决定对犯罪人是否适用社区矫正时，由社区矫正决定机关委托社会组织或者相关机构对犯罪人的家庭背景、生活经历、个人性格等进行调查，以此来对犯罪人的社会危险性等作出综合判断。入矫前的调查评估工作十分重要，因为单靠法官根据案件相关材料来决定是否适用社区矫正是比较困难的，并且往往也体现不出决定的合理性。有了调查评估的结果，检察机关在进行法律监督时也可以凭借此来审核社区矫正的决定过程是否合理。由此看来，对犯罪人进行入矫前的调查评估是非常有必要的，这不仅是判断是否执行社区矫正的重要依据，也是在社区矫正过程中制定改造计划的重要参照物，更是检察机关对入矫决定进行法律监督的重要参考资料。但是从目前来看，调查评估的法律监督机制十分不完善，给司法实践带来较大困难。具体来说，《社区矫正法》中关于调查评估的法律监督规定偏原则化，可操作性不强。法律并未对检察机关何时介入调查评估工作、介入后如何进行监督及监督的内容与程序等进行详细规定。

这就导致了司法实践中缺少统一的监督标准，当不同检察机关对调查评估工作进行法律监督时，面对同一违法行为，可能会选择不同的处理方式，不利于司法活动的统一性，也阻碍了调查评估工作的作用发挥。若能对入矫前的法律监督规定进行完善，将更有利于检察机关对社区矫正开展全过程的监督工作，推动社区矫正工作的法律制度与司法实践的优化和进步。

2. 缺乏异地交付监督机制

随着社会经济的发展，人口流动性增大，映射到社区矫正工作中，就演变成了社区矫正对象的跨行政区域问题，这给检察机关的法律监督带来新的挑战。具体来说，主要有以下两个问题需要注意：一是社区矫正对象的异地交付问题。根据《社区矫正法》的规定，犯罪人优先在居住地执行社区矫正，同时矫正决定机关应当及时对矫正执行地点进行审核。但是从目前的实践情况来看，很多基层社区不愿意接收非本地户籍的矫正对象，而矫正决定机关也很少重视受托调查机关所作出的"不适合在本地进行矫正"的评估意见，最后矫正对象被强制交付到并不利于矫正的外地或原户籍地进行改造教育，这样的做法一方面会影响社区矫正的效果实现，另一方面更容易造成脱管漏管的现象出现。而检察机关如何对上述核查失职行为进行监督以及应对跨行政区域的监督问题，法律至今未予以明晰。二是流动矫正对象的异地监管问题。为了方便矫正对象的工作和生活，实现对人权的保障，《社区矫正法》放宽了对矫正对象跨区域流动的限制条件，规定对于有正当理由的，社区矫正机构都应当予以批准。并且若矫正对象有需要进行经常性的跨行政区域流动，社区矫正机构也要简化批准流程。这一系列的监管变化，给检察机关的法律监督工作带来了新的难题。举个例子，若矫正对象因为正当的生活和工作理由需要离开管辖地到其他城市临时居住，应当如何在委托监管的基础上保证可以实现有效的异地矫正监督？对于需要经常性地跨行政区域流动的矫正对象，检察机关如何对相关审批流程和事项的合法性与合理性进行监督？对于以上问题，目前检察机关还缺少相关的协作机制与核查能力。

3. 缺乏矫正教育监督机制

社区矫正作为一种非监禁的刑罚执行方式，目的是对犯罪人进行改造教育，帮助其改邪归正，在社区矫正结束后能够尽快融入社会，今后没有再犯新罪的可能[1]。按照社区矫正的工作进程来区分，此期间主要存在三种教育方式：第一种是入矫教育，在决定对犯罪人执行社区矫正之后，正式开展社区矫正之前，有关部门会对矫正对象进行统一培训，目的是告知他们在社区矫正过程中要承担的法律责任与义务，并向他们明确违反规定可能造成的后果。第二种是日常教育，指为了帮助社区矫正对象更好地改正犯罪心理和行为恶习，在改造结束后也能顺利地融入社会，在矫正过程中对矫正对象采取的心理辅导、就业培训等改造措施。心理辅导教育是为了让矫正对象转变犯罪思维，认识到犯罪的危害性与守法的重要性；就业培训则是为了让矫正对象通过练习和培训获得一技之长，改造结束后也能靠自己的双手养活自己，不至于与社会脱节。第三种是解矫教育，指在改造教育即将结束时，通过对矫正对象在整个社区矫正教育过程中的行为和表现进行综合评估，帮助其树立重新进入社会的信心。为了使社区矫正工作发挥最大的作用，以上三类矫正教育缺一不可，因此检察机关应当对整个教育过程开展实质性的监督，对教育效果进行整体评价和督促。但是在当下的司法实践中，一些检察机关更加注重对犯罪人在形式上是否符合社区矫正的对象要求进行监督，而缺少对罪犯改造教育过程的关注，但这恰恰才是社区矫正工作的关键。形式监督大于实质监督，这样的监督方式忽略了影响矫正质量的核心要素，检察监督不直击痛点，会阻碍社区矫正工作实效和潜力的释放。

（四）检察监督介入滞后

1. 社区矫正信息流转不畅

由于法律规定不完善以及社区矫正工作涉及范围广、涉及部门多、涉及人员复杂等特点，实践中的社区矫正信息流转不畅、部门衔接效率低下等问题时有发生，加大了检察机关法律监督的难度，也影响着社区矫正工作的效果呈现。首先，根据《社区矫正法》的规定，社区矫正机构要及时将相关工作信息抄送至检察院。但由于社区矫正工作信息繁多、程序繁杂，仅仅依靠社区矫正机构的书面抄送，一方面会导致检察机关获得信息的时间比较滞后，另一方面也不利于检察机关全面了解社区矫正工作的实际情况。检察机关无法及时跟进社区矫正工作的实际流程，也就很难对脱管漏管问题进行提前预

---

〔1〕 申琪：《社区矫正教育制度的实践、不足及完善路径分析》，载《长治学院学报》2020 年第 4 期。

防。其次，法律虽然规定了社区矫正机构的及时抄送职责，但并未对相关主体不履职或不恰当履职的后果和惩处方式作出详细规定。面对这样的违规情形，由于检察机关未取得法律的支持，也是无计可施，导致检察机关获取监督信息的路径尤为坎坷。最后，社区矫正工作的每个环节所涉及的国家机关都有所变化，但是相关法律仅对检察机关与社区矫正机构之间的信息交流作了规定，而缺少检察机关与其他机关之间的信息传递机制，各个机关之间的信息尚未完全联通，检察机关难以获得全面的数据。虽然为了解决检察监督数据获取难的问题，各地在积极推进智慧平台的建设，但是由于目前的建设时间比较短，仍处于初级阶段，社区矫正信息的更新较为缓慢，很难满足当下的现实需要。检察机关仍无法及时根据社区矫正工作的动态变化提出指导意见，检察监督效果大打折扣。

2. 监督方式单一

检察机关对社区矫正进行法律监督，主要采取两种监督方式，一种是书面监督，主要针对的是文书材料；另一种是现场监督，针对的是一些重大的突发事件。书面监督是检察机关最常用的方式，能够便捷快速地对社区矫正的工作情况进行一定了解。但是这种监督方式的弊端也很明显，仅仅是坐在办公室里对法律文书、工作报告等书面材料进行审查，通常只能发现一些形式上的问题，而无法深入实质直击痛点。在实践中，一些社区矫正机构为了应付检察机关的监督，往往某个流程尚未实际开始，工作汇报就已经制作好，待流程结束后直接呈交至检察机关，由于检察机关只是进行书面审查，所以很难对文书的真实性作出判断，也就无法了解到社区矫正工作的真实情况。因此，书面审查的监督方式是难以真正发现社区矫正工作的问题的，或者发现问题时，不利后果早已出现，导致检察监督的介入时间总是比较滞后。就比如上文提到的陈某德脱管一案中，检察机关主要采用电话联系、文书审查等方式进行监督，在发现陈某德材料缺失时才向矫正执行机关发出警告，但此时的陈某德早已脱管较长时间，危害后果已经出现。由此看来，书面监督的方式是很难与社区矫正的各个环节同步进行的，检察监督的介入总是处于滞后的状态。虽然为了解决监督滞后的问题，检察机关已经开始尝试创新运用不定期的巡回检察模式开展法律监督，且起到了一定的效果，但也暴露了一些问题，如个别检察人员为省事，自作主张缩小监督范围或减少巡回频率等，敷衍了事，监督滞后的漏洞仍然存在。

3. 监督手段缺乏刚性

当检察机关发现有关单位在社区矫正工作过程中存在违法违规情况时，可以通过提出纠正意见与检察建议两种手段进行处理，这也是检察监督最常用的两种监督方式。然而，不管是提出纠正意见还是提出检察建议，都普遍缺乏刚性效力，使得检察监督的效果不易被落实。根据《社区矫正法》的规定，若检察机关对有关单位发出书面纠正意见或检察建议，而有关单位置之不理，则检察机关可以选择向上级报告，上级单位的处理方式也只是进行情况通报。总的来说，检察机关并不具备直接追究相关单位责任的处置性权力，监督手段缺乏刚性，难以达到实际解决问题的效果，将矛盾转嫁到上级机关的方式也只是"饮鸩止渴"，没有实质性作用。另外，若检察机关选择向有关单位发送书面纠正意见，法律规定有关单位应当在规定期限内及时回复，检察机关可以根据回复情况判断违法单位的整改情况，但有关单位是否进行了实际整改，检察机关是无从得知的。在实践中就常常出现，一些社区矫正机构在收到检察机关发出的整改建议或意见时，对检察文书不予理睬或者仅做书面整改、敷衍了事，然而由于检察机关并未具备刚性监督权力，所以面对这种情况也无可奈何[1]。

四、社区矫正检察监督的完善路径

社区矫正工作是实现国家治理体系和治理能力现代化的重要措施，随着轻刑化趋势的进一步发展，非监禁刑在未来将会被运用得更加频繁。作为国家的法律监督机关，检察机关责任重大。从立法与司法现状中，我们已经窥见并总结出了社区矫正检察监督工作所存在的问题。虽然《社区矫正法》的出台解决了一部分现实桎梏，但也不能止步于此。如何选择完善社区矫正检察监督工作的路径是当下的重要着力点，我们亟须从理念、制度等方面入手去解决问题，充分发挥检察机关对社区矫正工作的监督作用。

（一）转变工作理念，破除传统桎梏

监督理念指导监督工作，检察人员只有坚持正确的、先进的工作理念，积极作为，才能让检察监督工作实现应有的价值和意义。首先，检察机关要重视社区矫正检察监督工作。检察人员要逐步从以往的重刑思想中走出来，

---

〔1〕 王国耀：《社区矫正检察监督的检视》，载《中国检察官》2022 年第 21 期。

主动迎合轻刑化的社会趋势，树立监禁刑与非监禁刑同等重要的观念。社区矫正是将罪犯放置在一个比较开放自由的环境里，随着监禁方式的变化，检察人员也应当从"刑本位"走向"人本位"的监督理念，注重监督时的人权保障。同时，社区矫正的关键在于"矫正"二字，所以检察机关在进行法律监督时，要注重对社区矫正机构的实质监督，不能简单地以为只要不发生脱管漏管等违法现象就万事大吉，要摒弃以往的"歧视"观念，及时与被监督者进行沟通，仔细审查社区矫正机构的改造手段和改造措施是否有利于矫正对象改邪归正、融入社会，促进矫正对象与社会的良好互动。其次，检察机关要树立协同性的监督理念。社区矫正与传统监禁刑不同，不管是在执行理念还是执行方式、执行环境上都有很大的区别。作为监督主体的检察机关，应当认识到合力实现社区矫正工作的优质高效完成才是制度设立的最终目标，而法律监督只是实现目标的手段之一。所以，检察机关要及时改变"单打独斗、单线作战"的传统工作程式，逐渐转向"协同性"的创新工作理念，以通力合作为基础，探索符合时代需求和实践需要的新型社区矫正检察监督方式。从理论上来讲，"协同性理念"就是指检察机关要加强与法院、公安机关、司法行政机关等与社区矫正各环节有关机关之间的联系与合作，以与被监督者之间的内在联系为基础，共同助力社区矫正的成功，帮助社区矫正对象成功改造并走向社会〔1〕。具体而言，对社区矫正进行法律监督，检察机关要学会换位思考，迅速及时地发现问题并因地制宜地解决问题；要多与被监督者进行沟通交流，阐述自己的想法并理解对方的诉求，在协商的基础上寻求合作与统一；要联合社区矫正有关部门形成协作合力，督促被监督者依法履职，实现对社区矫正对象的高质量改造，保障社会的稳定与和谐。最后，检察机关要坚持主动作为，对社区矫正工作进行能动监督。社区矫正相关法律赋予检察机关法律监督的权力，目的是防止社区矫正工作过程中出现违法违规的履职行为，若检察监督的介入总是滞后于问题的发生，那这样的履职行为是不合格的。因此，检察机关在进行法律监督时，必须树立主动监督的意识，将能动积极的监督思维贯穿工作始终，改变以往问题出现时才开始履行监督职能的被动模式，更加有效地开展法律监督工作，切实履行好法律赋予的权能，保障社区矫正工作的公正与效益，着力提升监督实效。

---

〔1〕　刘强主编：《社区矫正制度研究》，法律出版社 2007 年版，第 537 页。

（二）优化资源配置，增强监督力量

1. 吸收社会力量参与检察监督

在当前的社区矫正检察监督司法现状中，我们不难发现，检察机关的监督工作繁重与人员紧缺之间的矛盾是影响社区矫正效果发挥的一大障碍。社区矫正工作本身就比较复杂，涉及的国家机关与工作环节繁多，若检察机关长期处于监督人员不足的状态，是很难对社区矫正工作开展全方位的有效监督的。然而，随着司法体制改革的深化，编制有限、部门固化的现状警醒着我们，一味地"增编扩部"是不可能的[1]，也不应当成为彻底解决问题的主要途径。在这种情况下，我们可以考虑借鉴日本的监督模式，吸收社会力量参与检察监督，弥补我国监督力量薄弱的缺陷，助推社区矫正制度的目标实现。日本的社区矫正工作是由两部分人群合力展开的，一部分是国家机关的工作人员，另一部分是社会力量，两类群体各司其职、缺一不可。那么我们在考虑将日本的监督模式进行转化落地中国时，就可以根据我国现实来操作。比如，退休后的法官、检察官、律师等专业的法律工作人员是比较空闲的，他们有时也会想再发挥一下余热，为国家和社会作点贡献，我们就可以考虑将这部分有"退休再就业"想法的人员吸纳到检察监督队伍中来，给他们分配一些有关社区矫正监督的辅助工作，并听取他们的看法和建议；同时，现在大学生数量比较多。大学生是一个非常有激情、有朝气的群体，且处于"象牙塔"中，也是非常渴望和亟须一些社会实践的机会的。所以，检察机关可以考虑到各个学校去选任一些法学、社会学、心理学等相关专业的优秀大学生，让他们到检察机关来进行社区矫正监督的实习。总之，可以吸纳成为检察监督辅助人员的社会力量是非常多的，若监督人员短缺的现状暂时无法改变，而这个问题也实实在在地制约着检察监督的职能发挥，此时检察机关就可以考虑纳入一些社会力量作为检察监督的补充力量，以此来缓解当下的紧迫问题，从而提高检察监督的工作效率和社区矫正工作的法律价值。

2. 设立专门的检察监督队伍

负责检察监督的工作人员专业性不足，是影响社区矫正效果发挥的一大阻碍。为了化解案件问题迫切需要有足够专业知识储备的工作人员解答与工

---

[1] 匡旭东：《掣肘与突破：我国社区矫正检察监督的制度省思》，载《华南理工大学学报（社会科学版）》2022年第4期。

作人员知识储备欠缺之间的矛盾，检察机关可以在整合现有资源的基础上，在特定领域创新引入具备专业知识的人才，构建专家咨询队伍，并设立激励机制来调动大家对检察监督工作的热情。具体来说，首先，检察机关的主要业务繁多，而各项业务又是不可偏废的，所以为了实现业务之间的均衡推进与发展，可以考虑采用模块化、团队化的办案方式，针对各项主要业务建立起专门的办案小组，如社区矫正检察监督办案小组、监所检察办案小组、公益诉讼办案小组等，选派对该项业务比较有经验的老同志成为该组的组长，以"一带多"的形式高效完成工作。其次，在建立办案小组的基础上，检察机关还可以选择建立专家咨询团队的方式来强化检察监督力量。选派在检察监督领域具有专门知识的人加入社区矫正监督的行列，负责完成一些检察监督辅助工作，解决各环节中遇到的疑难问题，可以实现社区矫正监督工作的专业化与高效化。从规范层面来看，建立专家咨询团队是有制度依据的。早在 2018 年，最高人民检察院就出台了《关于指派、聘请有专门知识的人参与办案若干问题的规定（试行）》，其中规定了人民检察院在办案过程中，可以指派或聘请有专门知识的人参与办案。若检察人员在办案过程中遇到了难解的法律或实务问题，可以及时向专家团队进行咨询，从而促进检察工作的公正与权威。从实践层面而言，在刑罚执行程序中引入专家咨询的探索并不少见，各地检察机关就曾尝试过让有专业知识的人加入刑事申诉[1]、公益诉讼等环节，辅助推进案件办理的流程，其实践成果令人满意。综上，不管是从法律层面还是从实践层面而言，建立专家咨询团队的做法都是可行的。因此，检察机关可以在整合检察系统现有专家资源的基础上，再引入新的专业人才资源，充实刑事执行检察专家咨询库，建立社区矫正执行与监督的综合咨询平台。检察人员在面对不同的社区矫正监督疑难问题时，也可以针对性地向平台进行咨询。最后，检察机关还可以通过建立新的内部激励机制，调动检察干警参与社区矫正检察监督的热情和干劲。创新设立奖惩制度，提高社区矫正检察监督工作人员的积极性和主动性。

3. 完善"巡驻检察"制度

巡回检察是一项新制度，更是检察机关贯彻落实习近平法治思想的重要

---

〔1〕　张栋、王晓岚、匡旭东：《刑事申诉检察专家咨询制度刍议》，载《人民检察》2019 年第 13 期。

举措。从 2018 年的试点到 2021 年《人民检察院巡回检察工作规定》的印发，巡回检察制度被正式确定下来。相较于具有集中性、短期性与临时性等特点的巡回检察，派驻检察人员深入三大现场，更加贴近矫正对象和矫正工作，对于社区矫正内部问题有更深层次的认识，可以对标巡回检察办案需要，为巡回检察工作的开展提供必要的线索材料，解决巡回检察可能存在的不深入、不全面等问题[1]。而派驻检察下的法律监督，又很难避免遭遇"熟人社会"的问题。若能实现巡回检察与派驻检察两种监督模式的有机结合，检察监督质效将会进一步提升。因此，检察机关可以尝试采用"派驻+巡回"的创新机制，开展交叉巡回监督[2]，克服两种监督模式各自的劣势，同时形成监督合力，提高检察机关的法律监督力度。具体来说，在完善社区矫正派驻检察与社区矫正巡回检察制度的基础上，检察机关可以考虑将派驻人员与巡回人员之间的流动渠道彻底打通，对派驻人员进行定期轮换，让派驻人员为巡回检察带来第一手的真实资讯，以便为今后的巡回检察工作开展奠定坚实基础。同时，吸取各地的实践探索经验，将人大代表、政协委员、人民监督员及具有专门知识的人等加入巡回检察中，实现检察监督与人大监督、社会监督等监督方式的有机统一。由此来发挥巡回检察"巡"的优势与派驻检察"驻"的便利，让两种监督模式形成治理合力，提高社区矫正和检察监督的工作水平，维护社会和谐稳定。

（三）完善相关机制，提升监督质效

1. 优化调查评估监督机制

《社区矫正法》对入矫前的调查评估机制作出了规定，目的是确保社区矫正的有效适用，严把矫正程序入口关。但是目前法律尚未对检察机关何时介入监督、如何开展监督等程序和实体内容作出详细规定，为了强化检察机关对社区矫正的法律监督，应当对入矫前的调查评估监督机制进行完善，规定人民检察院要积极履职，在社区矫正时同步开展监督工作。首先，调查评估工作的开展是一个动态过程，且一直都处于变化之中。所以，为了更好地实现法律监督，在调查评估工作刚启动时，检察机关就应当及时介入，实现监

---

〔1〕《深化"派驻+巡回"监督模式 实现"双轮"驱动》，载 https://www.spp.gov.cn/spp/llyj/202305/t20230529_615220.shtml，最后访问日期：2024 年 5 月 15 日。

〔2〕高碧东：《我国社区矫正检察监督的问题检视与完善路径》，载《铁道警察学院学报》2023年第 5 期。

督工作与评估工作的同步进行，及时查处和纠正被监督者的违法违规行为。在监督过程中，检察机关还要积极与被监督者、服刑人员等进行沟通交流，了解每一个服刑人员的实际情况与关联案件的全部情况，再针对性地作出是否适宜执行社区矫正的监督建议报告，供当事法官参考。其次，实践中的一些检察机关常常只是坐在办公室里对调查评估有关的纸质材料进行书面审查，这样"坐而论道"的监督方式是难以真正发挥出实效的。所以，在开展入矫前的法律监督工作时，检察机关要有意识地丰富监督手段。单靠书面审查的方式是不可能奏效的，应通过增加实地走访、实地调研、电话沟通、面对面交谈等监督方式对相关信息进行核实。若发现有的服刑人员并不适宜接受社区矫正，要及时向相关部门提出监督建议。通过以上方式，可以优化入矫前的调查评估检察监督机制，弥补法律规定模糊的不足，保证社区矫正的有效执行。

2. 完善异地交付监督机制

随着经济社会的发展以及法律制度的变化，跨行政区域交付与委托监管的矫正对象越来越多。然而，相关法律并未对异地交付与监管的条文作出详细规定，无法满足司法实践中的检察监督需求。面对制度的暂时空白与缺失，检察机关应当积极作出回应，在坚持协同性理念的基础上，推动异地交付监督机制的完善。首先，检察机关要提前介入异地交付环节开展监督。根据《社区矫正法》的规定，社区矫正对象变更执行地点后，变更后的社区矫正机构要将相关法律文书转送至当地人民检察院。也就是说，可能服刑人员已经到执行机构报到了，人民检察院才开始启动法律监督程序，此时的监督在时间上已经比较滞后了。考虑到交付执行阶段是具有时效性的，检察监督应当及时介入。为了保证异地交付期间不会出现脱管漏管的情况，每一个服刑人员都能够按时报到，检察机关必须将监督介入的时间提前，在居住地核实阶段就启动法律监督程序。在社区矫正机构决定变更执行地时，检察机关就要及时与对方的司法行政机关、检察机关等相关部门取得联系，保持良好沟通，做好工作交接，协同将矫正对象的异地交付工作做好，保证期间检察监督的不缺位。其次，根据各地检察机关的实践经验，人民检察院可以通过与其他地区的相关部门签订备忘录等形式，来加强跨区域的社区矫正监督协作，并通过异地协查、信息互通等方式，共同做好区域内的社区矫正监督工作。

3. 设立矫正改造监督机制

社区矫正机构开展矫正教育工作，是为了让矫正对象转变犯罪行为和犯罪心理，降低其再犯罪的可能性。在矫正活动结束后，矫正对象还可以顺利融入社会，正常进行工作和生活。所以，从社区矫正机制的最终目标来看，矫正手段和矫正内容是极其重要的，这是决定矫正活动是否成功的关键因素。这就决定了，检察机关在对社区矫正活动进行法律监督时，必须开展实质监督，即除了要监督矫正对象在形式上是否符合执行要求，还要监督矫正对象的改造内容和改造情况是否符合矫正初衷。首先，对矫正措施的个性化程度进行监督。即检察机关在对社区矫正活动开展法律监督时，要审查改造措施是否契合矫正对象的需求。比如，面对有就业需求的矫正对象，除了要使其认识到犯罪行为的危害性，还要开展个性化的帮扶，有针对性地对其进行技能培训等，提升其就业能力；再比如，在对未成年人进行社区矫正时，要联合多个未成年人矫正相关部门，合理设置课程，邀请专业人员对未成年人进行教育和改造，提升未成年人的法治意识与个人修养。所以，检察机关在开展监督工作时，必须对矫正内容和矫正手段进行重点审查，若教育内容和手段并未满足矫正对象的需求，就要及时向被监督者提出检察建议。其次，在对社区矫正活动进行监督时，还要考虑到监督手段的个性化。比如，面对不会写字或者听力、视力有障碍的矫正对象，可以通过让对方进行口述、聘请翻译人员等方式来了解改造效果。如果矫正对象各方面无障碍，则可以让对方上交书面材料。以上做法都是通过这种个性化的监督手段，实现法律监督效果的最大化。

（四）引入智慧技术，丰富监督手段

1. 引入智慧技术

当下，智慧技术发展迅猛，不断冲击着公共服务的传统范式。《社区矫正法》早已预料到这一趋势，在法条中积极响应国家关于推动信息化建设的政策号召，要求相关部门之间要依法进行信息共享，开展现代信息技术下的监督管理和教育帮扶。为实现社区矫正工作的动态监督与精准监督，检察机关要主动将司法改革与现代技术联系起来，提高检察监督工作的协同治理与实际效益。

首先，检察机关要积极与各部门建立信息共享平台。为实现监督工作与矫正工作的同步开展，预防矫正过程中的脱管漏管现象，在相关部门之间建立起信息共享平台是有必要的。平台建立后，要及时将社区矫正的所有相关信息都录入进去，包括调查评估信息、判决裁决信息、矫正过程中的实际表现信息、执行地变更信息、解除矫正信息等。总而言之，要保证社区矫正活动从一开始到最后的所有信息都出现在共享平台上，由检察机关实现全过程的动态监督，解决监督滞后的问题。

其次，检察机关要积极引入智慧技术。信息共享平台建立后，由于检察机关人少事多，所以难免还是会遇到监督疏漏的问题。此时选择引入智慧技术一定是明智的，倚靠智慧技术来进行辅助性的法律监督工作，可以很大程度上解决人手不足的弊端。区块链和人工智能都是当下比较热门的智慧技术，已经有一部分政府机关开始引进并运用到日常工作中，收获了不少好评。区块链技术以去中心化、不可篡改等特点和优势受到关注，检察机关在引入区块链技术时，可以在与其他相关部门充分沟通的基础上达成技术适用的共识，建立统一链接协议和标准数据语言，进一步推进跨部门信息共享[1]。当前的人工智能技术虽然只发展到了初级阶段，但是其中的弱人工智能是最适合进行引入的，一方面不会对单位各方面产生威胁，另一方面可以缓解矫正过程中繁重的工作压力。弱人工智能将会协助检察人员进行一些重复性的枯燥工作，通过智能辅助系统的完善和精细发展，在提高检察监督效率的同时，实现精准监督。

2. 丰富监督手段

当前，检察机关在对社区矫正进行法律监督时，监督手段比较单一，以书面审查为主，难以满足当下实践需要。所以，检察机关应当有意识地改进和丰富检察监督手段，避免潜在危险的发生。首先，建立完善的监督模式。上文提到过，检察机关除了要对矫正对象的档案资料、被监督人员的汇报材料等进行书面审查，还应当通过实地走访、面对面询问等方式对矫正活动进行现场勘查，将书面监督与现场监督相结合，通过静态加动态的监督方式来充分了解矫正对象的实际情况，监督实际的矫正情况是否与材料显示一致，矫正机关是否将矫正计划完美落地实施。当检察机关在监督过程中发现了问题时，对于经常出现或容易出现的普发性问题，检察机关可以组织听证或研

---

〔1〕　马明亮：《"区域链+隐私计算"实现大数据协同办案的新技术路径》，载《中国审判》2021年第23期。

讨活动，在达成一致意见后向问题机关发送书面检察建议，并持续关注整改情况；对于偶发性问题，检察机关也要及时提出检察建议，遇到疑难或严重问题时，检察机关可以组织部门召开联席会议，商讨解决方案，持续关注问题机关直到彻底整改完毕。其次，建立多样的监督方式。检察机关通常以定期检查的方式开展法律监督，在固定日期对社区矫正活动进行审查，此种监督方式针对性强、工作效率高，但是弊端也很明显，由于每一次的监督时间和方式都是固定的，被监督机关完全可以为了应付检查而提前准备好材料，导致检察机关所获得材料的真实性无法得到保证。因此，为了解决这个问题，检察机关可以考虑加入不定期检查的监督方式，检查时间和内容都是随机确定的，剥夺被监督机关应付检查的机会，以此来达到获得第一手真实材料的目的。总而言之，在今后的工作中，检察机关完全可以将两种检查方式结合起来使用，以定期监督为主，不定期监督为辅，以此来提高社区矫正检察监督的工作质效。

3. 增强检察监督刚性

从目前社区矫正的相关法律来看，当检察机关在法律监督过程中发现违法违规问题时，要及时向相关部门提出检察建议或纠正意见。但是由于检察监督手段缺乏刚性，所以若出现相关部门对此不予理睬或仅仅进行书面整改的情况，检察机关也是无计可施。监督手段缺乏刚性严重阻碍了监督实效的发挥，为了解决这个弊端，首先，要从法律规范出发，对检察监督意见措施进行进一步的明确和细化。明确检察机关在对社区矫正工作进行法律监督的过程中，可以采取哪些法定的刚性举措对违法违规行为进行严厉打击。其次，若被监督机关无视检察机关发送的检察建议或纠正意见，对违法行为不管不顾，不予整改或仅仅进行书面整改，则该被监督机关须承担什么样的法律责任和后果，以及检察机关为了保证整改行为的落实，可以采取何种有效措施。最后，被监督机关不予整改的最根本原因还是在于各部门之间缺乏交流和沟通，所以加强部门与部门间的协调合作是当务之急。要及时建立健全畅通的交流机制与意见反馈制度，在法律监督过程中发现任何问题，监督机关与被监督机关之间都要及时沟通，监督机关要听取对方的想法，被监督机关要接受督促和整改，最终实现社区矫正工作的圆满完成。

参考文献

［1］吴宗宪：《社区矫正比较研究》，中国人民大学出版社 2011 年版。

［2］吴宗宪主编：《社区矫正导论》，中国人民大学出版社 2011 年版。

［3］吴宗宪：《中国社区矫正规范化研究》，北京师范大学出版社 2021 年版。

［4］何明升主编：《司法社会工作概论》，北京大学出版社 2014 年版。

［5］梅义征：《社区矫正制度的移植、嵌入与重构：中国特色社区矫正制度研究》，中国民主法制出版社 2015 年版。

［6］王顺安、马聪：《中国特色社区矫正基本制度问题研究》，中国政法大学出版社 2022 年版。

［7］肖乾利、熊启然：《社区矫正基本问题研究》，法律出版社 2022 年版。

［8］张东平：《监禁行刑与社区矫正的互动衔接研究》，中国法制出版社 2017 年版。

［9］刘强主编：《社区矫正制度研究》，法律出版社 2007 年版。

［10］宋行主编：《服刑人员个案矫正技术》，法律出版社 2010 年版。

［11］王爱立、姜爱东主编：《中华人民共和国社区矫正法释义》，中国民主法制出版社 2020 年版。

［12］但未丽：《社区矫正：立论基础与制度构建》，中国人民公安大学出版社 2008 年版。

［13］唐文娟：《社区矫正在彝族聚居区的探索与实践》，中央编译出版社 2015 年版。

［14］肖乾利主编：《社区矫正理论与实务研究》（第 3 卷），法律出版社 2021 年版。

［15］程潮主编：《社区矫正工作评估：理论与实践》，社会科学文献出版社 2019 年版。

［16］骆群：《社区矫正专题研究》，中国法制出版社 2018 年版。

［17］闫志开：《学校参与未成年人社区矫正的制度困境及突破路径》，载《青少年犯罪问题》2023 年第 6 期。

［18］高碧东：《我国社区矫正检察监督的问题检视与完善路径》，载《铁道警察学院学报》2023 年第 5 期。

[19] 陈玉伟、张宇：《社区矫正检察监督现代化探索——以山东省平邑县人民检察院"检察官+社区矫正官"机制为例》，载《中国检察官》2023年第15期。

[20] 安文霞：《社区矫正对象权利规范探析》，载《犯罪与改造研究》2022年第6期。

[21] 王国耀：《社区矫正检察监督的检视》，载《中国检察官》2022年第21期。

[22] 连春亮：《论社区矫正社会化的实然要素》，载《犯罪与改造研究》2022年第7期。

[23] 王希、刘双阳：《社区矫正精准矫治模式的理论基础与实践展开》，载《南大法学》2022年第5期。

[24] 匡旭东：《掣肘与突破：我国社区矫正检察监督的制度省思》，载《华南理工大学学报（社会科学版）》2022年第4期。

[25] 匡旭东：《社区矫正检察监督的实践检视与优化路向》，载《时代法学》2022年第3期。

[26] 张浩若：《社区矫正工作存在的问题及对策——以河南省X县社区矫正中心为例》，载《中共郑州市委党校学报》2022年第1期。

[27] 付立华：《大数据推动社会治理迈向"社会智理"——以社区矫正领域为例》，载《山东师范大学学报（社会科学版）》2022年第4期。

[28] 哈洪颖：《贵州智慧社区矫正建设：成效、问题及完善路径》，载《理论与当代》2022年第1期。

[29] 王黎黎、苏照桓：《我国社区矫正风险评估机制的困境与完善——基于美国明尼苏达州社区矫正风险评估机制的比较分析》，载《宜宾学院学报》2022年第3期。

[30] 王希、刘双阳：《社区矫正精准矫治模式的理论基础与实践展开》，载《南大法学》2022第5期。

[31] 袁希利、李莉、张巍：《保障社区矫正对象异地经营的路径探索——以护航民营企业健康发展为视角》，载《人民检察》2021年第20期。

[32] 吴立志、李景晖：《未成年人社区智慧矫正的困境与突破》，载《犯罪与改造研究》2021年第11期。

[33] 劳泓：《浙江数字化改革背景下深化"智慧矫正"的探索与实践》，载《中国司法》2021年第6期。

[34] 马明亮：《"区域链+隐私计算"实现大数据协同办案的新技术路径》，载《中国审判》2021年第23期。

[35] 浙江省司法厅社区矫正管理局：《"智慧矫正中心"创建的浙江实践》，载《中国司法》2021年第12期。

[36] 寇从清：《加强社区矫正检察监督工作的思考》，载《中国检察官》2020年第9期。

[37] 李训伟：《社区矫正中的刑事执行检察监督问题研究》，载《中共山西省委党校学报》2020年第2期。

［38］凌高锦：《中国社区矫正检察监督的实践、省思与完善》，载《北京政法职业学院学报》2020 年第 1 期。

［39］袁建涛：《区块链在社区矫正中的运用：探索实践和政策建议》，载《邵阳学院学报（社会科学版）》2020 年第 4 期。

［40］井世洁、陈玉莹：《我国未成年人社区矫正的理念基础与制度构建刍议》，载《犯罪研究》2020 年第 3 期。

［41］郑丽萍：《互构关系中社区矫正对象与性质定位研究》，载《中国法学》2020 年第 1 期。

［42］吴宗宪：《我国社区矫正法的历史地位与立法特点》，载《法学研究》2020 年第 4 期。

［43］自正法：《涉罪未成年人社区矫正的实证考察与治理路径》，载《西南民族大学学报（人文社科版）》2020 年第 10 期。

［44］申琪：《社区矫正教育制度的实践、不足及完善路径分析》，载《长治学院学报》2020 年第 4 期。

［45］王顺安：《刍议创建社区矫正法学》，载《中国监狱学刊》2020 年第 5 期。

［46］吴宗宪、张锡君、钟卫东：《社区矫正机构探讨》，载《中国司法》2020 年第 6 期。

［47］董邦俊、黄清昱：《"互联网+虚拟社区"模式下农村社区矫正问题研究》，载《中国刑警学院学报》2019 年第 4 期。

［48］江山河：《美国社区矫正的起源、发展、现状及对中国的启示》，载《青少年犯罪问题》2019 年第 2 期。

［49］陈珊等：《认知行为治疗降低社区服刑人员再犯率有效性的系统评价》，载《中国心理卫生杂志》2018 年第 9 期。

［50］曹小明：《社区矫正功能的再认识》，载《湖北经济学院学报（人文社会科学版）》2018 年第 6 期。

［51］张邦铺、王贞：《彝族传统法文化对四川彝区社区矫正的影响与对策研究》，载《宜宾学院学报》2018 年第 11 期。

［52］李西臣：《少数民族地区社区服刑人员的异质性及其分类矫正路径研究》，载《云南民族大学学报（哲学社会科学版）》2018 年第 3 期。

［53］林瑀：《我国社区矫正风险评估立法的若干问题研究》，载《福建师范大学学报（哲学社会科学版）》2017 年第 6 期。

［54］谢超：《我国社区矫正现状及立法建议》，载《法学杂志》2017 年第 11 期。

［55］李岚林：《司法社会工作在社区矫正中的功能定位及实现路径》，载《西安电子科技大学学报（社会科学版）》2016 年第 6 期。

［56］任文启：《完善我国社区矫正审前调查评估制度的思考：基于文本和现实的比较分

析》，载《甘肃政法学院学报》2016年第2期。

[57] 张济洲、苏春景：《公众认同、社会支持与教育矫正质量——基于山东省社区服刑青少年调查》，载《青少年犯罪问题》2015年第4期。

[58] 田兴洪：《我国社区矫正志愿服务风险防范的问题及对策研究》，载《社会科学家》2015年第1期。

[59] 顾顺生：《社区影响调查评估中的问题与对策》，载《人民检察》2015年第17期。

[60] 申心刚：《我国社区矫正制度的确立与完善》，载《天津师范大学学报（社会科学版）》2015年第3期。

[61] 李川：《修复、矫治与分控：社区矫正机能三重性辩证及其展开》，载《中国法学》2015年第5期。

[62] 冯卫国、王超：《中外社区矫正风险评估因素结构差异研究》，载《法学杂志》2014年第7期。

[63] 雷小政：《涉罪未成年人心理辅导与矫治机制改革》，载《中国刑事法杂志》2014年第1期。

[64] 张德军：《短期自由刑执行机制改革研究——以社区矫正制度的完善为视角》，载《法学论坛》2014年第4期。

[65] 张绍彦：《社区矫正的现实问题和发展路向》，载《政法论丛》2014年第1期。

[66] 屈学武：《中国社区矫正制度设计及其践行思考》，载《中国刑事法杂志》2013年第10期。

[67] 高梅书：《社区矫正社会参与不足之深层原因及对策探析——基于市民社会视角》，载《中国刑事法杂志》2013年第8期。

[68] 许祥云、徐慧：《服务外包——社区矫正制度发展的可能模式》，载《南京工程学院学报（社会科学版）》2013年第3期。

[69] 任继鸿：《构建中国社区矫正制度要论》，载《社会科学战线》2013年第11期。

[70] 戴勇才：《社区矫正司法适用问题思考》，载《西南政法大学学报》2012年第1期。

[71] 但未丽：《社区矫正的"北京模式"与"上海模式"比较分析》，载《中国人民公安大学学报（社会科学版）》2011年第4期。

[72] 杨飞雪、王成：《未成年被告人社会调查模式的构建——基于重庆市沙坪坝区人民法院实践的实证分析》，载《青少年犯罪问题》2011年第5期。

[73] 孔一、黄兴瑞：《刑释人员再犯风险评估量表（RRAI）研究》，载《中国刑事法杂志》2011年第10期。

[74] 程远瑞：《关于社区矫正立法中几个问题之思考》，载《中国司法》2011年第9期。

[75] 孙静琴：《试论社会工作介入社区矫正的方式和途径》，载《行政与法》2010年第1期。

[76] 孙静琴、张培忠：《社区矫正与社会工作的关系》，载《行政与法》2009年第8期。

［77］吴宗宪：《社会力量参与社区矫正的若干理论问题探讨》，载《法学评论》2008 年第 3 期。

［78］张艳：《从认知失调的角度看未成年人的社区矫正》，载《江西公安专科学校学报》2006 年第 2 期。

［79］范燕宁：《社区矫正的基本理念和适用意义》，载《中国青年研究》2004 年第 11 期。

［80］高玉婷：《Y 市智慧社区矫正建设问题及对策研究》，扬州大学 2023 年硕士学位论文。

［81］刘玮：《协同治理视域下社区矫正管理研究——以 P 县为例》，山西大学 2023 年硕士学位论文。

［82］孙常习：《东营市智慧社区矫正建设问题与对策研究》，山东师范大学 2022 年硕士学位论文。

［83］侯冉冉：《B 市试点区"智慧矫正"实施现状调查研究》，济南大学 2021 年硕士学位论文。

［84］郑丹：《成都市 L 区社区矫正工作存在的问题及对策探讨》，四川大学 2022 年硕士学位论文。

［85］何梨：《社区矫正智能化监管体系构建研究》，西南政法大学 2021 年硕士学位论文。

［86］李佩钰：《司法社工参与涉罪未成年人社会调查应用研究》，西华大学 2020 年硕士学位论文。

［87］周晓菁：《老年社区矫正对象社会融入的社会工作介入研究——以 S 市 C 街道为例》，西华大学 2020 年硕士学位论文。

［88］陈冠宇：《我国社区矫正检察监督研究》，广西师范大学 2019 年硕士学位论文。

［89］林世君：《未成年人刑事案件社会调查制度的实证分析——以甘肃省临夏州检察机关为视角》，兰州大学 2018 年硕士学位论文。

［90］周琴：《社会组织介入社区矫正的实务研究》，西华大学 2017 年硕士学位论文。

［91］王贞：《彝族传统法文化对四川彝区社区矫正的影响与对策研究》，西华大学 2017 年硕士学位论文。

［92］王靖翔：《我国社会力量参与社区矫正问题研究》，北京林业大学 2015 年硕士学位论文。

［93］魏宁：《我国社区矫正立法困境与实践问题研究》，西南政法大学 2014 年硕士学位论文。

［94］李三元：《论我国老年社区服刑人员的社区矫正》，云南财经大学 2014 年硕士学位论文。

［95］戴洁：《现阶段社区矫正的问题及完善》，华东政法大学 2014 年硕士学位论文。

附　录

附录 A　社区矫正风险测评表

姓名		性别		年龄	
联系方式		身体状况		文化程度	
矫正类别		原判刑期			
案由		矫正起止日期			
测评结果					

项目		子项目	分值
基本因素	1. 犯罪时的年龄	1. 初次违法犯罪18周岁以上（含18周岁） 2. 初次违法犯罪不满18周岁	
	2. 受教育程度	1. 大专以上 2. 高中、初中及同等程度 3. 小学、半文盲、文盲	
	3. 就业态度和状况	1. 能自食其力 2. 不能自食其力或不愿自食其力	
	4. 婚姻家庭状况	1. 已婚或25周岁以下未婚（家庭稳定） 2. 丧偶、离异、大龄未婚（25周岁以上）或25周岁以下未婚（生活在单亲家庭）	
	5. 生活来源	1. 依靠自己的工作收入 2. 低保或依靠家庭 3. 无	
	6. 固定住所	1. 有 2. 无	

个性及心理因素	7. 自控能力	1. 能够自我控制 2. 自控能力较差或有时不能自控	
	8. 心理健康状况	1. 基本健康 2. 存在心理问题 3. 患有心理疾病	
	9. 有精神病史或精神病遗传史	1. 无 2. 有	
	10. 认罪伏法态度	1. 认罪伏法 2. 不认罪	
	11. 对现实社会的心态	1. 能够正确看待社会现实 2. 对社会不满甚至仇视	
	12. 法律知识或法治观念	1. 法律知识欠缺、法治观念淡薄 2. 无法律知识和法治观念（法盲）	
社会因素	13. 交友情况	1. 无不良交友情况 2. 有不良交友情况	
	14. 个人成长经历	1. 平稳 2. 有挫折	
	15. 家庭成员犯罪记录	1. 无 2. 有	
	16. 家属配合矫正工作	1. 理解支持 2. 不配合或有抵触情绪以及无家庭支持系统	
综合因素	17. 违法犯罪案由	1. 其他 2. 盗窃、抢劫、涉毒、寻衅滋事	
	18. 过去受刑事处罚记录	1. 无 2. 有	
	19. 过去受行政处罚记录	1. 无 2. 有（1~2次处罚记录） 3. 有（3次及3次以上）	
	20. 主观恶性程度	1. 过失犯罪 2. 故意犯罪	
	21. 社区矫正类别	1. 管制、监外执行 2. 缓刑、剥权、假释	

续表

22. 犯罪中是否使用暴力或是否惯骗（2次以上含2次）	1. 无 2. 有		
测评分值			
备注			

测评社工：　　　　　　　　测评日期：

问卷说明：

1. 测评分值为测评对象所有单项实际测评分值的总和。

2. 如果测评对象具有本表未涉及但易引发重新犯罪的因素，可以在备注栏注明。

3. 总分值为所有单项最高分值的总和，22个小项的总分值为50分。

4. 因为社区服刑人员的矫正风险都不高，因此在成都市C区的实践中，司法社工结合社区服刑人员的整体情况，将测评分值在16分及16分以上的社区服刑人员定性为相对风险偏高，在服务过程中，将这部分人员作为重点帮教对象。

附录 B　心理健康状况测评表

心理健康状况测评表			
姓名：　　　　　　　　　　　　　　　测评日期：			
下面 70 个问题，可帮助你测定自己的心理健康水平，请按自己过去和现在的情况，在后面打"√"。不必多加考虑，要尽快回答。			
心理状况	符合	有点符合	不符合或不清楚
1. 如果周围有喧哗声，不能马上睡着。			
2. 在处理矛盾时，常常怒气陡生。			
3. 梦中所见与平时所想的不谋而合。			
4. 习惯于与陌生人谈笑自如。			
5. 感觉精神萎靡。			
6. 常常希望好好改变一下生活环境。			
7. 当你中途接受一件工作时，不会破除以前的规矩。			
8. 赴约时，稍稍等人一会儿就急得不得了。			
9. 常常感到头有紧箍感。			
10. 看书时对周围很小的响动也会注意到。			
11. 你是乐天派，不大会有哀伤心情。			
12. 做事喜欢预测，常常为谋划将来而感到不安。			
13. 一整天都独自一人时，会心烦意乱。			
14. 自以为从不对人说谎。			
15. 常常有一着慌就导致完全失败的事情。			

16. 经常担心别人对自己的看法。			
17. 经常以为自己的行动受别人支配。			
18. 做以自己为主的事情，常常思维活跃，全无倦意。			
19. 常常担心会发生地震和火灾等自然灾害。			
20. 希望过与众不同的生活。			
21. 自以为很大度，从不怨恨他人。			
22. 失败后，会长时间地维持颓丧的心情。			
23. 过度兴奋时会突然神志昏迷。			
24. 对近期发生的事故，往往毫不在乎。			
25. 常常为一点小事而表现得十分激动。			
26. 很多时候天气虽好却心情不佳。			
27. 工作时，常常因事外出。			
28. 不希望别人经常提起自己。			
29. 常常对别人的微词耿耿于怀。			
30. 常常因为心情不好而感到身体的某个部位疼痛。			
31. 常常突然忘记以前的打算。			
32. 常常睡眠不足或连续工作，但都毫不在乎。			
33. 感觉生活没劲，意志消沉。			
34. 虽然工作认真，有时却有荒谬的想法。			
35. 总结自己的学习和工作时，认为从没有浪费时间。			
36. 与人约定事情时常常犹豫不决。			
37. 爱挑刺，看什么都不顺眼时常常感到头痛。			
38. 常常听见他人听不见的声音。			
39. 常常毫无缘由地快活。			
40. 一紧张就直冒汗。			
41. 比过去更厌恶今天，常常希望最好出些变故。			

42. 自以为对人坦诚，经常对人说真话。			
43. 人际交往和学习工作中，往往不拘小节而无所长进。			
44. 紧张时脸部肌肉会不自然地抽动。			
45. 有时认为周围的人与自己截然不同。			
46. 常常会粗心大意地忘记约会。			
47. 你是一个安静的人，爱好沉思默想。			
48. 一听到有人说起仁义道德的话，就怒气冲冲。			
49. 自以为从小就很听话，乖巧，从没有被父母责骂过。			
50. 一着急总是担心时间，频频看表。			
51. 尽管不是毛病，常感到心脏和胸口发闷。			
52. 不喜欢与他人一起游玩。			
53. 思维活跃，心怀梦想，总想干些什么，常常兴奋得睡不着觉。			
54. 尽管是微小的失败，却总是归咎于自己的过失。			
55. 常常想做别人不愿意做的事。			
56. 习惯于亲切和蔼地与别人相处。			
57. 不喜欢别人关注自己，必须在别人面前做事时，心就会激烈跳动。			
58. 心情常随当时的气氛变化。			
59. 即使自己身上发生重大事情，也能泰然处之。			
60. 哪怕是极小的愉悦也能使你非常感动。			
61. 心有所虑时常常情绪非常消沉。			
62. 认为社会腐败，不管多么努力也不会幸福。			
63. 自以为从没有与人吵过架。			
64. 失败一次后，再做事情时非常担心。			
65. 常常有堵住嗓子的感觉。			
66. 父母兄弟如路人一般。			
67. 常常与初次相见的人愉快交谈。			

68. 念念不忘过去的失败。			
69. 容易急躁，常常因为事情的进展不如自己想象的那样而发怒。			
70. 自认为身体健康，从不生病。			

心理症状指数为：＿＿＿＿＿＿＿＿＿＿＿＿

附录 C　心理健康状况测评结果统计分析方式说明

第一，把你的记分填入下面表格中。

心理健康状况自我评分表

问题编号										合　计	类　型
1	8	15	22	29	36	43	50	57	64		A 焦躁神经症
2	9	16	23	30	37	44	51	58	65		B 歇斯底里
3	10	17	24	31	38	45	52	59	66		C 精神分裂症
4	11	18	25	32	39	46	53	60	67		D 躁郁症
5	12	19	26	33	40	47	54	61	68		E 抑郁症
6	13	20	27	34	41	48	55	62	69		F 神经质
7	14	21	28	35	42	49	56	63	70		G 虚构症

第二，合计分为原始分，再按下表换算成标准分。

评语	低	稍低	一般	稍高	高
标准分	1 分	2 分	3 分	4 分	5 分
A 类原始分	0 分~1 分	2 分~5 分	6 分~10 分	11 分~15 分	16 分~20 分
B 类原始分	0 分~3 分	4 分~9 分	10 分~13 分	14 分~16 分	17 分~20 分
C 类原始分	0 分~4 分	5 分~9 分	10 分~14 分	15 分~18 分	19 分~20 分
D 类原始分	0 分~4 分	5 分~10 分	11 分~14 分	15 分~18 分	19 分~20 分
E 类原始分	0 分~3 分	4 分~8 分	9 分~12 分	13 分~16 分	17 分~20 分
F 类原始分	0 分~2 分	3 分~6 分	7 分~10 分	11 分~15 分	16 分~20 分
G 类原始分	0 分~1 分	2 分~4 分	5 分~9 分	10 分~15 分	16 分~20 分

第三，除去 G 项虚构分，把 A 项至 F 项的得分相加求和。

第四，按习惯再乘以 3，所得的积即为心理症状指数。不同分数段及其评语所表明的意义是：

18 分~32 分，低，心理健康，无不良征兆；

33 分~47 分，稍低，心理健康，可能某一症状较高。症状类型在 3 分以上者，必须注意；

48 分~62 分，一般，心理不算健康。须查明 4 分以上症状类型的原因，并及时治疗；

63 分~77 分，稍高，稍有心理疾病，最好请心理专科医生诊断；

78 分~90 分，高，已患有某种心理疾病，必须接受治疗。

附录 D　社区矫正人员调查问卷

填表日期：　　年　　月　　日

指导语：您好！欢迎参加此次问卷调查活动。本次调查的主题是"社区矫正对象的社会融入情况调研"，请您根据自己的实际想法、做法与题目所陈述的情况相对照，然后选择一个与自己的实际最接近的答案。此次调查采用无记名的方式，您的回答不会被记入任何档案，调查资料仅作研究之用，并会进行保密处理，谢谢您的支持与合作！

1. 您的性别为：　　　男　　　女

2. 您的年龄为：　　　　　　　。

3. 您的文化程度为：

    A. 初中及以下　　　　　　　　　B. 高中（含中专）

    C. 大专（含高职）及以上

4. 您目前主要的生活来源为（可多选）：

    A. 自己的工作收入　　　　　　　B. 自己的存款

    C. 自己的退休金　　　　　　　　D. 无固定收入

    E. 配偶的收入　　　　　　　　　F. 子女的赡养

    G. 亲戚朋友帮助　　　　　　　　H. 政府或其他组织帮助

    J. 其他

5. 接受社区矫正前后工作有变化吗？（无职业可以不选）

    A. 有　　　　　　　　　　　　　B. 无

6. 您对当前工作的满意程度为（无职业可以不选）：

    A. 非常满意　　　　　　　　　　B. 满意

    C. 一般　　　　　　　　　　　　D. 不满意

    E. 非常不满意

7. 您近期平均在家的时间为：

A. 8 小时以下 　　　　　　　　　　B. 8~12 小时

C. 12~16 小时 　　　　　　　　　　D. 16 小时以上

8. 您对当前生活的满意程度为：

A. 非常满意 　　　　　　　　　　　B. 满意

C. 一般 　　　　　　　　　　　　　D. 不满意

E. 非常不满意

9. 自认为本人的生活水平与其他人相比状况：

A. 不如多数人 　　　　　　　　　　B. 大致相当

C. 不知道

10. 您对未来生活是否有明确的目标？

A. 有 　　　　　　　　　　　　　　B. 没有

11. 您对实现未来生活目标是否有信心？

A. 很有信心 　　　　　　　　　　　B. 较有信心

C. 信心不足 　　　　　　　　　　　D. 不知道

12. 当前您比较担心的问题（可多选）为：

A. 自己和家庭的生活来源问题 　　　B. 父母的赡养问题

C. 子女的学习和工作问题 　　　　　D. 自己的社会声誉

E. 自己的健康 　　　　　　　　　　F. 自己的人际关系恶化

G. 无 　　　　　　　　　　　　　　H. 其他（自由补充）

13. 您对自己健康状况的感觉为：

A. 健康 　　　　　　　　　　　　　B. 有时会感觉劳累

C. 总是感觉身体不舒服

14. 您对所居住的社区情况是否了解？

A. 非常了解，熟悉社区中的人或事　　B. 一般，知道大体情况

C. 不了解

15. 您与邻居的关系如何？

A. 很好，相互往来比较密切 　　　　B. 一般，见面打招呼

C. 不熟悉，不了解

16. 您居住的社区中，谁知道您作为矫正对象的身份？（可多选）

A. 居委会成员 　　　　　　　　　　B. 亲朋好友

C. 邻居 　　　　　　　　　　　　　D. 其他

17. 您认为，知晓您身份（矫正对象）的人，对您的前后态度有无变化？
    A. 有　　　　　　　　　　　　B. 没有
18. 您目前的婚姻状况？
    A. 未婚　　　　　　　　　　　B. 已婚
    C. 离异　　　　　　　　　　　D. 丧偶
19. 您与家庭成员之间的关系如何？
    A. 很好，关系亲密　　　　　　B. 一般，有点冷淡
    C. 不好
20. 您对自己目前的人际关系状况的感觉为：
    A. 非常好　　　　　　　　　　B. 较好
    C. 一般　　　　　　　　　　　D. 非常差
21. 您日常最主要的交往对象？（可多选）
    A. 家人　　　　　　　　　　　B. 亲戚
    C. 街坊邻居　　　　　　　　　D. 朋友
    E. 同学　　　　　　　　　　　F. 同事
    G. 社区工作人员　　　　　　　H. 其他

附录 E　访谈提纲

1. 您能说下您现在的基本情况是怎么样的吗？接受社区矫正多久了？（犯罪原因、服刑经历）

2. 您能说下事件发生的经过吗？对于已发生的事件有没有什么想说的？

3. 你当时觉得自己的行为是犯罪吗？有了解过相关的法律知识吗？

4. 以后遇到类似的事件，是否会经过正确思量之后再决定行动与否？

5. 您的家人对于您接受矫正怎么看？与家人的关系和谐吗？（包括配偶子女）

6. 您现在的身份（社区矫正人员）除了家人之外，身边的其他人都知道吗？

——知道：亲戚、朋友、同事、邻居和您现在来往的程度和之前相比有什么不同吗？（不同：）这种不同带给您什么样的感受？那您觉得在整个社会这样的大背景下，社会对待矫正人员是持什么样的态度？

——不知道：那您觉得如果他们知道了，他们对您的态度和以前相比会有变化吗？为什么？那您觉得在整个社会这样的大背景下，社会对待矫正人员是持什么样的态度？

7. 目前交往的人群中社区矫正人员多吗？如果没有或很少，那么您觉着跟其他人群交往有障碍吗（与人沟通上或您个人心理上）？

8. 对于矫正前和矫正后，您觉得您变化最大的地方在哪里？（积极的或消极的）

9. 对于您身份的变化，您现在在社会保障或社会保险方面有没有受到影响？

10. 您对您现在的状态满意吗？（生活、工作、心理）

11. 对您而言，现在最大的困难或者难题是什么？有没有自己思考的一些地方？您有没有寻找到一些能提供给您帮助的个人、相关部门或渠道？

12. 您觉得您有没有遭受到社会排斥或歧视？或者说是您对社会有所抵触

或感到隔阂？主要是来自哪方面的？这种状况是一直持续还是有所改善？您是如何调整的？

13. 对于现状，你认为是什么原因造成的？对于未来，有哪些计划或打算？

14. 在和司法社工长期的沟通之后，自己有哪些收获？

15. 您的兴趣爱好都有哪些？

16. 对于司法社工的帮助还习惯吗？对于服务内容有什么不明白的？

17. 在社区的这段时间里，您都参加了司法所组织的哪些学习和活动？您是怎么看待这些活动的？您认为这些学习和活动对您的生活、思想有什么影响吗？

18. 您可以谈谈您对整个社区矫正工作的看法吗？或是有什么建议？

后　记

　　本书是我主持的四川省高等学校人文社会科学重点研究基地四川省社区矫正研究中心项目"我国社区矫正制度研究"（项目编号：SQJZ202312）的成果。

　　我国的社区矫正，是贯彻宽严相济刑事政策、推进国家治理体系和治理能力现代化的一项重要制度，是在立足我国国情和长期刑事司法实践经验的基础上，借鉴吸收其他国家有益做法，逐步发展起来的具有中国特色的非监禁的刑事执行制度。以社区矫正制度为切入口，深入剖析存在的问题，结合我国社区矫正制度的实践成果和法律依据，探索社区矫正制度在我国如何结合国情科学发展，希望能对以《社区矫正法》为核心的社区矫正制度的研究工作提供有益参考。研究如何对社区矫正制度进行完善的脚步不会因为《社区矫正法》的出台而停止。并指出社区矫正制度在现实操作层面中存在的问题及提出改善的建议，以期促进我国社区矫正制度的完善。

　　本书是我对于社区矫正制度的一些思考和心得。本书按照"两个层面、十大板块"的结构思路来展开。两个层面：从理论和实践两个层面剖析社区矫正理论与实务。十大板块：社区矫正功能、未成年人社会调查、第三方社会组织介入社区矫正、老年社区矫正、循证矫正、社区矫正社会力量参与、少数民族社区矫正、社区矫正风险评估、社区智慧矫正、社区矫正检察监督制度十个方面展开研究。

　　本书由张邦铺（西华大学法学教授）总体策划、编写大纲、最后统稿。具体写作分工如下：罗娟（西华大学法学副教授）撰写第一章；张邦铺、李佩钰（西华大学硕士研究生）合写第二章；张邦铺、周琴（西华大学硕士研究生）合写第三章；周晓菁（西华大学硕士研究生）撰写第四章；陈珊（西华大学法学教授）撰写第五章；林涛（雅安市雨城区人民检察院检察委员会专职委员）撰写第六章；张邦铺、王贞（西华大学硕士研究生）合写第七章；李西臣（西华大学法学教授）撰写第八章；王黎黎（西华大学法学教授）撰写第九章；吴世曼（西华大学硕士研究生）撰写第十章；张邦铺、邓盛文（西华大学硕士研究生）合写第十一章；张邦铺撰写后记。

本书能得以顺利完成，要感谢给予我关心、支持和帮助的单位、领导、老师和亲人朋友。

感谢我工作的单位西华大学和所在的法学与社会学学院，没有单位领导和老师的支持，本书难以顺利完成。

感谢雅安市雨城区人民检察院及其领导的支持。

感谢中国政法大学出版社及丁春晖主任为本书的出版付出的辛勤劳动。

由于时间和水平有限，收集的资料不够完整，最终成果与预期的设想有一定的差距，不足之处有待今后进一步研究。书中的不完善甚至谬误之处在所难免，敬请各界人士批评指正！我们定会虚心接受，继续学习，在科研探索的道路上继续前进，也希望通过我们的研究对更多学者关注和研究社区矫正制度起到抛砖引玉的作用。

张邦铺

2024 年 6 月于成都